Maman Pettengill

Harry Léon Wilson

Writat

Cette édition parue en 2024

ISBN : 9789359945323

Publié par
Writat
email : info@writat.com

je

MA PETTENGILL ET LE ROYAUME ANIMAL

Depuis les corrals d'Arrowhead, j'ai remonté l'allée bordée de peupliers qui mène, devant le dortoir, au château de la châtelaine du ranch. C'était un dimanche après-midi tranquille, l'intermède placide, dans un jour de repos, entre les corvées du matin et celles du soir. Mais le calme n'était que pour l'oreille. Aux yeux, certaines activités, silencieuses mais rapides, étaient en cours. Sur la place latérale ombragée du ranch, je pouvais distinguer mon hôtesse, Mme Lysander John Pettengill ; elle s'asseyait droite, même dans un rocking-chair, et tricotait. Sur les marches de la cuisine, en plein soleil d'ouest, était assis le chef chinois d'Arrowhead et tricotait un automate jaune qui fonctionnait sans problème. Sur un banc ombragé près de la source, une casquette de golf à carreaux repoussée de la moitié de la partie étonnante de son crâne nu, était assis le vieux garçon de corvée, Boogles , et tricotait. Le ranch était en guerre.

Et plus encore : alors que j'approchais du dortoir, le calme du sabbat fut troublé par le discours acidulé et insouciant de Sandy Sawtelle, un des meilleurs cavaliers d'Arrowhead, car lui aussi tricotait, ou avait été. Sur un tabouret devant la porte , il présenta devant ses yeux affligés une chose inachevée et la souhaita dévotement à la place du châtiment des méchants morts. La passion sincère de son ton non seulement arrêta mes pas, mais attira par la porte ouverte le langoureux et bâillant Buck Devine, qui se penchait sur l'ouvrier avec une attention irrespectueuse. J'ai rejoint le couple. À la question de Buck, exprimée avec une gaieté feinte, Sandy répondit avec une simple dignité que ce serait un sacrément bon pull pour les garçons dans les tranchées. M. Devine proposa de parier qu'il ne s'agirait de rien du tout — du moins, de rien que l'on veuille autour d'une tranchée. M. Sawtelle a ignoré le pari et m'a demandé si je savais comment faire cela ici, maintenant, en débarquant. Je n'ai pas.

"Je ferais mieux de me faufiler et de demander au Chink", a déclaré Sandy. "C'est le tricoteur vedette du coin."

Nous avons marché ensemble, apparemment sourds à certaines plaisanteries laborieuses de M. Devine concernant un perforateur de vaches roux qui avait été rejeté pour s'être battu parce que ses pieds étaient plats et qui serait maintenant très probablement rejeté pour tricoter parce que sa tête était plate. Pour couvrir le rire chaleureux de M. Devine, j'ai demandé pourquoi Sandy ne devrait pas consulter son employeur plutôt que son cuisinier.

Avec sa pelote de laine brune, ses aiguilles et son ouvrage portés tendrement devant lui, Sandy expliqua, avec un certain embarras apparemment, que madame était une bonne tricoteuse, d'accord, d'accord, mais qu'elle était une horrible dame à la voix amère quand rien dans cet endroit ne se passait comme il faut, faire une montagne d'une taupinière, pleurer à cause du lait renversé, et revenir toujours au même vieux sujet, et ainsi de suite, jusqu'à ce qu'on pense qu'elle pouvait le faire. je ne parlais pas d'autre chose, et j'avais un pied dans l'hospice, et je ne supportais pas les plaisanteries, et tout comme ça. Je pouvais le croire ou non, mais c'était la simple réalité de la question en fin de compte. Et le Chink n'était que trop heureux de montrer à quel point il était intelligent avec une paire d'aiguilles.

Non seulement cela n'expliquait rien, mais cela suggérait qu'il pourrait effectivement y avoir quelque chose à expliquer. Et c'est après tout l'employeur de Sandy qui a résolu son problème de laine. Elle l'a appelé alors qu'il m'aurait quitté pour le chemin menant à la porte de la cuisine :

« Apportez ça ici !

C'était le ton de celui qui est né pour commander, et une fois suffisait. Sandy l'a amené là, même si elle allait un peu trop comme un martyr au bûcher, pensais-je ; car il n'était sûrement pas honteux qu'il se révèle incompétent dans le nouveau métier.

Il n'y avait non plus qu'une gentillesse géniale dans l'accueil que la dame lui fit. Ma Pettengill, vêtue de vêtements de bravoure pour le sabbat, comme celle d'une débutante dans un hôtel d'été où les tarifs sont exorbitants, a immédiatement posé son propre tricot et l'a interrogé d'une manière apaisante. Cela semblait être une difficulté simple. Sandy en était arrivée au point où un pull devait avoir un col et avait oublié ses instructions. Cordialement, la femme l'aida à soustraire quatorze de deux cent soixante-deux, puis à s'assurer que cent vingt-quatre serait précisément la moitié du reste. Tout cela se faisait, comme je l'ai remarqué, avec la plus douce gentillesse, sans aucune trace de cette amertume que le néophyte s'était montré redouter chez la dame. N'était-elle pas la gentillesse même ? N'était-elle pas, en vérité, un peu trop gentille ? Il y avait sûrement un ronronnement dans sa voix, étrange, inhabituel ; et sûrement son élève grinçait déjà sous un fouet imminent.

Pourtant, cette tension visible ne semblait pas avoir à voir avec les vêtements tricotés. Ma Pettengill a fait l'éloge du tricot de Sandy ; je l'ai loué et je l'ai loué. Bien sûr, sa remarque selon laquelle il semblait être un tricoteur né et devrait y consacrer tout son temps aurait pu paraître odieuse à un vacher sensible, mais elle a été prononcée avec une gentillesse sans faille. Mais lorsque Sandy, rétablie, aurait accepté son travail et pris sa retraite, comme c'était clairement son souhait ardent, son mentor a dit qu'elle tricoterait elle-même deux des nouveaux rangs raccourcis, juste pour être sûr. Et pendant qu'elle tricotait ces deux rangs, elle parlait. Elle les tricota rapidement, même si le temps devait paraître beaucoup plus long à Sandy qu'il ne l'était.

"Ici se trouve le plus grand humoriste original du comté de Kulanche ", dit la dame sans plus de ronronnement dans la voix. » Elle a fait une annonce retentissante. Sandy, penchée au-dessus d'elle, avait douloureusement l'affectation de compter chaque point des aiguilles clignotantes. "Et des blagues pratiques, mon amour, vivant ! Il peut penser aux blagues les plus drôles à raconter aux pauvres gens sans méfiance ! Oui, monsieur ; il a un génie pour ça. Et plein d'esprit ! Bien sûr, ce n'est pas seulement ce qu'il dit, c'est tellement c'est drôle, c'est la façon bruyante dont il le dit.

" Et on n'y croirait pas en le regardant, mais il fait aussi partie de ces aimants financiers ici. Oh, oui, en effet ! Envoyez-le dehors avec un chapeau rempli de billets de dix dollars n'importe quel jour et il n'en laissera pas un seul. " " La plupart d' entre eux optent pour un centime de moins de six dollars, pas s'il y a beaucoup d'acheteurs - il est juste passionné et avare. C'est sa façon de faire. Il ne s'est jamais entraîné pour cela non plus ; il l'a simplement adopté naturellement. "

Le visage tiré et cendré, M. Sawtelle récupéra son tricot. Sa pose devait paraître extrêmement préoccupé et sourd aux insultes. Il comptait toujours les points de suture alors qu'il se détournait et dévalait les marches avec fracas.

"Dire!" a appelé son employeur. Sandy se tourna.

"Oui m'dame!"

"Vous avez vu la fête qui s'est arrêtée ici ce matin dans cette grosse et pompeuse voiture de tourisme ?"

"Non madame!"

"Ils voulaient des mules."

"Oui m'dame!"

"Ils m'ont proposé cinq cents dollars l'unité pour le mien."

"Non, madame, je veux dire, oui, madame !"

"C'est tout. Je pensais que tu serais heureux de le savoir." La dame s'est tournée vers moi comme si M. Sawtelle nous avait quittés. "Oui, monsieur ; il vous ferait mourir de rire avec certaines de ses farces, ce fou. Je vous le dis, quand il commencera à découper..."

Mais M. Sawtelle nous quittait rapidement. Sa silhouette semblait resserrée, comme s'il allait nous paraître plus petit. Ma Pettengill reprit son propre tricot, le regarda d'un air sombre, puis regarda d'un air sombre la maison superposée dans laquelle sa victime avait disparu. Un instant plus tard, elle versait du tabac contenu dans un sac en tissu dans un papier à cigarette brun. Elle tira la ficelle du sac, une extrémité entre ses dents, roula la cigarette d'un mouvement rapide et, en attendant le feu de son allumette, remarqua qu'ils avaient trouvé un substitut à tout sauf à la mule. La cigarette allumée, elle brûla au moins le tiers de sa longueur en une vaste inspiration, ce qui fit bientôt sortir deux jets de fumée des coins assez écartés d'une bouche généreuse. Sur quoi, elle a fait remarquer que le vieux Safety First Timmins était un gagnant, le plus grand gagnant contre lequel elle avait jamais perdu.

Trois autres puissantes inhalations et la cigarette était finie. Elle reprit le tricot, ne s'arrêtant que pour un bref discours avant que les aiguilles ne commencent leur jeu astucieux. Cela concernait la baleine. Elle a dit que la baleine était la bête la plus noble qui nous reste dans tout le règne animal et qu'elle disparaîtrait comme le buffle si elle était traitée comme de la nourriture. Elle disait qu'il était honteux de réduire cette majestueuse créature des profondeurs aux dimensions d'un réchaud et d'une tranche de pain grillé à trois coins. Puis elle a tricoté.

Elle avait laissé de nombreuses ouvertures ; une entreprise humoristique de Sandy Sawtelle, vraisemblablement pénible ; le caractère ludique d'un certain Timmins en tant que gagnant ; la baleine comme animal comestible ; le prix spectaculaire des mules cassées pour atteler. Plutôt que de choisir aveuglément parmi eux, j'ai parlé de ma journée de pêche. En partant au lever du soleil, j'étais arrivé avec un généreux chargement de truites arc-en-ciel, qui, disais-je maintenant, ne remplaceraient pas la viande au repas du soir.

Puis, tandis qu'elle tricotait d'un air sombre, Ma Pettengill parla d'autres substituts de viande vantés, dont aucun ne lui plaisait. Les porcs et les moutons étaient d'autres substituts, il n'y avait qu'une seule véritable viande, à savoir le bœuf. Prenez des porcs ; des animaux méchants et insociables, chaque porc partant seul, maudissant et jurant à chaque étape du chemin. Avais-je déjà vu un porc qui pensait qu'un autre porc était assez bon pour s'associer avec lui ? Non, je ne l'avais pas fait ; ni personne d'autre. Heureusement que les porcs ne pouvaient pas connaître leur prix actuel. Déjà assez coincé ! Et les moutons ? Idiot. Pas d'esprit propre. Laissez-en un mourir et tous les autres pensent qu'ils doivent mourir aussi. Faites-le aussi. Pas de cerveau. Bien sûr, le prix a tenté beaucoup de déficients moraux de les élever , mais quand vous réfléchissez qu'il vous faut partir à pied, avec un chien qui est plus intelligent que n'importe quel homme, et un burro mordu par les puces pour votre chariot à mess... pas pour elle. Donnez-lui une affaire où vous pourriez monter à cheval. Oui Monsieur; les gens retourneraient à la nature et élèveraient du bœuf une fois que le monde serait à nouveau sécurisé pour un appétit sain. Cet engouement pour les substituts allait disparaître. On ne pouvait pas lui dire qu'il y avait un grand avenir pour le commerce des lièvres en conserve, par exemple – juste une mode ; et les baleines pareil. Elle savait et je savais qu'une baleine était trop grosse pour être mangée. Les gens ne pouvaient pas vraiment le ressentir, et n'avaient aucune chance sur terre de les reproduire et d'améliorer leur chair. N'était-ce pas la vérité ? Et ces experts en diététique, avec leurs discours interminables sur les glucides et les hydrates, faisaient-ils quelque chose en retirant simplement toute la romance de la nourriture ? Non ils n'étaient pas. Bien sûr , les poissons honnêtes, comme la truite, étaient acceptables si le corps était malade ou n'avait pas faim ou quelque chose du genre.

Trout lui rappelait quelque chose, et ici encore la dent funeste de la calomnie s'étoffa dans la belle réputation d'un certain Timmins. Elle l'a décrit comme « une étrange croissance nommée Timmins, qui a le ranch Lazy 8 sur le ruisseau voisin et qui porte des sortes de moustaches sans but sur tout le visage au point qu'on pourrait penser qu'il porte un masque à gaz. » Elle parlait librement de lui.

" Vous savez ce qu'il fait quand il veut un morceau de truite ? Il prend une de ces bouteilles de bière à l'ancienne avec des bouchons vernis, la remplit de chaux non éteinte, y verse un peu d'eau, la bouche, la laisse tomber dans un bassin à truites, et en une minute, ça explose aussi bien que quelque chose fabriqué par un patriote russe ; toutes les truites dans le bassin sont assommées et flottent à la surface, où ce vieux classeur les rassemble . C'est un expert régulier en efficacité dans le sport. ... Prenez l'automne et le printemps, quand les oies sauvages arriveront, il trempera les céréales dans l'alcool et les mettra dehors dans le grand marais. Tout d'abord, vous savez, il aura une vieille oie ivre par les pattes, tout le temps. larmoyant et impuissant, il le met dans un poulailler jusqu'à ce qu'il redevienne sobre, puis le massacre.

« Telle est la sécurité d'abord : on ne l'a jamais connu pour avoir pris de risque. Eh bien, disons, il y a un an, lorsqu'il a vendu sa laine, il y avait un article dans le journal du comté selon lequel il avait reçu dix-huit mille dollars pour cela ; alors naturellement il y avait un Un homme qui prétendait être un capitaliste bien connu est venu de San Francisco pour lui vendre des actions dans une entreprise de caoutchouc. Safety admet qu'il a de l'argent et il descend dans la grande ville pendant une semaine aux frais du capitaliste, voyant la ville. la vie nocturne et les cartes bleues et les stocks gravés et les échantillons de caoutchouc et la photo du capitaliste sous un magnifique arbre à caoutchouc en Amérique du Sud, et il est hébergé dans un boudoir de soie dans le meilleur hôtel et il boit et dîne de manière très néfaste et tout est Et la veille au soir, il va investir ses dix-huit mille dollars dans ce joli stock de caoutchouc qui lui rapportera deux cent pour cent, au plus bas, sur la parole d' honneur du capitaliste , que fait-il sinon se faufiler et prendre l'argent

? prendre le train pour rentrer chez lui avec son billet de retour qu'il avait fait acheter au capitaliste.

" Avez-vous déjà parlé à l'un de ces riches capitalistes qui possèdent du caoutchouc à vendre en Amérique du Sud ou un verger de bananes auto-démarré ? Vous savez à quel point ils sont bons.

"Vous avez certainement droit à tout ce que vous avez gardé après qu'ils en aient fini avec vous. Et penseriez-vous que ce pauvre vieux fermier simple d'esprit serait à la hauteur de leurs ruses ? Mais si vous saviez qu'il avait était un match et les avait piqués pour au moins trois cents dollars, penseriez-vous toujours que quelque chose de malin pourrait lui être infligé par un simple voleur nommé Sandy Sawtelle, qui n'a jamais gagné un centime de sa vie sauf par le manuel le plus dégradant Non, vous ne le feriez pas, aucun juge impartial des criminels ne le ferait.

"Mais j'avoue que j'ai eu un moment de faiblesse. Oui, monsieur; pendant une brève période, j'étais trop humain. Ou je suppose ce que c'était. J'étais tout aveuglé par des desseins immoraux, ce Timmins au sang de serpent ayant mis les choses au dessus. sur moi dans des transactions boursières de temps en temps jusqu'à ce que je sois obligé de passer des nuits éveillées à réfléchir à la façon dont je pourrais faire de lui un croyant. Je voulais qu'il sache que Dieu existe, même si cela ne lui avait jamais semblé tel.

" Bien sûr , je savais qu'il devait s'agir d'un crime de haut niveau, il étant à l'épreuve des déprédations courantes. Eh bien, voici ce journal du dimanche, avec deux pages entières expliquant comment la viande de la baleine commune gagnera la guerre. , avec une image d'une baleine avec des lignes pointillées montrant comment la dépecer, et des recettes de galettes de baleine, etc. Et vient ensuite le cirque de Red Gap, avec le vieux Pete, l'Indien, qui y descend et devient fou de éléphants. Et c'est ainsi que cela s'est passé.

La dame tricotait maintenant en silence, semblant croire que tout avait été dit.

J'ai attendu un intervalle décent, puis j'ai dit que j'étais vraiment heureux de savoir comment tout cela s'était passé ; que c'était d'une grande aide de savoir comment cela s'était produit, même si je devais rester à jamais ignorant de ce qui s'était passé. Bien sûr, je ne pouvais pas m'attendre à ce qu'on me dise cela.

Cela a simplement apporté davantage de mules. Cinq cents dollars l'unité pour des mules, c'était bien jusqu'à ce que vous vous rendiez compte que vous en aviez encore plus besoin que l'autre partie. Il lui fallait conserver ses vingt travées de vieux fiables car, avec les matelots et les ouvriers de section dont on dispose aujourd'hui pour faire la fenaison, il fallait des mules apprivoisées. Donnez- leur n'importe quel autre type et ils déserteraient le navire dès qu'une équipe commencerait à courir. Les réparations des wagons coûtaient trop cher.

Encore du silence.

Je disais maintenant que j'avais, il est vrai, entendu beaucoup de scandales dans le voisinage à propos de l'homme de Timmins, mais que j'avais appris à ne pas croire tout ce que j'entendais sur les gens ; il y avait trop de préjugés dans le monde et il y avait au moins deux côtés à chaque question.

Cela évoquait simplement l'article selon lequel Timmins lui avait acheté un timbre d'occasion au seul motif qu'il portait un si joli nom ; puis lui vint le souhait de le voir dîner en public dans ce riche hôtel où le capitaliste payait les factures.

Elle pensait que les gens avaient dû être surpris par certaines de ses actions.

"Oui, monsieur ; ce vieux hors-la-loi mangera de la soupe ou n'importe quel aliment mou sans aucune stratégie du tout."

Comme nous semblions n'arriver à rien , j'ai roulé une cigarette à la dame. Elle déteste arrêter de tricoter pour en rouler un, mais elle arrêtera de l'allumer.

lui tenais le match, je lui ai dit très franchement qu'il était devenu nécessaire que je sois tout raconté du début à la fin. Elle a dit qu'elle m'avait tout dit – et qu'elle le croyait – mais qu'elle y reviendrait si je ne comprenais pas. Même si elle ne démarre pas toujours sur ordre, la dame a vraiment une grande habitude de parler.

Je t'ai parlé des baleines, n'est-ce pas ? Ce sont les baleines qui ont commencé – des baleines pour la table. C'est paru dans le journal du dimanche – avec la photo d'une belle baleine et la photo d'un cuisinier français se baisant les doigts sur la façon dont il en a cuisiné ; et l'image d'un jeune couple heureux mangeant de la baleine dans un restaurant chic ; et l'image d'une jeune mariée blonde dans sa kitchenette coupant pour trois cents de viande de baleine dans un réchaud et disant combien elle était heureuse d'avoir quelque chose de savoureux et bon marché pour le déjeuner de sa chère ; et l'image d'un travailleur pauvre à qui quelqu'un à Washington, DC, qui gagne un dollar par an, dit à un travailleur pauvre qu'un nickel de viande de baleine de première qualité est plus nourrissant qu'un dollar de steak de porterhouse ; et ainsi de suite, jusqu'à ce qu'on puisse penser que les problèmes alimentaires du monde vont être réglés en un rien de temps ; tout ce que les gens avaient à faire était d'aller chercher une bonne baleine à manger et de saler la viande d'accompagnement, de fumer les épaules et de hacher des saucisses et d'être préparés pour l'hiver, avec de quoi envoyer du désordre aux voisins de temps en temps. .

Et frapper du bœuf, vous comprenez, jusqu'à penser que personne d'autre que des criminels et des idiots ne toucherait plus jamais à un vrai steak, à cause de sa si mauvaise valeur alimentaire, comme le dit ce scientifique de Washington qui gagne un dollar par an de salaire et en gagne chaque centime. Cela me rendait fou les calomnies qu'ils disaient sur le bœuf ; mais j'ai lu l'article assez attentivement et je ne voyais vraiment pas où la baleine allait me mettre en faillite, au moins avant quelques années encore. De toute façon, il semblait que j'aurais le temps de faire un ménage avant de pouvoir entrer dans n'importe quelle boucherie et acheter une côte de jeune baleine rôtie pour six cents, avec un boisseau ou deux de restes jetés dedans. pour le chien.

Ensuite, ce journal du dimanche est envoyé au dortoir et les garçons trouvent le morceau de baleine et s'en réjouissent. On dirait que c'est vrai que la plupart d'entre eux conduiront des chariots à glace ou quelque chose du genre pour gagner leur vie. Ils veulent que je leur envoie chercher un peu de viande de baleine pour voir si elle a le goût de la nourriture ordinaire. Ils ont du mal à croire que ces photos où les gens s'habillent comme s'ils avaient de l'argent en ont des spasmes de joie. Pourtant, ils ne le savent pas, pauvres doublages crédules ! Ils pensent que les choses que l'on voit dans un journal du dimanche peuvent être vraies de temps en temps, même s'il s'agit le plus souvent d'un tas de mensonges inventés par des journalistes dissipés.

leur dis qu'ils peuvent envoyer chercher une baleine entière s'ils veulent la payer, mais rien de mon argent ne va dans ce sens tant que le bœuf nourri à l'étable conserve sa saveur actuelle ; et de plus , je m'attends à faire des affaires ici même pendant des années après que la mode des baleines se soit éteinte, en faisant de mon mieux avec une dizaine de vachers idiots prenant le reste du traitement à mes frais dès que je quitte les lieux. J'ai dit qu'il ne faisait aucun doute qu'ils devraient tous être ajoutés aux rangs des chômeurs à l'instant même – mais pour d'autres causes bien connues que l'anéantissement de l'industrie bovine par le hachis de baleine froide en gelée, qui se trouvait être le plat ce chef français devenait fou.

Ils ont réfléchi à ces informations pointues pendant un moment, puis ils ont parié mutuellement mille dollars sur le goût de la viande de baleine ; si le foie et le bacon de baleine pouvaient être distingués du foie et du bacon naturels, et si le steak de baleine aurait probablement un goût de poisson-chat ou de mebbe plutôt celui de tortue de boue. Sandy Sawtelle, qui sait toujours tout de droit divin, comme on pourrait le dire, dit d'un ton supérieur que cela n'aura pas le même goût que l'un ou l'autre mais qu'il aura une saveur qui lui est propre, que même lui ne peut pas décrire, même si ce sera le cas. quelque chose comme la viande de la vache de mer sauvage, qui parcourt l'océan en vastes troupeaux au large des côtes de Floride.

Ensuite, ils examinent de manière experte la question d'une rafle de baleines. Cela n'a pas l'air très beau, faire un rodéo dans une eau à environ trois miles trop profonde pour patauger, même si l'idée de capturer un baleineau et de le marquer au fer rouge suscite une certaine fascination. Sandy dit que ce serait la seule entreprise d'élevage au monde où il ne faut pas toujours craindre une saison sèche ; et Buck Devine dit que c'est vrai, et de même, la portée est pratiquement illimitée, comme chacun peut le voir sur une bonne carte, et ne serait-il pas bien de monter en troupeau dans un yacht à vapeur avec un barman de grande classe à portée de main, au lieu de sur un un tel cayuse qui était susceptible à tout moment de changer de bout et de vous jeter hors de la selle sur votre épaule boiteuse.

À ce moment-là, ils en plaisantaient, alors qui devrait monter, sinon le vieux Timmins Safety First . Ils lancent la baleine alimentaire sur la sécurité avec beaucoup d'éclat. Ils lui montrent les photos et indiquent les prix sur le sabot - qui sont bas, mais regardez ce que même un avorton d'un an qui aurait vêlé à la fin de l'automne pèserait sur la balance ! - et ne se soucient pas des clôtures, du parcours libre ou de l'hiver. points d'alimentation ou d'eau; rien d'autre à faire que de faire une promenade sur votre bateau à vapeur privé avec un bon orchestre, et une chance de vous dissoudre et de compter votre argent. Et regardez quel claquement les pionniers auront avec tous les non-conformistes ; probablement pas une seule baleine dans l'océan n'a encore été marquée ! Et Timmins veut-il se joindre à nous ? S'il le fait , ils peuvent conclure un accord avec moi parce que je veux un bon homme d'affaires à la tête de la nouvelle entreprise.

Mais Safety dit d'emblée que ce n'est que des bêtises. Il dit que c'est le rêve fou d'un visionnaire ou d'un débile. Il ne nie pas que les baleines rapporteraient de l'argent si elles pouvaient être manipulées, mais on ne pourrait pas gérer quoi que ce soit dans lequel nager tout l'océan qui couvre les trois quarts de la surface de la terre, comme il l'a souvent lu. Et comment feriez-vous pour marquer une baleine avec un fer à marquer, et à quoi cela vous servirait-il ? Il l'aurait battu pour l'Europe. Il a dit qu'ils étaient stupides de penser que les baleines resteraient dans un troupeau, et il a deviné que j'avais parlé juste pour m'entendre parler, ou plus probablement, je les avais plaisantés pour bien rire.

Sandy dit : "Eh bien, je n'allais pas te le dire au début, mais je suppose que ce sera en sécurité avec toi, tu es un bon ami d'Arrowhead, seulement ne laisse pas ça aller plus loin ; mais le fait C'est la patronne qui négocie le privilège des baleines dans le Grand Lac Salé. Oui, monsieur, elle soudoie la législature de l'Utah à l'instant même pour que le projet de loi soit adopté ! Et je suppose que cela ne ressemble pas beaucoup à une blague. Dès que le gouverneur a signé le projet de loi selon lequel elle mettra en place quelques bons rorquals mâles de trois ans et un joli petit troupeau de génisses et aura les réserves mondiales de viande à portée de main en moins de cinq ans - en tuant simplement les bouvillons d'un an. "

La sécurité semble un peu surprise par cela, et Sandy continue en disant que même si la viande de baleine n'est aujourd'hui qu'une mode des riches oisifs, elle sera forcément la viande des riches et des pauvres à l'avenir. Il parierait mille dollars pour un centime que, lorsque la prochaine guerre éclaterait, la première chose qu'ils feraient serait d'instaurer une journée sans baleines . Il a dit que la viande de baleine était vraiment bonne.

Safety a mâché son chewing-gum un bon moment à ce sujet - il dit que si un homme mâche du chewing-gum, il ne se ruinera pas en tabac - et il a lu attentivement l'article sur les baleines et a regardé les photos à nouveau, mais il a quand même dit que c'était le cas. Cela ne lui semble pas être une entreprise commerciale légitime. Il a dit, entre autres, qu'il y aurait des difficultés à transporter le troupeau initial jusqu'à Salt Lake. Sandy a dit que c'était vrai ; il y aurait les frais initiaux de chargement sur des wagons plats, et quelques tunnels devraient être élargis pour que les taureaux ne soient pas râpés en passant, mais j'en ai déjà discuté avec la compagnie ferroviaire.

Safety dit que tout cela est peut-être vrai, mais, retenez ses paroles, dès que mon troupeau entrera dans les eaux intérieures, il développera une sorte de maladie comme le charbon ou la jambe noire, et tout le groupe mourra de moi. Sandy dit que la vaccination sera simple, car les animaux seront alors aussi affectueux que des chatons grâce à avoir été traités avec gentillesse, ce qui est tout ce dont une baleine a besoin. Il dit qu'ils ont vraiment une nature très sociale et qu'ils sont fidèles jusqu'à la mort. Une fois qu'une baleine est votre amie, dit-il, c'est pour la vie, beau temps, mauvais temps, du moment que vous la traitez honnêtement. Même si vous rendez service à une baleine une seule fois, elle se souviendra de votre visage, cela ne fait aucune différence si cela fait cinquante ans ; bien qu'il soit le même, il est vrai, dans ses haines, car une baleine ne pardonne jamais une blessure. Un marin qu'il connaît a un jour donné un morceau de tabac à chiquer à une baleine avec laquelle il s'était lié d'amitié, juste pour plaisanter. L'animal est entré dans une rage terrible et a essayé de démolir le navire pour l'atteindre, puis il a suivi le navire tout entier. partout dans le monde, attendant que ce marin tombe ou fasse naufrage ou quelque chose comme ça, jusqu'à ce que finalement l'homme traqué soit devenu si nerveux qu'il a quitté la mer et tient maintenant un kiosque à journaux à Seattle, si la sécurité ne le croit pas. Cela montre simplement qu'une baleine, tant que vous êtes d'accord avec elle, est supérieure en esprit et en moralité à un bœuf, qui n'a pas assez de sens pour distinguer l'ami de l'ennemi.

La sécurité secoue toujours la tête. Il dit que "sûr et sain d'esprit" a été sa devise tout au long de sa vie longue et bien remplie et que cette proposition ne lui ressemble ni à l'une ni à l'autre. Les garçons lui disent qu'il rate une bonne chose en ne se joignant pas à nous. Ils disent que je leur donne à chacun un gros bloc d'actions, payé et non évaluable, et ils ne veulent pas qu'il revienne plus tard, alors qu'ils roulent dans la richesse, et leur demande pourquoi ils ne lui ont pas donné un le hasard aussi.

"Je peux juste t'entendre parler", a déclaré Sandy. "Vous direz : 'J'ai connu toute cette bande d'imbéciles quand personne n'avait jamais eu un dollar qu'il pouvait appeler le sien le lendemain de son paiement, et maintenant regardez-les : ils jettent leurs centaines de milliers à droite et à gauche ;' des maisons avec des pianos dans chaque pièce ; des bottes neuves chaque semaine ; des selles argentées à mille pièces chacune ; des vins, liqueurs et cigares de choix ; des taxis privés ; et Alexander J. Sawtelle, le riche banquier, élu au Congrès à une majorité écrasante. !' C'est ainsi que vous parlerez, " dit Sandy, " avec un regret qui vous rongera les organes vitaux comme un horrible acide mortel pour l'homme et la bête.

Safety dit qu'il pense qu'ils sont tous complètement fous et idiots et que son argent est bientôt partagé - c'est un dicton qu'il a dû apprendre à l'âge de trois ans et dont il n'a jamais oublié un mot - et il vient à la maison pour regarde moi. Il voulait peut-être savoir si j'avais vraiment perdu la tête, mais il n'a rien dit sur les baleines. Je suis resté assis et j'ai parlé de la malchance habituelle. Je suis dans le secteur boursier depuis trente ans et je n'ai encore jamais eu une bonne année. De son bétail, il ne reste plus que le train de roulement ; et ses terres sont si pauvres que vous ne pourriez même pas y soulever une querelle à moins d'y devenir fou ; et pourquoi il continue à lutter dans l'amère étreinte du malheur, il l' ignore . Mais je sais toujours pourquoi il continue à lutter. Argent! Rien que de l'argent. Alors , quand il a fini de pleurer sa fortune ruinée et qu'il a faiblement parlé de me retirer quelques mules à un juste prix, je l'ai fait taire fermement. Chaque fois que ce vieil escroc parle de vous enlever quoi que ce soit, il complote un vol de grand chemin aussi proche que possible pour lui permettre d'éviter la prison. Il était triste quand j'ai refusé deux cent cinquante dollars l'empan pour mes meilleures mules.

Il partit en secouant la tête comme s'il ne s'attendait pas à une telle inhumanité de la part d'un vieil ami et voisin envers quelqu'un qui, par malchance, était maintenant mis à la porte.

Eh bien, je n'entends plus parler des baleines ; mais un cirque arrive à Red Gap et le vieux Pete, l'Indien, dit qu'il doit y aller, son esprit étant enflammé par des affiches incroyables collées sur la forge de Kulanche . Il dit qu'il est un homme très âgé et qu'il ne peut pas rester longtemps avec nous, et quand il empruntera le sentier à sens unique, il veut pouvoir raconter à ses amis de l'autre côté les animaux étranges dont ils n'ont jamais eu la chance. voir. Le vieux païen était tellement excité que je l'ai laissé partir. Et il était encore plus excité lorsqu'il revint deux jours plus tard. Oui Monsieur; il avait trouvé un moyen de faire fortune.

Il a dit que je penserais certainement qu'il était un menteur avec une langue tordue et un cœur faux, mais il y avait un animal dans ce cirque aussi gros que notre plus gros chariot couvert et il pèserait autant que les six plus gros bœufs que j'ai jamais expédiés. . Il a un nez d'environ cinq pieds de long (il était sûr que je ne croirais pas cette partie) avec lequel il se nourrissait, et il transportait tellement de viande qu'un seul jambon suffirait à faire vivre une famille comme celle de Pete tout l'hiver. Il a dit que bien sûr, je penserais qu'il était un menteur, mais que je pourrais écrire à Red Gap à un avocat, et l'avocat amènerait beaucoup de gens à le jurer directement au palais de justice. Et donc maintenant, je dois me dépêcher et approvisionner la maison avec ces animaux, avoir plus de viande que quiconque au monde et devenir riche assez rapidement. Quarante fois, il a tendu les bras pour me montrer la taille d'un de ces jambons, et il m'a dit que le meilleur, c'est que cet animal ne mangeait presque rien d'autre qu'un peu de pop-corn et quelques cacahuètes. Ne l'avait-il pas regardé pendant des heures ? Et si je ne me dépêchais pas, d'autres auraient compris et augmenteraient les prix.

Je suppose que l'esprit commercial de Pete a dû être stimulé en entendant les garçons parler des baleines. Il n'avait pas retenu la proposition des baleines, pas une minute, après avoir appris qu'elles vivaient dans l'océan. Une fois, il a bien regardé l'océan et il a immédiatement dit : "Trop d'eau !" Mais voici un animal terrestre qui contenait presque autant de viande qu'une baleine, ne mangeait presque rien et était aussi apprivoisé qu'un chiot. "Je pense : 'Injun, comme tu es intelligent !'", dit-il après avoir fini de me raconter tout cela d'une manière très secrète et importante.

Je lui ai dit qu'il était en effet très intelligent et qu'il devrait travailler avec le gouvernement à un dollar par an pour dire aux gens d'abandonner la viande de bœuf au profit de l'éléphant. J'ai dit que j'étais très reconnaissant pour le pourboire et que si jamais j'arrivais à devenir bon avec les éléphants , je verrais qu'il avait sa propre créature à massacrer chaque automne. Alors Pete est sorti avec tout son enthousiasme et a dit aux garçons comment j'allais approvisionner le ranch avec ces nouveaux animaux qui étaient meilleurs que les baleines parce qu'ils n'auraient pas à se mouiller les pieds. Les garçons en ont immédiatement fait grand cas.

En un rien de temps, ils ont vendu tous les visages blancs et de vastes troupeaux d'éléphants de race pure errant dans le ranch avec la marque Arrowhead dessus . Là-bas, sur les terres plates, ils avaient des champs de pop-corn ondulants et là-haut, ils avaient mille acres de cacahuètes mûrissantes ; et Sandy Sawtelle, le roi des humoristes , il a eu une autre idée qui rapporterait cinquante mille dollars par an rien qu'à côté. Il a dit que si une foule venait dans un ranch et achetait le foin de l'éleveur dans le but de le donner à manger à ses propres bœufs , ils seraient considérés comme faibles d'esprit. Ce n'est pas le cas des éléphants. Il a dit que les gens venaient de loin et de près et amenaient leurs petits pour acheter nos propres cacahuètes et pop-corn pour nourrir nos propres éléphants. Tout ce que nous avions à faire, c'était de mettre les affaires dans des sacs à un sou la pièce. Il a dit que bien sûr, la nouveauté pourrait disparaître avec le temps, mais que s'il pouvait seulement obtenir la concession de cacahuètes et de pop-corn pendant les trois premières années, ce serait tout ce qu'il souhaiterait pour ses simples besoins de vie dans une superbe maison de marbre à New York. Spokane, avec un salon privé et une aide engagée pour lui apporter son petit-déjeuner au lit, mettre un autre disque et répondre à ses moindres caprices. Buck Devine a déclaré qu'il serait en mesure de dépenser son argent à droite et à gauche s'il pouvait obtenir le privilège de l'ivoire, qui est fabriqué à partir de cornes d'éléphant et est utilisé à de nombreuses fins utiles ; et l'un des autres garçons dit qu'ils développeront une bonne souche laitière et auront un troupeau laitier, car le lait de ce noble animal devrait convenir aux combattants et aux déménageurs de piano.

En dix minutes environ, ils faisaient toute une affaire pour le bénéfice du vieux Pete, et Pete était très sérieux à ce sujet. Il dit que je lui ai promis un jeune animal à abattre chaque automne, et ils lui disent qu'il n'y a pas de viande aussi bonne qu'un jeune éléphant nourri au pop-corn et qu'il vivra certainement haut. Et juste à ce moment-là, le vieux Safety First remonte. Alors ils deviennent silencieux et mystérieux à la fois et préviennent Pete, pour que Safety l'entende, pour ne dire un mot à personne . Pete a l'air secret et hostile envers le visiteur et retourne à son tas de bois. La sécurité dit naturellement quelles bêtises ils ont en tête maintenant, et il suppose que c'est encore une fois ces absurdités de baleine.

Les garçons se taisent. Ils disent que cela n'a rien à voir avec les baleines, mais qu'il s'agit d'une proposition de terre ferme trop importante pour en parler ; que j'ai juré à tout le monde de garder le secret, mais il verra bien assez tôt de quoi il s'agit lorsque les grosses sommes d'argent commenceront à affluer. Cela ne les dérange pas de lui dire que c'est une proposition africaine de nourriture nouvelle et nourrissante, une véritable aubaine pour le monde. race humaine, mais ils doivent se taire jusqu'à ce que mes options soient achetées pour que j'aie la crème du business.

La sécurité renifle d'une manière déconcertée et essaie de trouver un indice, mais ils disent que c'est une chose qui se propagerait comme une traînée de poudre une fois qu'elle serait connue, étant bien plus savoureuse que la viande de baleine et plus facile à manipuler, et ne mangeant presque rien.

"Les baleines étaient plutôt bonnes", dit Sandy ; "Mais depuis que le patron a une idée sur cet autre animal, elle s'est débarrassée de ses intérêts en matière de baleines pour soixante-treize mille dollars."

Buck Devine dit que je lui ai montré le chèque, qui est arrivé par la poste d'hier, et que je l'ai laissé le tenir une minute pour qu'il puisse dire qu'il avait autrefois soixante-treize mille dollars dans sa main, juste comme ça. Et l'argent devait être investi dans cette nouvelle affaire, les garçons étant admis au rez-de-chaussée, comme ils l'avaient été avec les baleines. Sandy dit que dans probablement un an, ou dix-huit mois au maximum, il ne sera plus qu'un millionnaire dissipé. Rien que ça !

La sécurité est particulière dans son esprit. Si vous lui disiez que vous avez trouvé un million de dollars en or au sommet de ce pin gris, il ne le croirait pas, et pourtant, il en tirerait un véritable frisson. Il chérit certainement l'argent. L'idée même est romantique pour lui. Et il devait être ravi maintenant. Il restait là, écoutant attentivement pendant que les garçons dilapidaient leur immense richesse de diverses manières répréhensibles, essayant de se faire une idée sur le nouvel animal. Finalement, il renifla encore, et ils furent tous fous comme des fous et s'en allèrent. Mais où va-t-il sinon chez le vieux Pete au tas de bois et l'empêche de travailler pendant dix minutes pour essayer de faire sortir le nom du nouvel animal de Pete. Mais il ne peut pas piéger l' homme rouge dans des aveux. Tout ce qu'il peut découvrir, c'est que Pete est sérieux et excité.

Puis il est venu me demander encore une fois s'il ne pourrait pas m'enlever quelques mules. Il a vite compris qu'il ne pouvait pas. Il restait toujours là, racontant des bêtises autant que je pouvais le comprendre, parce que je n'avais pas encore été mis au courant de la nouvelle proposition sur l'éléphant. Il dit qu'il a entendu dire que je m'occupais d'une nouvelle ligne de bétail, la même chose n'étant ni des baleines ni rien de ce qui nage, et si c'est plus que ce que je peux balancer par moi-même, eh bien, c'est un bon voisin de longue date, et capable dans un pincer, mebbe , pour gagner quelques milliers de dollars, ou même plus si c'est un jeu d'enfant, et que diriez-vous, et d'un vieil ami à un autre, quelle est cette nouvelle ligne ?

Étant occupé, j'ai agi brièvement. J'ai dit que je m'en tenais au bétail malgré les rumeurs infâmes à leur encontre , et tous les rapports affirmant le contraire n'étaient que des bavardages de société. Pourtant , il agissait comme si j'essayais de le tromper. Il est sorti en me disant que si je changeais d'avis à tout moment , je devais le lui faire savoir, et il reviendrait bientôt pour parler de mules au moins, au moins, et tout ce qu'il pouvait faire pour moi à tout moment, il suffit de dire le mot. , et essayez un peu de cette gomme, et ainsi de suite. J'étais vraiment intrigué par ses courtoisies raffinées jusqu'à ce que Pete entre et me raconte comment les garçons ont peuplé le vieux ranch d'éléphants et comment Safety a essayé de lui faire révéler le secret. Je dis à Pete qu'il a bien fait de rester immobile, puis je descends dans la maison avec dortoirs et j'entends tout cela.

À l' heure actuelle , ils expédient des milliers d'éléphants bouvillons aux meilleurs prix ; ils les attrapent avec des aliments mous et les engraissent avec du pop-corn et des cacahuètes, et à chaque Thanksgiving, ils envoient un joli veau gras à la Maison Blanche, car plus personne ne regarde la dinde. Sandy raconte maintenant à quel point ce sera un jeu d'enfant de monter en troupeau sur des éléphants.

"Vous en choisissez un gros", dit-il, "et vous construisez un petit cupalo sur lui et vous montez dedans au moyen d'une échelle, et vous vous asseyez là dans cette petite pièce meublée avec un bon livre, et vous fumez. et passez le temps pendant que votre bon vieil éléphant de selle fait le travail. Tout ce que vous avez à faire est de vous pencher par la fenêtre avant de temps en temps et de lui frapper le front avec un pic à glace, dans la direction dans laquelle vous voulez qu'il se tourne.

J'ai dit qu'il fallait faire confiance à un perforateur de vaches pour trouver un moyen de faire aussi peu de travail avec ses mains qu'avec sa tête. Mais j'ai admis qu'ils semblaient avoir atterri sur le vieux Timmins pour une fois, parce qu'il avait essayé de convaincre Pete de trahir le secret et qu'il était ensuite venu m'en parler. J'ai dit que je pourrais parler plus intelligemment la prochaine fois, et qu'il reviendrait certainement parce qu'il m'avait prodigué deux bâtons de chewing-gum, ce qui était une performance incroyable et n'aurait pu être fait sans un mauvais dessein.

"Maintenant, dis", dit Sandy, "on dirait que nous l'avons fait croire. J'allais le tromper une fois de plus, puis lui lancer des éléphants sur lui, et nous nous moquerions tous bien du vieux loup. Mais cela me semble être une occasion de faire mieux qu'un rire ; il me semble que nous pourrions commettre un véritable crime contre lui.

"Il ne porte jamais rien sur lui", dis -je , "si vous voulez dire quelque chose de clair, comme un vol de grand chemin."

Sandy dit qu'il ne veut pas dire ça ; il parle de vraies choses de Wall Street, comme par exemple qu'un gentleman peut en tirer un autre tout en restant libre ; tordu, dit-il, mais pas rugueux. Je demande quelle est l'idée, et Sandy dit de le rendre de plus en plus fébrile face aux énormes revenus de cette entreprise secrète. Ensuite, nous éliminerons un certain nombre d'animaux de réforme – des trucs maigres, des avortons et des infirmes – et nous lui ferons donner environ quatre fois ce qu'ils valent en promettant de le laisser entrer dans le nouveau marché ; dites-lui qu'il faut se débarrasser de tout ça pour faire de la place aux nouveaux animaux, et naturellement nous favoriserons nos amis.

« Voilà, maintenant ! dit Sandy. "Je devrais être à Wall Street à l'instant même, capable d'imaginer une coopérative aussi pernicieuse que celle-là : et j'y serais allé aussi, mais je déteste la vie en ville."

"Pour une fois dans l'histoire du monde", dis -je , "il y a peut-être une part de sens dans vos paroles. Seulement pas de vaches dans l'affaire. Même pour escroquer le vieil escroc, je ne lui laisserais pas la peau ni le poil d'un bœuf. , pas depuis qu'il a travaillé sur mes sentiments à propos de ces taureaux il y a deux ans. Des mules, oui. Mais la vache est une bête trop digne pour être mêlée à tout ce que j'ai fait de pécheur à ce profiteur. Maintenant, je vais le dire. " Vous quoi, " dis- je, très pragmatique : " vous les garçons, vous l'avez supporté jusqu'à ce qu'il soit assez agité pour emmener cette bande de mulets dans le champ sud, et tout ce que vous obtenez au-dessus de cinquante dollars par tête, je le partagerai avec vous. "

Sandy crie à ça. Il dit que cette bande n'est pas des mules mais des lapins, et que je ne leur refuserais pas quarante par tête à l' instant . Il dit que même un homme s'attendant à être admis dans un ranch d'éléphants sûr comprendrait que quelque chose de méchant était prévu s'il lui était demandé de donner ne serait-ce que cinquante dollars pour ces insectes. Je lui dis tout très vrai ; mais ce n'est là que la marge de son génie financier durable, à l'égard duquel il montre si peu de réticence que cela fera la une des journaux et fera de lui un homme marqué d'un océan à l'autre s'il n'y prend pas garde. Il dit oh, d'accord, si je veux le prendre de cette façon, et il verra ce qu'il peut faire. Peut-être qu'il peut en obtenir cinquante-cinq par tête, ce qui non seulement ferait bien rire les garçons, mais leur fournirait également un peu d'argent pour le flambeau.

les ai laissés comploter contre un homme qui n'avait jamais été touché par aucun complot. J'ai décidé de rester un peu à l'écart de leurs actes infâmes. Il ne semblait pas très digne qu'un de mes statuts soit mêlé à un accord aussi véreux – du moins pas plus que nécessaire pour obtenir ma part des récoltes.

Effectivement, le lendemain, le vieux paria dépravé revient en maraude à l'heure du déjeuner et avec les garçons dans la cuisine. Il les trouva pleins d'excitation réprimée, de discours secrets et de discussions négligentes sur de grosses sommes d'argent. Cela devait être comme la musique la plus douce à ses oreilles. L'un dit combien serait-il prudent de compter sur une réduction de la première année – combien en chiffres ronds ; et un autre dirait qu'en chiffres ronds, avec les dépenses nécessaires pour démarrer et tout calculer jusqu'au dernier centime, il ne serait pas prudent de compter sur plus de cent mille dollars ; mais, bien sûr, pour la deuxième année, maintenant, pourquoi ce serait plus proche de deux cent mille en chiffres ronds, même en calculant que tout va bien et en tenant compte largement du retrait. Après cela, ils ont distribué de l'argent en chiffres ronds jusqu'à ce qu'ils en aient marre du bruit.

Ils ont dit que Safety était assis et écoutait en transe, se réveillant seulement de temps en temps pour voir s'il ne pouvait pas inciter quelqu'un à révéler le nom de ce nouvel animal. Mais ils l'ont toujours déjoué. Sandy Sawtelle a dressé un tableau touchant de lui-même, coupé du luxe à l'âge de quatre-vingt-dix ans, laissant six ou huit millions de dollars en chiffres ronds et obligeant ses proches à se disputer sur son testament jusqu'à ce que les avocats en obtiennent la majeure partie. Ils disaient que Safety n'était qu'un morceau et qu'il avait une lueur maléfique dans les yeux.

Et après le déjeuner, il se rendit au tas de bois où travaillait le vieux Pete et lui offrit deux pièces d'argent pour lui révéler le secret, et comme le vieux Pete le méprisait, il le porta à quatre pièces. Je suppose que l'idée que quelqu'un refuse de l'argent simplement pour une petite conversation ne lui avait jamais semblé possible. Il devait penser qu'il y avait quelque chose dedans. J'étais absent ce jour-là, mais quand je suis revenu et que j'ai entendu parler de sa tentative infernale de soudoyer le vieux Pete , j'ai dit aux garçons qu'ils avaient certainement la chance de leur vie. J'ai dit que s'il y avait quelques prouesses financières dans le groupe , ils commenceraient le prix de ces mules avortées à cent dollars fixes, parce qu'il était certain que Safety avait dérapé.

Le lendemain, c'était mieux que jamais. Non seulement la sécurité est apparue dans l'après-midi, mais il m'a apporté un pot d'un litre de miel de ses propres abeilles. Quiconque n'aurait pas consulté son casier judiciaire ne comprendrait pas ce que cela signifiait. J'ai fait semblant d'être trop occupé pour être surpris par ce cadeau, qui a brisé trente ans d'inactivité totale dans cette branche. J'avais l'air inquiet et important avec une litière de papiers sur mon bureau et je ne semblais pas avoir de temps à perdre avec les appelants. Il a mentionné les mules une ou deux fois, sans aucun effet, puis il a entendu dire que je me lançais dans une nouvelle ligne qui semblait contenir quelques dollars, et il espère que je ne perdrai pas tout, parce qu'il y a tellement de choses. de nos jours, ils ont l'air bien jusqu'à ce qu'ils soient essayés. J'étais rusé. J'ai dit que j'allais peut-être changer de ligne, mais là encore, ce ne serait peut-être que des paroles vaines et il ferait mieux de ne pas croire tout ce qu'il entend.

Il prit le pot de miel et le caressa, son visage ayant l'air de mettre au repos un être cher, et dit que cela ne le dérangerait pas de se lancer lui-même dans quelque chose de nouveau s'il pouvait être sûr que c'était sain, parce que les affaires boursières à présent, c'était une vie de chien. Il a dit que la guerre devait être gagnée par la nourriture, et que chaque patriote devait traverser ou traverser, et il essayait de se tenir près du drapeau et de conserver toute la nourriture qu'il pouvait, mais d'après la manière dont son aide agissait au moment des repas, vous ' Je pensais que c'était une bande d'espions allemands. Regardez- les manger des haricots, dit-il, et on pourrait penser qu'ils n'ont jamais entendu dire que les haricots sont passés de trois cents la livre à seize ; mais ils l'avaient entendu, parce qu'il le leur avait dit plus d'une fois dans un anglais simple. Mais cela n'a eu aucun effet. À la façon dont ils les ont servis, on aurait pu penser que nous avions été dotés de haricots de la même manière que de la lumière du soleil de Dieu.

Il a dit que c'était décourageant pour un fervent patriote. Le président essayait de rendre la démocratie sûre pour le monde, et il allait désormais se tenir aux côtés de l'administration même s'il avait voté jusqu'à présent pour la liste républicaine ; mais trois de ses hommes avaient démissionné hier encore et la guerre était certainement perdue si les classes laborieuses continuaient ainsi à faire de leur estomac des dieux. Et en fait, maintenant , entre vieux amis et voisins , si j'avais quelque chose qui avait l'air bien, pourquoi ne pas garder tout cela ensemble juste avec nous ici dans la vallée, lui, bien qu'étant un homme pauvre, étant capable de ramasser un quelques milliers de dollars en chiffres ronds pour toute entreprise qui était un jeu d'enfant.

Et le vieux chien valait à cet instant un bon demi-million de dollars ! Mais j'ai gardé le contrôle de mon visage et j'ai eu l'air encore plus inquiet et important et j'ai dit que je devrais peut-être accueillir un homme bon, et là encore, je ne pourrais peut-être pas. Je ne pouvais pas le dire avant d'avoir nettoyé quelques lots de stock. Puis j'ai regardé d'autres documents et, comme si je me parlais inconsciemment, j'ai murmuré, quoique distinctement : « Maintenant, cette bande d'avortons, ils vont devoir partir ; mais, bien sûr, pas pour une simple chanson. "

Ensuite, j'ai étudié d'autres documents d'une manière magistrale et j'ai complètement oublié mon interlocuteur jusqu'à ce qu'il finisse par sortir, après avoir aperçu Sandy près du corral.

Très vite, Sandy me fait son rapport. Il dit que Safety est blessé par mon attitude froide envers un vieil ami et voisin qui arrive toujours avec un pot de miel ou un bibelot ; et il avait mentionné les mulets avortons, disant qu'il pourrait être amené à les considérer, même si je ne les laisserai probablement pas partir pour une simple chanson, aussi méprisables qu'ils soient. Sandy dit qu'il a raison ; que ça doit être tout un opéra avec des paroles et de la musique pour ces mules. Il dit que j'ai une raison d'être ferme sur le prix, la raison étant que cette nouvelle ligne dans laquelle je vais m'embarquer est une chose tellement sûre que je veux que seuls des amis viennent, et je dois d'abord être convaincu que leurs le cœur est à la bonne place.

Safety dit que son cœur prend toujours le dessus sur les transactions boursières, mais à quel point vais-je m'attendre à ce qu'un vieil ami éprouvé ait l'air stupide à propos de ces mules de gommage auxquelles personne sensé ne toucherait à aucun prix.

Sandy bâille comme s'il était las de tout cela et dit cent dollars forfaitaires. Il a dit que Safety était resté immobile et l'avait regardé pendant toujours sans sourciller, jusqu'à ce qu'il soit secoué et ait dit que mebbe quatre-vingt-quinze pourrait être envisagé. C'est un truc avec ce vieux voleur quand un groupe a quelque chose à lui vendre. Ils indiquent leur prix et il reste immobile et les regarde – ni indigné ni étonné, pas même intéressé, mais simplement comme un poisson. La plupart des gens ne peuvent pas le supporter longtemps, c'est si étrange. Ils deviennent agités et nerveux, et s'affaiblissent avant qu'il ait dit un seul mot.

Mais il était certain maintenant que le mystère se dirigeait vers Safety, car sinon il aurait ri aux éclats à l'évocation de cent dollars pour ces mules. Trois mois auparavant, il m'avait entendu lui-même les proposer à quarante dollars par tête. N'est-ce pas, quand j'achetais de temps en temps des bandes de mulets, je faisais en sorte que les vendeurs jettent les petits pour qu'ils fassent librement le commerce. J'en avais maintenant environ vingt-cinq, mais je commençais à comprendre que peut-être ces vendeurs n'avaient pas été aussi faciles que je le pensais à l'époque. C'étaient des petits avortons au crâne noueux avec lesquels je n'avais jamais pris la peine de m'occuper .

printemps dernier , j'ai demandé aux garçons de réparer les fissures du corral et de mettre chacun des petits acariens rusés dans la goulotte et de l'attraper de manière à lui mettre un arc dans le cou ; puis j'ai mis le régime dans une bonne nourriture verte où il grossirait et muerait ; mais c'était un effort inutile. Ils ressemblaient tellement à des mulots que j'avais peur que les chats se trompent. Après qu'ils aient grossi, le plus gros semblait peser près de sept cent cinquante. C'était à l'époque où ils avaient commencé à acheter aussi des mules ; c'est-à-dire des mules ! Mais pas de chance qu'un nouveau West Pointer vienne les inspecter ; rien que de vieux capitaines de cavalerie avisés qui, lorsqu'ils surveillaient la bande, me souriaient amicalement et n'hésitaient que le temps de mettre de l'eau dans le radiateur. Je parie qu'il n'y a jamais eu une bande de mules de trois ans aussi condamnables.

Après les avoir offerts une fois pour quarante par tête à une fête et lui avoir fait répondre très simplement en lui demandant comment était la route au-delà et quel virage il prenait, j'ai arrêté de m'embêter. Après, quand les acheteurs sont arrivés, j'ai dit la vérité et j'ai dit que je n'avais pas de mules. Je devais garder mes vraies, et ça ne valait pas la peine de montrer ces sous-mules . Et c'était le groupe que Sandy avait dit à SF Timmins qu'il pouvait emporter pour cent par tête, voire quatre-vingt-quinze. Et Safety n'avait pas ri !

Et vous auriez-vous demandé quand il s'est présenté quelques jours plus tard et m'a fait une offre froide de soixante dollars par tête pour ce bétail de choix ? Oui Monsieur! Il dit que "Vivre et laisser vivre" est sa devise, et il veut prouver que je lui ai fait du tort dans le passé si jamais j'avais le moindre soupçon qu'il n'était pas le parti idéal pour conclure un accord qui allait net tout le monde concerné une belle fortune. Il dit que le fait est que l'argent lui passe entre les doigts comme l'eau si on y réfléchit ; et soixante ou même soixante-cinq si je veux le pousser à l'extrême, parce qu'il est le dernier homme sur la terre verte de Dieu à laisser cinq dollars partager de vieux voisins qui devraient être main dans la main dans tout nouvel accord qui se présente.

J'ai eu l'impression de m'effondrer, mais j'ai récupéré et je suis devenu plus occupé   que   jamais.
J'ai sorti mon livret de banque et j'ai commencé à y réfléchir. J'ai dit que SandySawtelle s'occupait de ce groupe particulier de mes actifs et que cela ne me dérangeait pas.

Alors il se rend à la grange jusqu'à ce que Sandy arrive avec Buck Devine. Ils discutaient d'environ trois cent mille dollars en chiffres ronds lorsqu'ils s'approchèrent suffisamment pour qu'il puisse entendre leur conversation privée. Ils se demandaient pourquoi ils avaient gaspillé une si grande partie de leur vie dans le commerce du bétail, mais maintenant ces jours de dur labeur étaient terminés, ou le seraient bientôt, avec rien d'autre à faire que de voyager dans les voitures du palais Pullman et de voir d'abord l'Amérique, et de partir. aux films, etc. La sécurité souhaitait marchander un peu au sujet des mules, mais Sandy dit qu'il a déjà indiqué le prix dans des tons clairs et sonores, et qu'il n'a pas de temps à perdre, étant donné que je dois l'envoyer ce soir-là pour obtenir une commande par téléphone pour deux wagons complets. de la cacahuète Petite Géante. La sécurité a simplement cligné des yeux, sans même se demander pourquoi ces cacahuètes ; et les garçons l'ont laissé froid.

Quand je leur ai parlé de l'offre qui m'était faite de soixante ou d'un possible soixante-cinq, ils ont immédiatement fait une danse de la médecine.

"Ce sera ici la coopérative la plus riche jamais créée à l'ouest de Cheyenne", déclare Buck ; et Sandy dit qu'il suppose que quiconque n'est pas aveugle peut désormais voir cette rue bien connue de New York dans laquelle il devrait avoir son bureau. Il dit qu'il espère que la sécurité ne tombera pas trop facilement, car il veut avoir plus de chances de s'améliorer.

Mais Sandy est vouée à la déception. La sécurité ne tient que deux jours de plus. Deux jours durant, il flâne aux heures des repas, écoutant leurs riches conversations et disant qu'il aimerait savoir qui est le meilleur ami de cette tenue qu'il ne l'a été depuis vingt ans. Les garçons lui disent que s'il est un si bon ami, il doit le prouver avec un petit troc qui ne manquerait pas de toucher mon cœur. Et le premier jour, Safety offre soixante-quinze dollars par tête à ces lapins, qu'ils ignorent calmement et continuent à parler des Liberty Bonds comme d'un bon investissement sûr ; et le deuxième jour, il pleure comme un enfant qu'il va payer quatre-vingt-cinq dollars et croire en leur honneur qu'il va participer à ce nouveau marché sûr.

Cela semblait suffisant, alors ils ont tous serré la main du dépensier et lui ont donné une tape dans le dos en toute bonne amitié, et ont dit qu'ils savaient depuis toujours qu'il avait un cœur en or et qu'ils se sentent libres de dire maintenant qu'une fois l'argent passé, il a gagné. on ne le laissera pas quitter les lieux tant qu'il n'aura pas entendu parler de la nouvelle entreprise et qu'il ne sera pas entré au rez-de-chaussée, et ils espèrent qu'il n'oubliera jamais ce moment où l'argent commence à affluer pour l'étouffer en rond. Nombres. Alors Safety dit qu'il sait que c'est un bon groupe de garçons, aussi propres qu'une dent de chien, et il viendra demain pour prendre en charge le stock et entendre les détails intéressants.

Les garçons se sont installés tard dans la nuit, pensant avoir leur part dans le cambriolage. Il y avait vingt-cinq de ces écureuils terrestres. Je devais toucher mes cinquante par tête, dont au moins dix étaient illégitimes. Ensuite, pour les trente-cinq, qui étaient le véritable vol, je devais en prendre la moitié, et huit des garçons l'autre moitié. J'ai commencé à me demander ce soir-là ce qui pouvait nous être fait en vertu du droit pénal. Il semblait que trois ans dans une bonne prison ne seraient pas trop durs.

Le lendemain, de bonne heure, voici le frugal Safety, qui se traîne derrière ses moustaches et amène l'un de ses mercenaires mal nourris pour l'aider à ramener le matériel. Safety se frotte les mains et agit avec beaucoup de vivacité, avec un air de fausse bonne camaraderie. On dirait presque qu'il avait peur qu'ils aient eu une meilleure opinion du métier et qu'ils tentent de s'en sortir. Il veut en finir vite. Ils descendent tous et l'aident à faire sortir son achat du champ inférieur, où ils se cachaient dans les hautes herbes, et en un rien de temps, le groupe se dirige vers le chemin menant à la route départementale, avec l'homme de sécurité qui se tient bien en place. pour les protéger des coyotes.

Ensuite, il y a un moment un peu solennel où le chèque est établi. La sécurité effectue cette opération sérieuse au dortoir. Faire n'importe quel chèque est toujours avec lui la grande aventure. Il l'écrit avec le sang de son cœur, et n'étant pas le plus grand érudit du monde, il doit compter les lettres de son nom une fois qu'il est écrit - il sait qu'il devrait y en avoir neuf ensemble - et ensuite il doit essuyer l'encre de ses mains. et il soupire lamentablement et dit que si cela continue, il passera sa vieillesse dans la pauvre ferme, et ainsi de suite. Tout s'est déroulé comme prévu, sauf qu'il semblait étrangement impatient et soumis à une forte tension nerveuse.

Moi? J'étais en quelque sorte resté à la limite des événements pendant que cet acte ignoble était commis, ne semblant en aucun cas être responsable. Mon Seigneur! Je voulais toujours pouvoir faire face à l'homme endeuillé comme une femme honnête et lui dire que ce n'était qu'une simple absurdité de garçons pour laquelle je ne pouvais pas être détenue en vertu de la loi, quel que soit le bon avocat qu'il trouverait. Quand ils sortent en masse de la maison superposée , je faisais semblant de consulter Abner, le forgeron, au sujet de certaines pièces de tondeuse. Et tout de suite, j'ai été frappé par le fait que Safety semblait redevenir lui-même ; son air de fausse gaieté et de tension nerveuse l'avait quitté et il était froid, silencieux et mortel, comme le cobra venimeux de l'Inde.

Mais maintenant, ils allaient lui lancer cette nouvelle entreprise secrète, alors je m'éloignai un peu vers la maison, ne voulant pas être trop près lorsque ses cris commenceraient. Cela semblait plutôt honteux de profiter des habitudes cupides du vieil avare ; Pourtant, je me souvenais de quelques choses intéressantes qu'il m'avait faites et je ne me glissais pas trop loin dans l'arrière-plan. Safety se tenait près de son cheval avec les garçons tous rassemblés autour de lui, et j'ai entendu Sandy dire : « Des éléphants, rien que des éléphants, c'est la nouvelle idée !

Puis ils commencèrent tous à parler en même temps, bavardant sur les cacahuètes et le pop-corn que des foules de gens viendraient acheter chez nous pour nourrir notre bétail, et sur le fait qu'il y avait plus de viande dans un éléphant que dans six bœufs, et sur le fait que les puncheurs ils se promèneront dans ces petits cupalos au sommet de leurs grands éléphants de selle ; et ils devenaient de plus en plus rapides et excités dans leur conversation, jusqu'à ce qu'ils finissent par exploser naturellement lorsqu'ils s'assurèrent que Safety avait compris l'idée et qu'il saurait qu'il avait été ridiculisé. Ils ont passé un bon moment ; jetaient leurs chapeaux en l'air, dansaient autour de leur victime et se frappaient les uns les autres, et leurs cris et leurs rires chaleureux pouvaient être entendus à des kilomètres à travers le ruisseau. Deux ou trois avaient des fusils qu'ils lâchaient pour ajouter au bruit joyeux. Oh, c'était deux fois plus sauvage pendant environ trois minutes. Ils ont failli mourir de rire.

Puis tout cela est mort d'une mort étrange et douloureuse. La sécurité n'était pas du tout comme un homme piqué. Il resta là, froid et malin, et écouta le bruit sans sourciller jusqu'à ce qu'il réprime naturellement le désordre. L'atmosphère devint aussi silencieuse qu'une église, puis Safety parla un peu d'une voix calme.

"Des éléphants ?" dit-il, plutôt amusé. "Eh bien, les éléphants ne sont pas une bonne proposition de stock parce qu'ils mettent tellement de temps à mûrir ! Les éléphants ont souvent cent vingt ans. Il faudrait en nourrir un pendant au moins quarante ans pour qu'il soit apte à expédier. Je Je suis vraiment surpris que vous, les garçons, vous lanciez dans une proposition pareille sans examiner les détails. Ce n'est certainement pas pour mon argent. Eh bien, vous ne pourriez même pas accoucher d'un éléphant avant qu'il n'ait environ quinze ans, ce qui aurait besoin au moins six mille dollars de cacahuètes ; et de quel genre d'entreprise s'agit-il, j'aimerais savoir. Et même s'ils pouvaient voler leur propre nourriture, quel genre d'entreprise est-ce où l'on ne peut expédier qu'une seule fois dans une vie ? Vous, les garçons, me fatiguez, en vous lançant à corps perdu dans une entreprise où vous seriez tous morts et oubliés avant la première rotation de vos stocks.

les regardait maintenant d'un air triste et réprobateur. C'était comme une explosion glaciale venue du Groenland, à la façon dont il l'a perçu.

Deux ou trois essayèrent de relancer le grand rire, mais leurs jappements étaient faibles et s'éteignirent rapidement. Ils sont restés là, stupides. Même Sandy Sawtelle ne trouvait rien de brillant à dire.

Safety monte maintenant sur son cheval, étrangement joyeux, et dit : ; "Eh bien, je vais devoir m'entendre avec mes nouvelles mules." Puis il a en quelque sorte ri devant la foule et a déclaré : "J'ai certainement ri de cette tenue, en démarrant une entreprise où ce vieux Mathusalem lui-même avait du mal à le faire avancer avant que la mort ne l'interrompe ! »

Et il s'en va en riant comme si c'était une horrible blague de notre part. Pas un seul cri d'agonie à propos de ce qui lui avait été fait avec ces mules rabougries.

Bien sûr, c'était tout ce que j'avais besoin de savoir. Un frisson de peur mortel m'a parcouru de la tête aux pieds. Je savais parfaitement que notre tranchée était minée et que la mèche était allumée. Arrive ce petit idiot de Sawtelle, et pour une fois dans sa vie, il est perplexe.

"Eh bien," dit-il, "il faut reconnaître une chose au vieux SF. Avez-vous vu la façon dont il a essayé de faire passer le rire sur nous, et sur moi avec son fidèle chèque juste ici dans ma main ? Je ne le ferais jamais. Je l'ai pensé, mais c'est certainement un très bon perdant ! »

"Je ne perds rien!" Je dis . "C'est juste un gagnant. Chaque fois que vous voyez ce jeu d'acteur de vieux garçon, il a gagné. Et il a gagné maintenant, peu importe à quel point les faits connus s'y opposent. Je ne sais pas comment, mais il a gagné."

Ils commencent tous à me dire que je dois me tromper, car regardez le prix que nous avons obtenu pour des choses que nous n'avions pas pu vendre à n'importe quel prix auparavant. Je dis que je regarde cela, mais je suis également obligé de regarder la sécurité après qu'il ait payé ce prix, et les lois de la nature n'ont certainement pas été suspendues d'un seul coup. Je leur propose de parier ce qu'ils ont fait dans le cadre de l'accord et que Safety a été fidèle à ses principes. "Remarquez mes mots", dis -je , "c'est un triste jour pour Arrowhead ! Je ne sais pas comment ni pourquoi, mais nous le saurons bientôt ; et si vous ne me croyez pas, c'est le moment de doubler." ton argent."

Mais ils se sont accrochés à ça. Ils ont trop de respect pour mon jugement. Et ils ont admis que la façon dont Safety avait réagi à la gaffe était carrément étrange. Il n'y avait donc rien d'autre à faire que de payer leur part de cet argent souillé et d'attendre le coup dur, huit cent soixante-quinze dollars étant le montant que j'ai partagé avec eux pour leur travail magistral dans la déprédation.

Le jour même, nous recevons par la poste une lettre qui a été retardée parce que notre gouvernement gagne encore plus d'argent que le vieux Timmins. Oui Monsieur; cette lettre avait été postée à Seattle avec un timbre de deux cents le lendemain du jour où le gouvernement avait augmenté le prix à trois cents. Et que fait le gouvernement ? Est-ce qu'il dit : « Oh, envoyez-le ! Pourquoi pincer des sous ? Pas du tout. Il faut une carte imprimée et une enveloppe imprimée et le temps d'un employé et d'un facteur RFD pour me faire savoir que je dois envoyer un centime si je veux cette lettre - il faut dépenser au moins deux centimes pour obtenir un centime. Eh bien, il faut deux jours pour que cet avis me parvienne ; et bien sûr, je l'ai laissé traîner quelques jours, pensant que c'était probablement une publicité ; et puis deux jours pour que mon timbre d'un centime revienne à ce maître de poste parcimonieux ; et deux jours pour que la lettre arrive ici ; cela faisait environ huit jours, pendant lesquels des choses s'étaient produites dont j'aurais dû être au courant. Oui Monsieur; c'est un grand gouvernement qui s'inquiétera pour un centime, puis rencontrera un de ces profiteurs faciles et se détendra avec un million de dollars comme un vacher avec trois mois de salaire dans une ville humide. Bien sûr, tout était fini lorsque j'ai lu cette lettre.

* * * * *

J'ai roulé une autre cigarette pour la femme blessée, le temps n'étant pas venu pour les mots.

"Cela montre simplement", a-t-elle observé après la première ébauche, "que nous devons être honnêtes, même avec des défauts comme le vieux Timmins. Cet homme de Seattle qui surveille les prix pour moi écrit que le sommet du marché des mulets a explosé très haut ; que si j'avais quelque chose qui ressemble du tout à une mule, je ne devais pas le laisser partir pour moins de deux cents dollars, parce que les acheteurs de mules sont certainement désespérés. La sécurité doit avoir le même pourboire, vous seul pouvez parier son correspondant a mis les trois cents sur la lettre. La sécurité n'aurait jamais confié l'excédent à un étrange maître de poste. Quoi qu'il en soit , il a vendu ce troupeau de lapins une semaine plus tard pour cent soixante-quinze par tête, ajoutant ainsi deux deux cent et cinquante dollars de mon argent à sa fortune entachée. Vous pouvez imaginer les fourmillements sur lesquels il s'est mis pendant une semaine, effrayé d'avoir le pourboire et sachant que s'il parlait même de ces avortons à n'importe quel prix, je serais sage à la fois. Cette plaisanterie des garçons devait lui sembler un envoyé du ciel.

"Vous devriez avoir entendu le sermon que j'ai lu à ces imbéciles puncheurs sur l'honnêteté commune et sur la manière dont celui qui mord est toujours mordu. Je leur ai bien fait peur ; il n'y a pas eu d'éléphant sur place depuis ce jour. Ils sont tous châtiés, Je ne crois pas que je tenterai à nouveau quelque chose de malhonnête contre le vieux Safety – et pourtant, je ne sais pas.

La dame expulsa vicieusement la dernière fumée de sa cigarette et reprit le tricot.

"Je ne sais pas vraiment, mais s'il y avait des duplicités gratuites, je pourrais me débrouiller seul et ne pas avoir à laisser à cette bande de voleurs amateurs dans la maison avec dortoirs, et c'était sûr et je n'ai pas pris de risque. faire plus de deux ans de travaux forcés - oui, je ne sais vraiment pas. Même maintenant, tout n'est pas fini entre nous.

II

UNE HISTOIRE D'AMOUR

Je remarquais depuis quelque temps une légère teinte théâtrale dans la littérature périodique soutenue par la grande table du salon Arrowhead. Le fardeau de la table est principalement composé de journaux commerciaux de la qualité sobre de la *Stockbreeder's Gazette* ou *de Mine, Quarry & Derrick* ou du « Farmer's Almanac ». Mais si, par exemple, on en a vraiment marre d'une rubrique vivace intitulée « Discussions sur les engrais », on pourrait, en mélangeant les détritus, tomber sur un magazine moins sordide et franchement abandonné aux intérêts du drame cinématographique.

Celui dont je me souviens le mieux a dessiné sur sa couverture dans des teintes chair acceptables un jeune visage blond d'une beauté impeccable encadré dans une masse de boucles dorées frisées. Les yeux rosés, ombragés de mystère par des cils d'une longueur inhabituelle, lancent un attrait mélancolique qui est légèrement démenti par les lèvres à moitié souriantes et le menton capitonné. Les contours sont délicats mais fermes ; un visage à l'attrait obsédant – un visage sur lequel les larmes peuvent rarement être autre chose que la pluie vive d'avril, et le sourire, quand il fait fondre les lèvres sensibles, avertira pourtant que les cœurs sont faits pour souffrir et en voici un qui n'est pas très joyeux dans sa joie. C'est le visage d'une de nos célèbres beautés du cinéma, et nous savons, même à cette demi- teinte teintée , que la renommée a été méritée.

Lors d'une de ces nuits fatiguées d'Arrowhead, débattant intérieurement de l'éventuelle impolitesse d'un coucher tôt après dix milles humides de ruisseau à truites, je revenais encore et encore à ce visage convaincant au sourire triste et aux larmes de joie. Cela rappelait une tête féminine idéale très recherchée dans mon nonage. Il était lithographié principalement en rose et portait l'étiquette « Tempête et soleil ». Je flânais donc près de la grande table, rêvant aux perfections poignantes de cette idole d'un art étrange et nouveau. J'ai rêvé jusqu'à ce que je sois réveillé par le retour agité de mon hôtesse, Mme Lysander John Pettengill, qui s'est arrêtée à côté de moi pour préparer une cigarette après le dîner, regardant elle-même le visage impeccable sur la couverture du magazine. Je m'aperçus instantanément qu'elle aussi avait été séduite par son charme pas trop insaisissable.

"Un beau visage", dis-je.

Ma Pettengill m'a pris le magazine et a étudié ce petit objet délicat.

"Oui, il est certainement beau", acquiesça-t-elle. "Il est aussi beau qu'une déesse grecque." C'est ainsi que la femme a fait l'éloge de manière ambiguë de la célèbre star du cinéma, J. Harold Armytage. "Et l'argent qu'il gagne ! Son salaire est l'un de ceux que l'on compare à celui du président, de manière à faire passer ce dernier pour une simple bagatelle. C'est une chose amusante. Je parie qu'au moins dix-huit millions d'adultes dans ce pays n'ont jamais su comment ils payaient beaucoup leur président jusqu'à ce qu'ils voient cela cité à côté du salaire d'une star de cinéma dans un article qui raconte qu'il gagne environ quatre fois ce que nous payons à l'homme de la Maison Blanche. N'est- ce pas une bonne affaire, cependant ! Voici cet horrible beauté masculine qui devrait faire preuve d'une grande prudence pour échapper à l'extermination s'il était autre chose qu'un acteur. Cependant, non seulement il échappe à la vengeance d'une population écoeurée, mais il peut aussi s'exprimer et être cru à ce sujet. je te montre."

Elle se tourna vers la page où J. Harold Armytage commençait à imprimer quelques-unes des lettres qu'il recevait quotidiennement d'admirateurs du sexe réputé plus fragile. Elle m'en lut maintenant un avec de lamentables efforts de voix pour satiriser son ton courtois : « Ma chérie ! J'ai revu ton cher visage ce soir dans All For Love ! Tu étais si noble et si viril dans la scène de la scierie où pour la première fois vous vous retournez contre le scélérat millionnaire du père de la fille que vous aimez, puis vous le sauvez de la bombe à dynamite des grévistes au péril de votre vie. Oh, ma chérie ! Quelque chose me dit que votre cœur est aussi pur et doux que votre jeu d'acteur, que ton cher visage ne pouvait masquer une mauvaise pensée. Oh, mon homme du monde ! Si seulement toi et moi pouvions ensemble... "

Cela semblait suffisant. Maman Pettengill le pensait aussi. Les autres n'étaient pas sans rappeler cela. La femme m'a alors lu quelques-unes des réponses de J. Harold Armytage à ses fidèles inconnus. La célèbre star y était invariablement modeste et digne. Avec tact, comme tout gentleman doit le faire dans n'importe quel magazine à grand tirage, il désapprouva le culte de ces adorateurs et chercha gentiment à les persuader qu'il n'était qu'un homme et non un dieu, même s'il avait la chance de recevoir l'un des salaires les plus élevés. dans le business. Le voleur! Pas de Dieu – avec les lignes glorieuses de son visage sur la couverture pour contredire cet avertissement maladroit ! Sa beauté s'étalait devant les cœurs affamés, à quoi bon protester faiblement pour qu'ils mettent de côté son image ou même laisser entendre, comme il était assez sévère de temps à autre pour le faire, que leur franchise confinait à l'impudence ?

J'ai attiré l'attention de Ma Pettengill sur cette modestie engageante. J'ai dit que ce devait être une affaire assez délicate de repousser dans un imprimé public des justes ardentes et pas trop réticentes, et que je considérais que J. Harold Armytage en était ressorti avec une démonstration de goût qu'on pourrait qualifier d'inhabituel. La femme répondit, avec son côté parfois hors de propos, que si les personnes qui l'avaient embauché lisaient ces trucs , elles ne l'emmèneraient probablement même pas sur le terrain et ne le feraient pas amèrement botter par une succession de dix gros ouvriers qui prendraient gentiment. à la tâche. Elle répéta ensuite que le cinéma était certainement une bonne affaire et tourna le magazine vers des pages plus agréables dans lesquelles une certaine Vida Sommers, également idole du cinéma, semblait-il, donnait des avertissements et des conseils aux jeunes filles qui envisageaient une carrière au cinéma. .

Des portraits de Vida Sommers dans ses rôles les plus connus agrémentent ces pages. Dans tous les portraits, elle a pleuré. Chez certains, les larmes étaient visibles ; chez d'autres, il fallait les deviner, le visage étant tiré par l'angoisse. Ses correspondantes féminines souhaitaient particulièrement être informées des pièges et des tentations qui guettent la jeune fille qui se lance dans cette carrière périlleuse. Beaucoup d'entre eux semblaient plutôt vagues, sauf sur ce point. Ils semblaient tous sûrs que des pièges et des tentations les attendraient, et Vida Sommers pourrait-elle expliquer comment ces pièges pourraient être évités par les jeunes filles impressionnables, de bonne silhouette et d'apparence, qui étaient maintenant à table à l'American House de Centralia, dans l'Illinois, ou accepter un emploi temporaire dans des établissements commerciaux à Chicago, ou simplement vivre chez eux à Zanesville, Ohio, dans des conditions insupportablement restrictives pour leurs aspirations ?

Et Vida Sommers a dit à chacun de ne pas considérer les photos mais comme un dernier refuge contre la pénurie. Elle les a prévenus qu'ils trouveraient une vie de dur labeur et pleine de déceptions. Il semblait que même les pièges et les tentations étaient décevants, étant plus faciles à éviter que nombre de ses correspondants ne semblaient le soupçonner. Elle leur a conseillé à tous d'épouser un homme bon et vrai et de lui faire un foyer. Et aucun d'entre eux n'aurait sûrement pu croire que la vie était joyeuse après avoir étudié ces tristes portraits de Vida Sommers.

"C'est ma petite amie actrice", a déclaré Ma Pettengill. "Est-ce qu'elle ne pleure pas quelque chose de grandiose !"

"Vous m'avez trompé", répondis-je. "Je ne savais pas que tu avais une petite amie actrice. Comment l'as-tu eue ? Et ne joue-t-elle jamais quelque chose de joyeux ?"

"Bien sûr que non ! Elle ne joue que les mères, et vous savez ce que cela signifie dans les films. Avez-vous déjà vu une mère dans un film qui a eu la chance d'être heureuse pendant plus de trois mètres du film ? Vous devez certainement pleurer pour N'est- elle pas toujours secouée dès la première bobine par le mari qui se ruine à Wall Street, ou l'enfant qui se fait voler, ou la fille qui commence tout juste à devenir une femme qui s'enfuit avec un batteur de chaussures poli avec les habitudes de la ville, ou le fils unique qui braque une banque, ou le mari qui s'associe à une aventurière qui vit de l'autre côté du couloir dans le même appartement et qui s'habille plus que sa mère ?

"Puis c'est une secousse après l'autre pour elle jusqu'aux derniers dix pieds de la dernière bobine, quand tout arrive quelque part dans un ranch dans le grand ouest propre où mari ou fils doivent redevenir un homme en se mêlant aux honnêtes- des cow-boys ivres au cœur dans leurs ébats au bar, ou où leur fille a reconquis sa féminité et s'est fait un nom en dansant la danse de la nature au Red Eye Saloon pour les mineurs brutaux mais au cœur tendre qui lui déversent leur or lorsqu'ils sont cuits. dans ce moment joyeux des dix derniers pieds, elle doit encore pleurer abondamment parce que les nuages sont passés et elle est enfin si heureuse ! Oui, monsieur ; ils font aller et venir maman. Et quand elle ne pleure pas , elle doit être effrayée ou en colère ou quelque chose qui occupe son visage. Ici, j'ai reçu quelques programmes de nouvelles pièces que Vida vient de m'envoyer. Vous pouvez voir que c'est une grande actrice ; regardez celle-là : "Pourquoi as-tu fait pleurer ma maman ?" ' Et ces deux autres."

J'ai regardé et j'ai cru. Les drames ont été décrits de manière variée et concise comme L'image avec le coup de poing puissant – Le chef-d'œuvre fracassant à cinq rouleaux – Un jeu de problèmes particuliers et de situations tendues – Six rouleaux captivants, 7 000 pieds et chaque pied, un coup de poing ! Vida Sommers, dans les scènes reproduites de ces pièces, avait en effet un visage occupé. Sur la photo intitulée "Pourquoi as-tu fait pleurer ma maman ?" » la petite fille aux cheveux dorés fait des reproches à son père en tenue de soirée. J'ai lu les premières lignes du synopsis : « Un jeune homme d'affaires, qui a réussi grâce à l'argent de sa femme, est amené à la négliger sous la pression des affaires, tombe dans les pièges d'une danseuse dans un lieu public et devient une victime. de son habitude, celle de boire du parfum dans son thé... "

Mais je n'ai pas eu le cœur de suivre cette tragédie. Dans un autre, "La femme payeuse - puissante et pittoresque, un chef-d'œuvre viril des cœurs au sang rouge", Vida Sommers déteste puissamment son mari qu'elle a affronté dans l'antre d'une aventurière ricaneuse et superbement vêtue qui déclare que le mari doit choisir. entre eux. Bien entendu, le choix du mari ne fait aucun doute. Aucun acteur de cinéma sensé n'hésiterait une seconde. La légende dit de Vida Sommers : "Son amour s'est transformé en haine." C'est peut-être un bon jeu d'acteur, mais cela ne la fera jamais choisir par le mâle de son espèce - l'aventurière étant ce que l'on appelle dans certains cercles une reinette.

J'ai étudié encore un autre de ces documents : « Hearts Asunder ». Vida Sommers a envoyé sa belle fille à la source chercher un seau d'eau, même si tout le monde dans le public doit savoir que Gordon Balch, le détestable méchant, se cache dehors justement pour que cela se produise. Le synopsis dit magnifiquement : "La mère part maintenant à la recherche de son chéri, pour la trouver aux prises avec Gordon Balch, qui essaie d'imposer son attention sur elle." C'est là que Vida Sommers doit avoir l'air effrayée, même si sur une photo ultérieure, on voit que sa frayeur s'est transformée en "La rage honnête d'une mère". Le résultat est que Gordon Balch obtient le sien, et le fait bien. La phrase sous sa dernière apparition est "La fin d'une vie manquée". Vida Sommers exprime ici sa pitié. Comme l'avait dit Ma Pettengill, son visage semblait ne jamais avoir un instant de repos.

Pendant que j'étudiais ces pièces, mon hôtesse ne restait pas silencieuse sur les mérites de sa petite amie actrice. Peu à peu, elle m'a rendu curieux quant à l'origine et à la vie intérieure de ce membre estimé d'une profession exaltée.

"Oui, monsieur ; la voilà au sommet, gagnant beaucoup d'argent, avec une belle maison recouverte de vigne dans cette ville du cinéma, meublée d'après une page de magazine féminin, avec une grosse limousine noire comme un corbillard - tout sauf le plumes - et un mari qui vénère le sol sur lequel il marche. Tout ce que le cœur peut désirer, même être la mère de certaines des personnes les plus tristes jamais vues sur un écran. Cela montre ce que le génie fera pour une femme lorsqu'elle découvre quel genre de génie elle a et elle est en outre poussée par la nécessité de subvenir aux besoins de son mari dans le style auquel il a été habitué par un père aimant. Elle est quelqu'un maintenant, laissez-moi vous le dire.

" Elle a passé une semaine avec moi à Red Gap l'automne dernier, et il faudrait voir comment certaines personnes se sont prosternées devant moi pour pouvoir la rencontrer. J'ai découvert que presque toutes les femmes de moins de cinquante ans dans notre ville sont sûres qu'elles étaient née pour ce travail d'image ici, d'Henrietta Templeton Price à Beryl Mae Macomber, qui s'attend d'un jour à être attrapée par un manager avisé auquel son type ne manquera pas de plaire, elle est une jeune fille blonde avec de grands yeux et beaucoup de dents , comme toutes les actrices de cinéma. Metta Bigler, qui enseigne la peinture à l'huile et le bois brûlé, donne à Vida une réception dans son studio bohème du quartier latin de Red Gap - le studio ayant une chaîne de bouteilles de Chianti au mur et un cendrier avec cinq cigarettes brûlées se termine sur un tabouret pour lui donner un aspect bohème - et c'est certainement le plus grand frisson que notre ville ait connu depuis que la Gus Levy All Star Shamrock Vaudeville Company s'y est échouée il y a cinq ans. Cela montre à quel point ma petite amie actrice est importante - et regardez quoi d'où elle vient!"

J'ai dit que cela ne me dérangerait pas de regarder d'où elle venait si elle avait commencé assez bas pour que ce soit excitant.

Maman Pettengill a dit qu'elle avait ça ! Elle était sortie du caniveau. Elle a dit que Vida Sommers, l'idole de milliers de personnes, était « une simple fille du peuple ». Ses yeux se plissèrent en prononçant cette phrase. J'ai donc choisi une chaise dans l'ombre pendant qu'elle fabriquait une deuxième cigarette.

Il y a dix ans , je prends des vacances à New York. Vient ensuite une lettre de tante Esther Colborn , de Fredonia, qui est une sorte de cousine au troisième degré à moi environ deux fois éloignée. Dit que sa nièce, Vida, a eu un bon travail en ville comme caissière d'un déjeuner laitier à Boston, qui se trouve de l'autre côté de la rivière par rapport à une université, mais a abandonné ce travail pour épouser le fils unique d'un riche magnat de New York. ou un escroc de Wall Street qui a renvoyé le garçon pour avoir contracté cette basse alliance avec une fille du peuple. Tante Esther a maintenant peur que Vida ne soit pas très heureuse et veut que je la consulte et que je découvre. Cela n'avait pas l'air très bien, mais j'ai accepté.

Je me rends à l'adresse de la soixante-septième rue dans le West Side et découvre que Vida tient une pension. Mais j'étais prêt à encourager tante Esther avec un télégramme une seconde après qu'elle m'ait ouvert la porte – avec un grand tablier bleu et un cache-poussière sur les cheveux. C'était la jeune femme la plus heureuse que j'aie jamais vue – elle brillait dans tous les sens. Une très jolie fille d'environ vingt-cinq ans, avec une silhouette mince et un de ces visages qui ne sont pas vraiment d'une beauté hurlante dans aucun trait, mais qui vous attirent certainement quand ils sont ensoleillés de joie comme celui-ci.

Elle était ravie quand je lui ai dit mon nom, et bien sûr, je devais entrer et rester dîner pour pouvoir voir tous ses pensionnaires qui étaient comme une grande famille et, surtout, rencontrer son mari chéri Clyde quand il rentrerait à la maison. des affaires. Elle était la chose la plus joyeuse, et j'adore rencontrer des gens joyeux, alors j'ai dit que rien ne me plairait mieux. Elle m'a emmené dans sa petite chambre pour ranger mes affaires puis dans le salon où elle m'a dit que je devais me reposer et l'excuser car elle avait encore quelques petites choses à surveiller. Elle l'avait fait aussi. Au cours de l'heure et demie qui a suivi , elle a monté et descendu deux étages au moins dix fois. Je l'entendais balayer au-dessus de ma tête et mettre des objets sur la cuisinière lorsqu'elle se précipitait vers la cuisine. Oui, elle avait plusieurs petites choses à surveiller et une fille pour l'aider. J'ai jeté un coup d'œil dans la cuisine une fois alors que je me promenais dans les pièces inférieures, et elle semblait montrer à cette fille comment faire bouillir des pommes de terre. Je me demandais si elle n'était jamais épuisée et si son air joyeux était vraiment chronique ou si elle était mise en avant pour mon bénéfice. Pourtant, je pouvais l'entendre chanter pour elle-même et elle bougeait comme une personne heureuse.

En regardant autour du salon , j'ai été accueilli sur chaque mur par des photos d'un charmant jeune homme que je devinais être mon chéri Clyde. Il avait un beau visage jeune et il paraissait aussi heureux que Vida elle-même. Il y avait des photos de lui avec une raquette de tennis et sur un voilier et avec une mandoline et debout avec son Glee Club d'université et assis sur un cheval puissant et ainsi de suite, tout cela montrant qu'il devait être un grand favori social et un homme né pour Amusez-vous bien. Je me demandais comment il en était arrivé à s'adresser au caissier d'un fast-food. Je pensais que ça devait être une de ces romances. Puis, je me souviens toujours des choses les plus stupides , je me suis souvenu d'un drôle de petit air absent dans les yeux de Vida lorsqu'elle parlait de son chéri rentrant du travail. Je pensais maintenant que ce devait être de la fierté ; qu'il effectuait un petit boulot dans une usine ou un magasin pendant qu'elle dirigeait la pension, et elle ne voulait pas que je le sache. J'ai pensé qu'il devait être un très bon fils d'homme riche pour supporter ainsi cette gaffe lorsque son père l'a rejeté pour s'être mêlé à une fille du peuple.

C'est l'heure du dîner ; une douzaine de pensionnaires arrivaient, avec Vida en jolie robe, inquiète parce que mon cher Clyde avait dix minutes de retard et, bien sûr, quelque chose de fatal avait dû lui arriver en traversant une rue bondée. Mais rien n'était arrivé. Il est arrivé sain et sauf et en sifflant dix minutes plus tard et est devenu l'âme de la fête. Il avait l'air aussi heureux que Vida lorsqu'elle l'embrassa dans le couloir, un beau et beau jeune homme, le plus naturel du monde, réjouissant les pensionnaires et moi et réjouissant Vida qu'il appelait Baby Girl, ou Babe. J'ai vu aussi que j'avais dû me tromper sur le poste qu'il occupait. Il était habillé d'une manière très coûteuse, avec de jolis petits bibelots dorés à moitié dissimulés autour de lui, la chemise et le col parfaitement corrects et les chaussettes en soie soigneusement assorties à la cravate lavande.

Il a gardé la table animée tout au long du dîner avec des blagues et des plaisanteries tirées des dernières comédies musicales et des anecdotes de ses chères années d'université, et comment cet après-midi même, il avait remporté une coupe d'argent et le championnat de billard de son club universitaire - et contre beaucoup aussi de recruter de bons joueurs, cela ne le dérangeait pas de le dire. J'ai aussi remarqué que nous mangions un excellent dîner ; c'est tellement bien que vous n'avez pas vu comment Vida pourrait l'installer au prix que paient habituellement les pensionnaires.

Après le dîner, Clyde s'est assis au piano dans le salon et a diverti tout le monde avec des chansons à caractère comique ou sentimental. Il connaissait intimement un piano, et sa voix était un de ces ténors ici fondants qui s'insinuent et se blottissent. Il était à peu près le jeune homme le plus ingénieux que j'aie jamais rencontré, et je ne m'interrogeais plus sur le fait que l'expression de joie de Vida soit permanente. De temps en temps, elle assistait à la fête depuis la cuisine ou la salle à manger où elle aidait son Suédois à faire la vaisselle pour quinze personnes et à mettre la table pour le petit-déjeuner.

Elle avait passé environ une heure à cela, et quand enfin elle eut glissé de son grand tablier et nous rejoignit, elle avait l'air complètement repliée mais toujours joyeuse. Clyde tapota la main de sa petite fille quand elle entra, et elle se laissa aller dans un fauteuil près de lui qu'un des pensionnaires se leva pour lui donner. J'ai rapidement eu l'idée que c'était la première fois de la journée qu'elle s'asseyait avec un sentiment de repos adéquat.

Puis Clyde lui a chanté. On pouvait dire que c'était une chanson qu'il lui destinait et qu'il n'avait jamais chantée tant qu'elle n'avait pas terminé le travail. C'était une très vieille chanson, Clyde mettant toute la chaleur aimante de sa voix de ténor de première classe dans les mots :

Bonne nuit, bonne nuit, bien-aimée !
Je viens pour veiller sur toi, pour être près de toi, pour être près de toi.

J'oublie le reste, mais il y avait des larmes de joie dans les yeux de Vida quand il a terminé dans un éclat de ténor grimpant. Puis Clyde se lève et dit qu'il a des fiançailles avec son club universitaire parce que certains de ses chers vieux camarades de classe s'y sont réunis pour une petite soirée tranquille de réminiscence et les vieux coquins font comme s'ils ne pouvaient pas s'entendre sans lui. Vida rayonne plus que jamais sur lui et lui dit d'être sûr et de passer un bon moment, ce dont je parierais qu'il le ferait.

C'était une très jolie scène quand ils se dirent bonsoir. Vida a prétendu que la voix de Clyde tombait à force de fumer trop de cigarettes dans ce club. « Cela ne me dérangerait pas que vous y alliez, mais je sais juste que vous passez la plupart du temps dans l'horrible vieux fumoir du club ! Elle lui dit cela avec une moue. Fumoir d'un club ! La petite coquine bien informée ! Et Clyde la réprimanda en retour d'une manière joyeuse. Il a levé une de ses mains et a dit que sa petite fille devrait mieux en prendre soin parce que les petites mains de cunnun devenaient toutes dures. Puis ils rirent tous les deux et sortirent pour s'embrasser longuement dans le hall.

Vida est revenu avec un visage rayonnant, et les pensionnaires étant déposés dans leurs chambres lorsque la vie de la fête s'est rendue dans son club, nous avons eu une agréable conversation. Tout sur Clyde. Elle espérait que je l'aimais bien, et j'ai franchement dit qu'il était le jeune gamin le plus attachant dont j'avais jamais été proche. Elle a expliqué à quel point leur union avait été un rêve ; que pendant toute leur vie conjugale d'un an et demi, il ne lui avait jamais adressé un seul mot offensif. Elle a dit que je ne pouvais pas imaginer sa bonté de cœur, ni son caractère ensoleillé ni à quel point tout le monde l'admirait. Mais la chose fatiguée s'est tellement endormie en dix minutes, même en parlant de son mari, qu'elle n'a pas pu retenir un bâillement, alors j'ai dit que j'avais passé une merveilleuse soirée et que je devais y aller maintenant.

Mais dans la chambre, pendant que j'enfile mes affaires, elle se réveille et parle plus en détail de son bonheur. Je n'ai jamais réussi à comprendre pourquoi, mais les femmes se disent dans une chambre des choses qu'elles n'imagineraient pas raconter dans une autre pièce. Non pas que Vida soit allée très loin. Juste quelques petits points. Comme comment le père de Clyde l'avait rejeté lors de leur mariage et comment elle avait senti qu'elle n'était rien d'autre qu'une mauvaise femme profitant de cette jeunesse, elle ayant un an de plus que lui ; mais Clyde avait agi de façon stupéfiante, disant à son père qu'il avait choisi la meilleure part. Il s'est également avéré que ce père ne l'avait pas tant rebuté après tout, car le vieil homme avait fait faillite à Wall Street quelques mois plus tard, mourant d'une insuffisance cardiaque juste après, et c'était la seule chose que Clyde aurait attirée. de toute façon, il y avait une montre à l'ancienne de son grand-père avec une chaîne faite à partir des cheveux de sa grand-mère lorsqu'elle était mariée.

J'ai compris qu'ils avaient été confrontés à cela à ce moment-là, à l'exception des deux mille dollars que son oncle Gideon avait laissés à Vida dans la caisse d'épargne de Fredonia. Clyde, lorsqu'elle a sorti cela, a voulu qu'ils partent à Newport avec, où ils pourraient mener une vie tranquille pendant quelques mois pendant qu'il cherchait un débouché convenable pour lui-même. Mais Vida avait été ferme, voire laide, disait-elle, sur ce point. Elle avait pris les deux mille dollars et ouvert une pension qui ressemblerait plus à une maison qu'à une pension, même si Clyde n'arrêtait pas de répéter qu'il ne supporterait jamais de voir la femme qui portait son nom réduite à une situation aussi ignoble.

Pourtant , il avait ravalé sa stupide fierté et s'était montré vraiment très gentil à ce sujet après qu'elle ait démarré l'entreprise. Maintenant, il lui disait toujours d'être sûre et de mettre une bonne table. Il disait que si l'on devait faire quelque chose, même si ce n'était que tenir une pension, il fallait le faire bien. C'était sa devise : faites-le bien ou ne le faites pas du tout ! Elle achetait donc les meilleurs morceaux de viande et tous les légumes frais à cause de ses idées strictes en la matière, et il ne semblait pas qu'ils puissent un jour vraiment faire fortune dans ce domaine, sans parler du fait qu'il y avait plus de personnes que d'hommes. Je croirais qu'ils n'ont pas eu de chance et qu'ils ont pris du retard dans leurs paiements, et bien sûr, on ne pouvait pas être sévère envers les pauvres malheureux.

J'ai écouté ce bavardage jusqu'à ce qu'il me semble qu'il était temps de demander quelles affaires Clyde avait prises . Il semblait qu'à ce moment précis il était désengagé. Il semblait en outre qu'il avait été désengagé à la plupart des autres moments depuis qu'il s'était abaissé à ce mariage avec une fille du peuple. Mais je ne dois pas penser que c'était la faute du pauvre garçon. Il était toujours prêt à accepter une situation et devenait parfois si déprimé qu'il cherchait du travail. Il l'avait trouvé à deux reprises, mais cela s'était révélé être quelque chose d'enfermant dans un bureau où les heures étaient longues et les conditions loin d'être satisfaisantes.

C'est ainsi qu'elle l'exprima, les yeux brillants et les joues rouges : "Cela s'est avéré être un simple travail de routine ennuyeux, pas du tout adapté aux talents de mon chéri Clyde et les conditions étaient loin d'être satisfaisantes. J'ai eu beaucoup de mal à le convaincre de donner le Il s'est montré très impatient avec moi lorsqu'il a consenti - mais, bien sûr, ce n'est qu'un garçon de vingt-quatre ans, un an de moins que moi. Je lui dis chaque jour un Une ouverture appropriée se produira certainement très bientôt. Vous voyez, il avait tellement de grands amis, des gens de la bonne sorte qui sont riches. J'insiste pour qu'il les rencontre constamment. Pensez-y : la semaine dernière encore, il a passé samedi et dimanche dans l'un des " J'ai visité les plus grandes maisons de campagne de Long Island et j'ai passé un très bon moment. Il est le favori de beaucoup de gens comme lui et ils l'invitent toujours à dîner, à l'opéra ou à leurs bals et fêtes. Il me manque horriblement. , bien sûr, et je manque au pauvre chéri, mais je lui dis que ça mènera sûrement à quelque chose. Ses anciens copains d'université l'aiment tous aussi : un garçon se fait tellement d'amis précieux à l'université, vous ne trouvez pas ? Beaucoup d'entre eux essaient de mettre les choses à sa manière. Je ne pouvais pas supporter qu'il accepte une situation indigne de lui – je savais que cela le tuerait. Eh bien, il se flétrit comme une fleur à la moindre dépression.

Eh bien, j'ai mis et écouté une longue séquence de ceci – et pas un mot à dire. Que pourrait-on dire ? Cela ne m'a-t-il pas été raconté par la femme la plus heureuse que j'aie jamais vue ? Oui Monsieur; Je n'aurais jamais cru à quel point ce garçon était doux. Pourquoi, ce matin même, s'inquiéter de quelque chose qui n'allait pas avec le petit-déjeuner, qu'elle devait préparer à cinq heures du matin pour commencer, n'avait-elle pas oublié de changer ses crampons pour une nouvelle chemise ? Et, pour aggraver les choses, n'avait-elle pas disposé une mauvaise couleur de chaussettes avec sa cravate lavande ? Mais avait-il été en colère contre elle, comme la plupart des hommes l'auraient été ? Pas une seconde ! Il l'avait simplement plaisantée à ce sujet lorsqu'elle avait évoqué son plateau de petit-déjeuner, tout comme il l'avait plaisanté ce soir à propos de ses mains devenues rugueuses à cause du travail en cuisine. Et ainsi de suite et ainsi de suite !

La pauvre créature était tellement endormie à ce moment-là qu'elle ne faisait que babiller. Elle serait probablement tombée dans ses vêtements si je n'avais pas été là. Quoi qu'il en soit, je l'ai déshabillée et mise au lit. Elle a dit que la chanson de bonne nuit de Clyde résonnait toujours dans ses oreilles jusqu'à ce qu'elle s'endorme. Ça n'a pas sonné longtemps cette nuit. Elle était partie avant que je franchisse la porte. Bon sang si je n'avais pas été un peu gêné par son discours, sachant qu'il ne me suffirait jamais d'intervenir avec quelque chose qui frise la méchanceté, comme suggérer que si Clyde allait de temps en temps dans la cuisine et aidait Baby Girl avec le plats, cela ferait une différence très attrayante chez lui. J'ai encore regardé attentivement ses photos dans le salon avant de sortir de la maison. Il avait toujours l'air bien, mais bon sang !

J'ai écrit à tante Esther le soir même pour ne pas m'inquiéter une minute du bonheur de Vida, car j'aurais souhaité que nous puissions tous être aussi heureux qu'elle. J'ai quand même pris la peine de retourner encore quelques fois dans cette pension, car il me semblait que le bonheur de la jeune fille avait peut-être de mauvaises bases. Darling Clyde était toujours aussi joyeuse et attentive et Vida était toujours joyeuse. Je suppose qu'elle est restée joyeuse au travail toute la journée en attendant avec impatience ce moment doré après le dîner où son garçon chanterait Bonne nuit, bonne nuit, bien-aimé - il viendrait la veiller ! Comme cette chanson a illuminé son visage !

Elle m'a confié une de ces fois que les hommes drôles faisaient toujours des blagues sur ce que coûtent les vêtements à une femme, et elle se demandait pourquoi ils ne faisaient pas aussi certaines de leurs vieilles blagues sur le prix des vêtements pour hommes. Elle a dit que je ne croirais pas à quel point ils devaient investir dans les vêtements de Clyde pour qu'il soit sûr d'avoir l'air bien lorsqu'une ouverture appropriée se présenterait. Je pouvais prendre uniquement les chemises qui devaient être confectionnées sur commande et coûtaient sept cinquante dollars chacune, sans parler des cols, des cravates et des costumes de ce que Clyde disait être le seul tailleur de New York capable d'habiller un gentleman de manière à ce qu'il ait l'air. comme un. Elle a dit que si ces drôles d'humoristes pouvaient voir ce qu'ils ont dépensé pour ses vêtements et ce qu'ils ont dû dépenser pour ceux de Clyde, elle pariait qu'ils se sentiraient vraiment bon marché. Elle a ri comme si elle avait fait une blague sur les pauvres choses.

Elle était également heureuse, pour le bien de Clyde, qu'une ouverture convenable soit sur le point de se produire à tout moment, car le pauvre type disait lui-même qu'il menait une vie de chien, n'ayant rien d'autre à faire chaque jour que d'aller au club et de s'installer. rond. Et comme elle aurait dû lui être reconnaissante qu'il ne boive jamais – la moindre goutte d'alcool le rendait malade – et que tant de jeunes hommes de sa classe buvaient aujourd'hui avec excès.

Non; rien à dire ni rien à faire. C'était un heureux match d'amour. Alors je rentre à la maison et je fais promettre à Vida d'écrire souvent.

Elle a écrit environ six fois au cours des trois années suivantes. Le fait principal qui ressortait était que la bonne ouverture pour Clyde ne s'était pas encore ouverte – et il devenait chaque jour plus impatient. Il avait toujours quelque chose en vue. Mais j'ai jugé qu'il était clairvoyant. Et d'une manière ou d'une autre, lorsqu'il avait trouvé sa corde pour un travail, le hondoo ne semblait pas rendre son service. Il ne pouvait rien attacher. Mais il était toujours aussi flatteur et aucun de ses vieux amis fidèles ne l'avait abandonné à cause de son mariage malheureux. Il était un excellent dîneur et passait beaucoup de week-ends, et tout à l'heure il se trouvait sur une joyeuse péniche en Floride pendant trois mois avec un ancien camarade d'université valant neuf millions de dollars, et il n'était pas si gentil que ça ! Elle le voyait garder toute la fête gaie avec sa mandoline et ses chansons. L'été précédent, ce même ami avait loué à Clyde une élégante voiture à moteur pour son propre usage, et ce fou de garçon l'avait en fait emmenée avec elle un dimanche, il y avait dans la voiture un manteau en pongé qui lui allait à merveille, de sorte qu'aucun de ses amis riches auraient pu dire qu'elle n'était pas habillée aussi élégamment qu'eux. Non seulement il l'avait gardée dehors tout l'après-midi, mais il l'aurait emmenée dîner quelque part, mais elle aurait dû retourner à la pension parce qu'on ne pouvait pas faire confiance à ces Suédois bruts.

Et il y avait une chose qu'elle allait se résoudre à m'avouer, même si cela semblait déloyal : une chose épouvantable à propos de Clyde. C'était laid de sa part de dire un mot contre lui, mais elle était très inquiète et je pouvais l'aider. L'horrible vérité était que son garçon trahissait une tendance à grossir, et il se moquait d'elle seulement lorsqu'elle le prévenait. Bien des nuits, son oreiller avait été mouillé de larmes à cause de cela, et est-ce que je croyais à l'un de ces remèdes pour réduire ? N'y avait-il pas quelque chose qu'elle pourrait glisser dans son pudding qui le maintiendrait à terre sans qu'il le sache, car autrement, même si c'était une chose qu'aucune vraie épouse ne devrait dire, son bien-aimé creuserait sa tombe avec ses dents.

Je pensais que c'était à peu près suffisant et même suffisant. J'ai commencé une réponse chaude à cette lettre, en disant que si Clyde chéri creusait sa tombe avec ses dents , c'était de sa faute parce qu'elle fournissait la bêche et le terrain funéraire, et que le moyen le plus rapide d'éclaircir sa chérie serait pour elle. arrêter de travailler. Mais merde ! Pourquoi insulter la pauvre ? J'ai retrouvé mon calme et lui ai écrit une belle lettre de sympathie dans son heure de grande difficulté. Je n'ai pas du tout dit que si j'avais été à sa place, M. Clyde aurait depuis longtemps eu ma permission d'aller au diable. Oui Monsieur; J'aurais demandé à ce garçon d'aller dans le sud au début de sa deuxième année. Mebbe pas à ça ! Une femme ne sait jamais vraiment comment un autre homme aurait pu se moquer d'elle.

Encore deux ans de drogue, avec environ deux lettres de Vida, puis j'en reçois une terrible annonçant le grand crash. Premièrement, la pension était morte d'une mort lente, que dire du fait que Vida avait acheté le meilleur du marché et n'avait pas appris à dire « Non ! » aux fêtes qui ont pris du retard, et Clyde a dû prêter quelques centaines de dollars à un frère de fraternité qui n'avait pas de chance. Elle avait dirigé l'entreprise sur un chemin étroit au cours des deux derniers mois, essayant de garder chaque centime, mais c'était au point qu'elle et Clyde devaient en fait s'inquiéter de ses prochaines cotisations au club, sans parler d'un nouveau tailleur, il allait mal. ayant besoin. Puis certaines soirées à qui elle devait des factures sont arrivées et l'ont poussée du haut de la falaise en lui prenant ses meubles. Au début, elle était terriblement inquiète de la façon dont son garçon résisterait au coup, mais il l'avait pris comme l'homme courageux et fidèle qu'il était, lui ayant été d'une grande aide lorsqu'ils avaient dû déménager dans une chambre meublée près de l'ancienne maison où ils avaient tous les deux été si heureux. Il avait fait sonner l'endroit avec ses rires musicaux et ses plaisanteries joyeuses sur leurs difficultés.

Ensuite, elle avait obtenu un bon travail de caissière dans une grande épicerie avec laquelle elle avait fait affaire, sans toucher un million de dollars par an, certes, mais ils s'en sortaient bien, car Clyde prenait la plupart de ses repas avec ses amis attentionnés... et puis, dans un ciel clair, une horrible tragédie s'est produite et a obscurci le monde entier pendant une minute.

Oui, ce fut une amère tragédie. Le tailleur de Clyde âgé de deux ans, qu'il portait courageusement sans murmurer, avait besoin d'être repassé et elle a promis de le faire ; mais elle s'est endormie jusqu'à sept heures trente du matin, ce qui l'a mise en retard au magasin, alors elle avait demandé à la fille de cette maison de chambres de le faire dans la cuisine. La jeune fille était volontaire mais faible d'esprit. Elle a commencé avec un fer trop chaud et n'a pas mis de chiffon humide entre le fer et la marchandise. Au milieu du travail, quelque chose a bouilli sur la cuisinière. Elle a été secouée et a sauté pour ça, et quand elle est revenue, le manteau de son chéri Clyde était marqué comme juste au milieu du dos - une marque astucieuse au fer plat avec laquelle on aurait pu le choisir parmi une bande d'animaux en une seconde. . La jeune fille eut une peur bleue et rangea les vêtements dans le placard sans un mot. Et le pauvre Clyde a découvert l'indignation ce soir-là alors qu'il s'habillait pour une réunion de classe de son cher vieil Alvah Mater.

J'ai dû en lire quelques-unes entre les lignes, mais j'ai compris qu'il s'était complètement effondré devant cette trahison de sa nature confiante. Vida a dû trop souffrir elle-même pour m'écrire tous les détails pitoyables. Et juste en plus de ce coup dur, vient l'horrible découverte, lorsqu'il sort sa mandoline de l'étui, qu'elle a été mortellement blessée lors du déplacement. Un coup droit sur un autre. Comme nous réalisons peu la souffrance qui nous entoure dans ce monde difficile. Imaginez l'agonie dans cette chambre meublée cette nuit !

Clyde n'était pas fait de fer. Lorsque le premier flot de chagrin s'est calmé, il semble avoir eu froid et être désespéré. Vida a déclaré dans cette lettre : « Mon cœur s'est arrêté lorsqu'il a soudainement déclaré d'un ton froid et terrible : 'Il y a toujours la rivière !' Je pouvais voir qu'il avait décidé d'en finir avec tout cela, et toute la nuit, j'ai supplié mon garçon. »

Je parie qu'elle a commis des erreurs en tant que caissière d'épicier le lendemain, mais cela en valait la peine car ses appels à la meilleure nature de Clyde avaient prévalu. Il a disparu ce jour-là, récupérant ses malles à la maison alors qu'elle était au magasin et ne pouvant pas lui dire au revoir parce qu'il ne se souvenait pas dans quel magasin elle acceptait une situation. Mais il lui a laissé un joli mot. Il n'allait pas tout finir dans la rivière. Il partait sur le bateau à vapeur privé d'une de ses plus chères amies pour un voyage autour du monde qui pourrait durer un an – et elle ne devait pas s'inquiéter de ce vieux veston idiot, car son nouveau smoking serait amplement suffisant pour lui. un voyage en bateau. Elle serait également heureuse de savoir qu'il avait une nouvelle mandoline, même si elle n'avait pas à s'inquiéter de la facture, car l'homme ne s'attendait pas à être payé à temps et, de toute façon, il pouvait attendre, alors avec tout mon cœur. amour!

Et Vida était tellement soulagée de cette bonne fortune. Dire que son garçon découragé était de nouveau assuré de sa position légitime pendant une année entière, tandis qu'elle économisait son salaire princier jusqu'à ce qu'elle ait suffisamment d'argent pour fonder une autre pension qui ressemblerait davantage à une maison. N'était-ce pas tout simplement trop beau pour être vrai ? N'était-il pas toujours plus sombre juste avant l'aube !

Je n'avais pas confiance en moi pour répondre à cette lettre, à part lui envoyer un message pour que si jamais elle sentait qu'elle avait vraiment pas de chance, soyez-en sûr et appelez-moi. Et elle a continué à travailler et à économiser son argent. C'est deux ans plus tard que je l'ai revu. Je l'ai recherchée dès mon arrivée à New York.

Elle acceptait toujours un poste dans cette épicerie, mais bien sûr, elle avait changé pour une pièce meublée beaucoup plus petite où elle pouvait être confortablement installée et se nourrir d'une cuisinière à gaz avec des aliments simples et ordinaires qu'on ne semble tout simplement pas pouvoir obtenir à un niveau élevé. restaurants à prix réduits.

Elle avait beaucoup changé. Des rides sur son visage maintenant, et des mèches dans ses cheveux bruns, et elle a à peine trente ans. J'ai décidé de faire quelque chose de dur, mais je n'arrivais pas à dire par où commencer. Elle avait reçu une carte illustrée de son garçon la première année, montrant la baie de Naples et racontant à quel point il avait envie d'elle ; mais six mois plus tard était arrivée une lettre découragée du Japon parlant à nouveau du fleuve et disant qu'il avait souvent envie d'en finir avec tout cela. Seulement, il pourrait prolonger son existence un peu plus longtemps parce qu'un autre vieux copain riche était au port et le suppliait de passer à son yacht et d'animer la fête, qui faisait aussi le tour du monde - et peut-être qu'il le ferait, car "après Bref, est-ce que quelque chose dans la vie compte vraiment ? »

C'était la dernière ligne. Je l'ai lu moi-même pendant que Vida me regardait, assise sur son petit lit en fer après le travail, un soir. Elle avait une petite chambre simple, sans fenêtre, sauf une sur le toit, bien que meublée avec beaucoup de goût et avec des photos de Clyde sur chaque mur. Le seul autre luxe auquel elle s'était livrée était un revolver à trois dollars parce qu'elle avait terriblement peur des cambrioleurs. Elle avait aussi acheté un marteau pour tirer avec le revolver, les gardant tous les deux sur le support à la tête de son lit. Oui; elle a dit que c'était ainsi que l'homme tirait avec le marteau dans la publicité : en le frappant à un certain endroit avec un marteau. C'était une petite canaille téméraire. Elle m'a tout expliqué sur la façon de tirer avec un revolver pendant que je réfléchissais à ce que je devrais dire à propos de Clyde.

J'ai finalement dit que s'il avait fini avec tout cela, elle devait se remonter le moral, car ce serait peut-être pour le mieux. Elle y réfléchit tristement et dit qu'elle ne croyait pas que le cher Clyde était prêt à mourir. Je voyais qu'elle se souvenait de vieilles choses qui lui avaient été enseignées à l'école du sabbat sur Dieu, la méchanceté et le mauvais endroit, alors je l'ai encouragée sur ce point. Je lui ai dit qu'on ne brûlait plus les gens depuis une trentaine d'années, les mêmes n'étant plus considérés comme intelligents dans les meilleurs cercles religieux. J'ai également essayé, de manière délicate, de la convaincre que son garçon ne mettrait jamais fin à tout cela par un quelconque acte libre de sa part. Je lui ai proposé de parier une grosse somme d'argent là-dessus, quel que soit le prix qu'elle souhaitait : elle pourrait rédiger elle-même son billet. J'ai dit que je connaissais assez bien les hommes pour être sûr qu'avec celui-là, ce serait une vie longue mais joyeuse. Eh bien ! L'idée que ce joueur à quatre cartes se fasse du mal !

Et je devais lui remonter le moral sur un autre point. C'était qu'elle n'avait pas environ trois bébés, tous à l'image de leur père. Oui Monsieur; elle en était profondément affligée. Cela me donne une nouvelle ligne sur elle. J'ai vu tout d'un coup qu'elle était essentiellement une mère, une mère née. Cela ne pouvait jamais être autre chose et elle n'avait jamais vraiment ressenti autre chose que d' être maternelle envers son trésor errant. Cela m'a fait une sorte de choc. Cela me faisait tellement bizarre que j'avais envie de jurer.

Eh bien, j'ai lutté avec cette femme mulish sept jours d'affilée pour qu'elle quitte son travail de douze heures et qu'elle vienne ici avec moi. J'ai tout essayé. Je lui ai même dit qu'avec de longues heures et de la nourriture pour les fesses, elle se faisait si vieille que son garçon ne lui accorderait pas un second regard à son retour. Cela l'a secouée. Elle a saisi son visage et a dit que la crème de massage éliminerait toutes ces rides idiotes lorsqu'elle aurait le temps de la frotter correctement ; et quant au gris de ses cheveux, elle ne pourrait jamais se résoudre à utiliser une teinture, mais si Clyde revenait, elle appliquerait peut-être un peu du remède magique qui restaure la couleur naturelle . Elle a également dit clairement que venir ici avec moi équivaudrait à abandonner son garçon. Vous saisissez?

"Cher Clyde est si sensible", dit-elle. "Je ne pouvais pas supporter l'idée qu'il revienne et découvre que j'avais quitté notre maison."

Mon travail a été coupé pour moi, d'accord. Je suppose que j'aurais échoué si je n'avais pas été aidé par son malaise dû à l'inquiétude de ce que le bon Dieu ferait à Clyde s'il devait tout mettre fin à tout cela dans une vieille rivière infecte et par la vente de l'épicerie à un parti qui avait son propre caissier. Mais j'ai gagné, elle étant trop malade pour chercher un autre emploi à ce moment-là. Au moins, j'ai obtenu un compromis équitable.

Elle ne viendrait pas ici pour vivre avec moi, mais elle se souvenait que Clyde avait souvent parlé de la Californie du Sud, où il s'était autrefois rendu avec des amis sympathiques dans une voiture privée. Il avait dit qu'un jour, quand il aurait acquis les moyens, il y garderait une maison. Elle était donc prête à y aller elle-même et à fonder une maison pour lui. J'ai vu que c'était le meilleur que je pouvais obtenir d'elle, alors j'ai applaudi.

Je dis : "C'est bien. Tu prends ces trois cent quatre-vingts dollars que tu as économisés et je vais y mettre quelques dollars de plus et je te trouverai un petit endroit à la campagne là-bas où tu pourras être dehors toute la journée et cultiver des oranges. et des poulets, et assez de porcs pour la table, et quand le cher garçon reviendra, il sera terriblement fier de toi.

"Oh, il a toujours été comme ça", dit Vida. "Mais j'y vais et je garderai toujours une lumière à la fenêtre pour lui."

Et beaucoup de gens disent que les femmes devraient voter !

donc pour Los Angeles, abandonnant Clyde aussi méchant que la saleté. Bien sûr, je suis allé avec elle ! Je ne lui ai pas fait confiance pour terminer le voyage. En fait, elle aurait voulu descendre du train deux fois avant que nous arrivions à Chicago, pensant au choc que subirait le cœur tendre de son garçon s'il revenait et se retrouvait abandonné.

Mais ensuite, juste après notre départ de Chicago, elle s'est intéressée. Dans la section en face de nous se trouvait un homme râleur de cinquante-cinq ans avec quelques poils gris sur la tête qui grondait contre tous ceux qui s'approchaient de lui depuis que le train avait quitté New York. Les porteurs et les conducteurs s'étaient précipités vers lui comme s'ils avaient peur de se faire mordre le bras. Il avait un visage gris qui semblait avoir été creusé dans la pierre. C'était comme un de ces gargarismes qu'on voit sur les rares vieilles églises d'Europe. Il détestait simplement tout le monde dans le monde, sans même se faire passer pour un favori . Et Vida avait supporté ses grognements aussi longtemps qu'elle le pouvait. Ayant finalement renoncé à l'idée de retourner à New York, elle s'assit sur le siège avec cette bête sauvage enragée et le supplia de lui accorder des ennuis. J'ai regardé pour la voir se déchirer membre après membre, au lieu de quoi, en trois minutes, il lui roucoulait d'une voix de basse rocailleuse. Son problème était un lumbago, une pleurésie ou quelque misère qui le maintenait à chaque minute dans cet état tatillon.

C'était tout ce que la vieille mère Vida avait besoin de savoir. Elle a fait voler quelques bouillottes et les a gardées sur les côtes de ce grincheux pendant environ trois mille kilomètres, sans parler du dopage avec de l'asperine , de la quinine, du camphre, du menthol, du thé chaud et des mots apaisants. Il était le seul fils en vue, donc il s'en est bien sorti. Elle doit simplement materner quelque chose.

Le râleur est devenu lui-même un peu humain le dernier jour et a commencé à poser à Vida des questions sur elle-même. Étant du genre à dire n'importe quoi à n'importe qui, elle lui raconta l'histoire de sa vie et comment ses projets étaient désormais incertains, mais elle espérait s'établir sur cette côte. Le râleur est sorti et lui a demandé quelle était la taille de son petit pain, disant qu'il vivait ici et que construire une maison coûtait quelque chose. Vida lui a dit qu'elle disposait de trois cent quatre-vingts bons dollars d'économies sur deux ans et que je lui avais promis de lui prêter quelques dollars pour qu'elle puisse s'en sortir. À ce moment-là, le vieux garçon m'a examiné attentivement et n'a vu aucun signe d'immense richesse parce que je n'en porte jamais dans les voitures Pullman, alors il l'avertit que je devrai reconstituer ses économies avec quelques milliers au lieu de quelques dollars si elle doit commencer tout ce qui mérite d'être gardé, parce que ce qu'ils vous font en impôts là-bas est énorme.

Après quoi il s'endort.

Vida s'approche et me demande ce que je voulais dire en disant que je n'aurais qu'à mettre quelques dollars alors que je devais savoir qu'il en faudrait quelques milliers, et je n'avais pas réalisé que Clyde serait blessé au vif s'il venait. de retour et découvert qu'elle n'était pas indépendante ? Elle a déclaré avec indignation qu'elle devrait abandonner la maison de campagne et travailler jusqu'à ce qu'elle ait suffisamment d'argent pour fonder une autre maison pour des invités payants.

J'étais tellement en colère contre cette râle véridique pour s'être ingérée dans mon jeu que je me suis levé et lui ai dit qu'elle ne pourrait jamais diriger une pension et la faire payer ; qu'aucune femme ne le pourrait si elle n'avait pas appris à dire « Non ! » et elle était trop idiote pour ça. Elle en a été très offensée et affirme que la fermeté a toujours été considérée comme un point fort de sa personnalité. Un chiromaniste de premier ordre le lui avait dit à peine deux semaines auparavant. Pendant que nous nous chamaillons, le grincheux se réveille à nouveau et dit qu'il travaille dans le secteur du cinéma et qu'il lui donnera un bon travail dans le département de garde-robe de l'entreprise pour laquelle il travaille, elle doit donc se présenter là-bas à huit heures. le lendemain matin. Juste comme ça! Il ne lui a pas demandé. Il lui a dit.

Vida est en quelque sorte décollée, mais marmonne "Oui, monsieur!" et met sa carte dans son sac. Moi? J'étais trop en colère pour parler, en voyant la fille entrer à nouveau dans le moulin alors que j'avais tant essayé de la faire sortir. Mais je me suis juré de rester dans les parages et d'essayer de donner un sens à cette tasse de crème anglaise qu'elle appelait son cerveau.

Alors le lendemain matin, je l'ai emmenée dans ce studio de cinéma qu'ils appellent un studio – pas un peu comme le studio de Metta Bigler à Red Gap – et bien sûr, voici le grincheux prêt à mettre Vida au travail. Le travail se déroule dans une pièce d'environ quatre-vingt-dix pieds de long remplie de boîtes, de machines à coudre et d'étagères pleines de costumes, et Vida doit être l'assistante de la garde-robe. Oui Monsieur; un titre régulier pour le poste. Et le salaire est de vingt-cinq par semaine, soit treize de plus que ce qu'elle avait jamais rêvé de gagner auparavant. Le râleur est très décent avec elle et dit à tout le monde qu'elle est une de ses amies, et ils lui prêtent tous une attention polie parce qu'il est quelqu'un d'important dans les travaux. Il semble qu'il soit réalisateur. Il se tient debout et crie aux acteurs comment agir, ce que j'avais toujours supposé qu'ils savaient déjà, mais cela ne semble pas être le cas. Quoi qu'il en soit, j'ai laissé Vida là-bas pour se consacrer à ses nouvelles fonctions.

Elle était pleine de bons rapports ce soir-là sur la façon dont elle s'entendait bien, et combien le travail était intéressant, et comment elle avait aidé à soigner un autre garçon. Elle a dit qu'il était l'un des plus grands acteurs du monde, parce que s'ils lui donnaient d'abord quatre ou cinq verres d'alcool , il tomberait d'une falaise de quarante pieds à la renverse dans l'océan. Elle l'avait aidé à panser une entorse au poignet qu'il avait contractée en sautant par la fenêtre du deuxième étage dans un drame captivant et plein de coups de poing et sans atterrir tout à fait correctement.

Je me suis dit que ça devait être un bar de fou et qu'elle allait bientôt abandonner et me laisser lui trouver un joli petit endroit à la périphérie de la ville que j'avais déjà visité. Je l'ai donc laissée partir encore trois jours, mais elle est restée là avec beaucoup d'enthousiasme. Ensuite, j'ai dû rentrer chez moi, alors l'après-midi du quatrième jour, je suis sorti pour voir par moi-même à quoi ressemblaient les choses.

Vida est ravie de me voir et m'emmène là où ils commencent à jouer un long métrage captivant. Le vieux Bill Grouch est là, devant une caméra à trois pattes, aboyant après les acteurs qui attendent, déguisés, avec plus de peinture dessus que même une jeune fille n'en utiliserait si sa mère ne la surveillait pas. Le râleur est très poli avec Vida et moi et nous montre où nous placer pour ne pas nous faire renverser par d'autres acteurs qui transportent des meubles ronds, des supports d'éclairage électrique et autres.

Ils ont un salon dans une humble maison où doit se dérouler la première scène. Il y a une mère et un garçon blond de vingt ans et un flic qui sont venus le pincer pour un crime. Le jeu à ce stade est que la mère doit implorer le flic de ne pas entraîner son garçon dans une cellule de prison, et elle doit le faire les yeux brillants. C'était sacrément intéressant. Le garçon est debout, la tête baissée, le policier a l'air sympathique mais ferme, et sa mère lui met quelque chose dans les yeux avec un compte-gouttes. Je murmure à Vida et elle dit que c'est de la glycérine pour les larmes. Elle tient sa tête en arrière quand elle les met dedans et elles coulent sur ses joues de manière très réaliste lorsqu'elle se redresse.

Alors la mère s'avance avec son visage ruisselant et ils sont tous prêts à agir quand le râleur arrête les choses et aboie au garçon en disant qu'il ne se tient pas bien. Il monte et lui montre comment se tenir debout de manière plus honteuse. Mais les larmes sur le visage de sa mère ont coulé et doivent être renouvelées. C'était une mère gentille et d'apparence gentille, mais j'ai remarqué qu'elle avait l'air irritée lorsque ce retard s'est produit. Vida explique que la glycérine n'endommage pas vraiment les yeux, mais elle les rend très intelligents, et cette actrice, Miss St. Clair, a le droit de se sentir en colère de devoir en mettre un peu plus.

Mais elle le fait, mais en marmonnant à voix basse lorsque le râleur appelle "Très bien, Miss St. Clair !" et il s'avance pour agir avec ce deuxième lot de larmes quand le râleur l'arrête avec un autre aboiement. Cette fois, il aboie après le policier. Il dit que le policier doit agir davantage.

"Vous savez que vous avez votre propre garçon", dit-il, "et que vous détesteriez qu'il soit arrêté pour ce crime, mais vous vous souvenez également que la loi est la loi et que vous avez juré de la faire respecter. Essayez pour l'obtenir maintenant. Tout est prêt , Miss St. Clair, nous vous attendons, Miss St. Clair ! »

J'avais regardé cette actrice pour la deuxième fois, ses larmes étaient gâchées et son expression ne correspondait pas du tout au visage d'une mère aimante. Son souffle était comme dans des scènes d'émotion tendue, mais elle marmonna avec chaleur quelque chose qui me fit penser que je devais l'avoir mal comprise, car aucune actrice ne dirait cela, encore moins une gentille vieille mère. Cependant, elle recule et, pour la troisième fois, ce compte-gouttes agit sur ses yeux brûlants. Une fois de plus, elle s'avance avec des yeux ruisselants d'amour maternel, et je serai foutu si ce grincheux ne retarde pas encore les choses.

Cette fois, il aboie à propos d'un canapé en cuir contre le mur du fond de l'humble maison. Il dit que c'est un canapé de bureau et où se trouve dans quelque chose la peluche rouge qui appartient à l'ensemble ? Il aboie dangereusement contre tout le monde autour de lui quand, tout à coup, il est étouffé par quelque chose de grand par la mère en pleurs qui a perdu sa troisième série de larmes. Elle essuyait la glycérine de son visage et disait des choses au râleur qui devaient lui donner un frisson pendant une minute. On me reproche parfois de faire moi-même des choses avec le langage, mais jamais de ma vie je n'ai parlé de manière aussi intéressante, du moins pas devant des dames. Non pas que je lui en veuille.

Tout le monde resta immobile avec horreur jusqu'à ce qu'elle s'épuise ; il semble que ce soit un crime cruel dans cet art que de donner à un réalisateur ce qui lui arrive. Le policier et le fils égaré avaient tellement peur qu'ils restaient là à jouer leur rôle et le râleur était figé, la bouche entrouverte. Il n'y avait probablement pas cru au début. Puis tout à coup, il sourit du plus beau sourire qu'on ait jamais vu sur un visage humain et dit d'un ton froid : "Ce sera tout, Miss St. Clair ! Nous ne vous dérangerons plus dans cette production." Ses mots ressemblaient à casser un morceau de glace pour le shaker. Miss St. Clair lève alors les bras et s'enfuit en criant à la limite d'une voix d'intimidateur.

C'était pour moi une introduction passionnante à ce qu'on appelle le drame muet.

Puis j'ai regardé Vida et elle pleurait à chaudes larmes. J'ai deviné que c'était par sympathie pour la mère actrice, mais le râleur la regarde aussi avec ses yeux vrillés et dit :

"Tiens, ne gaspille pas de larmes pour elle. C'est tout dans le travail de la journée."

"Je ne pensais pas à elle", sanglote Vida.

"Alors pourquoi pleures-tu ?" dit-il.

"Pour ce pauvre cher garçon qui est traîné de sa mère à la prison pour une farce enfantine", pleure-t-elle.

Moi, j'ai bien ri du petit imbécile, mais le réalisateur n'a pas ri.

"Eh bien, je serai damné !" dit-il d'une voix basse et respectueuse.

Puis il commence à la regarder en face comme s'il y avait perdu quelque chose. Puis il recula et examina la question encore une minute. Puis il est devenu fou partout.

"Tiens," aboie-t-il à une autre actrice, "emmène cette femme dans ta loge et mets-lui le numéro cinq rapidement. Rattrape-la pour ce rôle, tu comprends ? Toi là, Eddie, cours chercher cette jupe en calicot et ce satin noir. taillez Miss St. Clair et précipitez- les dans la chambre de Miss Harcourt, où cette dame se réconciliera. Allez maintenant ! Bougez ! Travaillez vite ! Nous ne pouvons pas être sur cette scène toute la journée.

Puis, quand tout le monde s'est enfui, il s'est assis sur le canapé en peluche rouge qui était maintenant en place, a rallumé un cigare qui sentait comme s'il s'était éteint trois jours auparavant et m'a souri avec enthousiasme.

"Votre petit ami est une trouvaille", dit-il. "Remarquez mes mots, Mme Pettijohn , elle a un avenir ou je ne connais pas les visages. Elle passera bien le dépistage et elle est l'une des rares à pouvoir pleurer quand elle le veut. J'ai toujours détesté la glycérine dans cet art. Maintenant, si seulement je pouvais comprendre son appareil photo - et je parie que je peux! Heureusement que nous venions tout juste de commencer cette pièce lorsque St. Clair a explosé. Une seule petite reprise, où elle est heureuse de la promotion de son garçon dans " L'usine. Elle va forcément s'en sortir avec ça ; alors si elle peut à nouveau récupérer l'eau pour cette scène, tout sera fini, sauf en signant son contrat. "

J'étais moi-même un peu excité à ce moment-là, tu ferais mieux de le croire. Nerveux comme un chat, je me suis retrouvé lorsque Vida a été emmenée dehors dans le costume de mère triste par cette autre actrice qui l'avait maquillée. Mais Vida n'était pas du tout nerveuse. Elle babillait gaiement qu'elle avait toujours voulu jouer la comédie, et une fois qu'elle avait joué un véritable rôle dans une pièce jouée à Odd Fellows' Hall à Fredonia, et elle avait si bien réussi que même le pasteur méthodiste disait qu'elle était aussi aussi bon que l'actrice qu'il a vue en compagnie de Lawrence Barrett avant d'être sauvé ; et il avait espéré qu'elle ne se laisserait pas entraîner par son succès et n'entrerait pas sur la vraie scène, parce qu'il ne pouvait pas considérer cela comme une poursuite sûre pour les jeunes gens de son sexe, en raison du peu de vie familiale - et maintenant que faire ? l'a-t-elle fait en premier ?

Ce réalisateur était redevenu très froid et pragmatique.

"Arrêtez de parler d'abord", dit-il. "Ne me laisse pas entendre un autre mot de ta part. Et écoute bien. Tu es assis dans ton humble maison en train de coudre un bouton sur le manteau de ton garçon. Il est ta seule joie dans la vie. Il y a le manteau et le bouton à moitié cousus avec le "

Il hésita une minute et trouva une inspiration de premier ordre.

" Cousez-le comme si c'était un bouton du manteau de votre mari dont vous m'aviez parlé. Tous les deux ou trois points, levez les yeux pour nous montrer à quel point vous êtes heureux. Une fois que vous l'aurez cousu, prenez le manteau de cette façon et serrez-le dans vos bras. . Vous avez l'air encore plus heureux de cela. Ensuite, vous vous dirigez vers la cheminée, prenez la photo de votre garçon qui est là près de ce chien en porcelaine et l'embrassez. Je ne vous dirai pas comment faire ça. Rappelez-vous qui il est et faites-le. faites-le à votre guise, laissez-nous seulement voir votre visage. Puis replacez lentement le tableau, allez chercher le manteau et partez à gauche comme si vous alliez l'accrocher dans sa chambre; mais vous entendez des pas dans l'escalier au dehors. et vous savez que votre garçon est rentré du travail. Nous le voyons parce que votre visage s'illumine. Restez là heureux jusqu'à ce qu'il entre.

" Vous vous attendez à ce qu'il se précipite vers vous comme d'habitude, mais il est abattu ; quelque chose s'est produit. Vous ressentez un choc de frayeur. Marchez vers lui, lentement ; vous avez peur. Entourez-le de vos bras. Il se raidit d'abord. , puis s'appuie sur toi. Il pleure lui-même maintenant, mais tu ne l'es pas ... pas encore. Tu es courageux parce que tu ne sais pas pour cette bagarre qu'il a eue avec le contremaître qui s'en prend à la chérie de ton garçon sans raison valable.

"Maintenant, parcourez-le jusqu'au bout et voyez si vous vous souvenez de tout ce que je vous ai dit. Quand nous arriverons à la scène des pleurs après l'arrivée de l'officier, je vous répéterai cela aussi, seulement pour l'amour de Dieu, ne pleurez pas dans le répétition ! Vous allez sécher. Maintenant alors ! Manteau, bouton, couture. Allez ! »

Eh bien, monsieur, je suis resté là, tremblant comme une feuille, pendant qu'elle répétait ce qu'il lui avait dit comme si elle y avait été toute sa vie - ou plutôt comme si c'était le manteau de son cher Clyde et la photo de son cher Clyde et son cher Clyde. qui franchissent la porte. Puis il lui a répété la fin de la scène où le flic entre en scène, et elle a compris cela aussi, même si cela l'a alarmé car elle ne pouvait même pas répéter sans pleurer. Je pouvais voir que ce réalisateur était lui-même nerveux à ce moment-là, pensant qu'elle était trop belle pour être vraie. Mais il la fit asseoir de nouveau sur la chaise en train de coudre, toute prête pour le vrai travail.

"N'oubliez pas seulement trois choses", dit-il : "Ne regardez pas cette machine, bougez lentement lorsque vous bougez et n'essayez pas d'agir. Maintenant ! Caméra !"

C'était une occasion historique, d'accord. Le gars devant la caméra a commencé à tourner la manivelle et Vida a commencé à agir comme si elle n'agissait pas du tout. Le directeur lui a juste donné un petit mot lorsqu'elle a dû déménager. Il n'aboyait plus maintenant. Et dites, cette scène de pleurs ! Bon sang si je n'avais pas moi-même failli pleurer en la regardant, et j'entendais cette réalisatrice au visage de pierre respirer très brièvement lorsqu'elle devait rester là, les mains serrées, et regarder son garçon sortir avec ce flic.

Vida était trop excitée pour dormir cette nuit-là. Elle a dit que le directeur lui avait conseillé en privé de ne pas conclure de contrat pour l'instant, car elle obtiendrait de meilleures conditions une fois qu'elle leur aurait montré ce qu'elle pouvait vraiment faire. Pour cette photo, elle serait payée soixante-quinze dollars par semaine. Une semaine, remarquez, pour une fille qui s'estimait chanceuse d'en avoir douze à New York.

Elle était très déçue et heureuse, et pleurait un peu pour moi en dehors des heures de travail parce que tout cela était si merveilleux et que son garçon noyé se reposait peut-être au fond d'une rivière à ce moment précis. J'ai dit qu'il y avait fort à parier qu'il se reposait, où qu'il soit ; mais elle n'a pas compris et je ne l'ai pas dit deux fois.

Et tel fut le début de la brillante et sanglante carrière de Vida Sommers au cinéma. Elle n'a jamais connu qu'un seul échec et ils en ont fait un succès. Il semble qu'ils l'aient jugée dans l'un de ces "Une femme devrait-elle pardonner ?" des morceaux dans lesquels la femme n'a pas pardonné, par miracle, et elle en a fait un horrible gâchis. Elle se sentait bien dans la partie souffrance, bien sûr, seulement quand il s'agissait de ne pas pardonner à la fin — eh bien, elle ne savait tout simplement pas comment ne pas pardonner. Ils ont travaillé avec elle une journée entière, puis ont dû changer la fin. On dit qu'elle y est très noble et féminine.

Je suis rentré chez moi le lendemain, la laissant à la poursuite de son art. Mais je recevais des lettres élogieuses de sa part presque chaque semaine, elle faisait de nouveaux films et son salaire augmentait parce que d'autres soirées cinéma cherchaient naturellement à pleurer si bien. Et l'année suivante, je cours la voir. C'était une femme changée. Elle avait une maison ou un bungalow, une voiture, un chien à la mode, un cuisinier japonais, une femme de chambre et de vraies robes pour la première fois de sa vie. Mais les changements étaient tous extérieurs. Elle était toujours la même Vida qui voulait être la mère de tous les hommes de la planète. Elle ne semblait jamais s'inquiéter des filles et des femmes ; son idée est qu'ils sont capables de se débrouiller seuls, mais que les hommes sont des bébés qui ont besoin de la protection d'une mère aussi longtemps qu'ils vivent.

Et bien sûr, l'un de ces hommes qu'elle avait maternés là-bas avait profité d'elle – ce même vieux et laid râleur de réalisateur. Elle a verrouillé la porte de la chambre et m'en a parlé à voix basse horrifiée la première nuit de mon arrivée. Elle a dit que c'était peut- être de sa faute, qu'il avait peut-être mal compris quelque chose qu'elle avait dit à propos de Clyde. Et de toute façon , elle aurait dû se rappeler que certains hommes sont des bêtes dans l'âme.

Quoi qu'il en soit, cette infâme brute était venue à la maison un soir et l'avait insultée de la manière la plus grossière, et tout était vrai à propos des réalisateurs de cinéma qui avaient des desseins sur les femmes non protégées qui travaillaient pour eux . Cédant à ses plus bas instincts brutaux, il avait jeté la décence aux vents et lui avait fait une proposition si mauvaise qu'elle pouvait à peine supporter de la mettre en mots. Mais elle l'a fait. Il semblerait que ce coquin ait entendu des rumeurs en studio selon lesquelles elle avait divorcé du mari qui l'avait abandonnée, et il a donc déclaré qu'il était profondément amoureux d'elle depuis ce premier jour dans le train, et maintenant qu'elle était libre, allait-elle l'épouser ?

Bien sûr , elle a été insultée à l'extrême et le lui a dit dans ce qui aurait probablement fait une scène captivante d'une bonne femme rejetant les avances d'un lépreux moral. Elle l'accabla de mépris et d'horreur pour ses paroles grossières. Comment avait-il osé dire que Clyde l'avait abandonnée, ou penser qu'elle divorcerait un jour ! Cela montrait à quel point il devait avoir un esprit ignoble. Elle a dit qu'il était devenu terriblement doux et désolé lorsqu'il avait appris qu'elle s'accrochait toujours au souvenir de Clyde, qui se frayerait un jour un chemin pour revenir vers elle s'il n'avait pas tout mis fin à tout cela. Elle lui expliqua pleinement à quel point Clyde était un homme parfait, et elle lui dit qu'en fin de compte, le vieux misérable lui sourit faiblement d'une manière très douloureuse, comme si cela lui faisait mal, et dit : "Oh, ma chérie, tu dois essayer de pardonner." moi. Je ne savais pas – je ne connaissais pas la moitié de la vérité. Puis il lui tapota la main, lui tapota la joue, s'étouffa et déglutit plusieurs fois, et dit :

"J'étais un vieil homme qui rêvait et les rêves rendent les vieillards idiots !"

Puis il déglutit de nouveau et sortit en titubant dans son jardin où les fleurs d'oranger venaient de pousser. Elle a dit qu'il n'avait jamais été offensant depuis lors, aboyant aussi méchamment envers elle que envers tous les autres lorsqu'elle jouait, afin que personne ne puisse imaginer à quel point il avait un mauvais cœur, sauf qu'il gardait toujours un tas de blancs. des roses dans son dressing. Mais elle ne s'était pas souciée de lui causer des ennuis à ce sujet parce qu'il essayait peut-être honnêtement de mener une vie meilleure.

Un peu de divertissement que Vida m'a donné , en racontant cela, assise sur son lit sous une lumière qui faisait apparaître plus de rides que jamais sur son visage. Elle avait l'air d'avoir près de quarante ans maintenant - je suppose que les scènes de pleurs avaient raconté sur elle, et son désir du Clyde perdu - de toute façon, elle était la dernière femme sur terre qui aurait pu se faire insulter même si elle avait essayé d'être plus jolie, seulement elle l'a fait. je ne le sais pas. Et elle avait eu son petit frisson. Nous avons tous rêvé de la façon dont nous refuserions un jour une fête impossible qui serait submergée par notre simple beauté.

J'ai dit que j'avais toujours su que ce réalisateur était un scélérat indescriptible, parce qu'il insistait pour m'appeler Mme Pettijohn .

Ensuite, nous avons eu une belle discussion sur Clyde. Elle n'avait eu aucune nouvelle depuis un an maintenant, la dernière étant une carte illustrée disant qu'il passerait l'hiver en Egypte avec des capitalistes bien connus qui n'accepteraient pas de réponse négative. Et ai-je cru qu'il pourrait maintenant errer sur la surface de la terre, malade et épuisé, et essayer de revenir vers elle ; ne pensais-je pas qu'un jour il se traînerait jusqu'à sa porte, simple épave de lui-même, pour être enfin apaisé sur son sein ? C'est pourquoi elle a laissé une lumière allumée à la fenêtre avant de ce bungalow. Il saurait qu'elle avait attendu.

Eh bien, je n'avais jamais dit un mot contre Clyde, sauf lors d'une conversation avec moi-même, et je n'allais pas m'éclater maintenant. Je suis allé jusqu'à laisser entendre qu'un article paru sur elle dans ce même magazine pourrait faire revenir Clyde un peu plus vite que la lumière dans la fenêtre. L'article disait que son salaire était énorme. Je pensais que ses rayons pourraient porter.

Alors je rentre à la maison et près d'un an plus tard, je reçois un télégramme de Vida : "Enfin heureux, le mien est revenu chez moi." J'ai levé les mains et j'ai juré en lisant ceci. L'article disait que son salaire était de sept cent cinquante dollars par semaine.

L'hiver suivant, je cours voir l'heureux couple. Vida paraissait maintenant avoir une bonne quarantaine, mais Clyde paraissait en fait plus jeune que jamais ; pas une ligne ni une ride pour montrer à quel point il avait pleuré pour elle, et pas un signe de crampe d'écrivain à cause de ces trois cartes illustrées qu'il lui avait envoyées en cinq ans. Elle avait eu peur qu'il revienne usé jusqu'aux os.

Mais écoutez ! Au moment où je suis arrivé, Clyde recevait également de l'argent. Au début, il s'était senti un peu blessé de voir sa femme comme une actrice ordinaire et il avait demandé à voir son contrat parce qu'on ne pouvait pas croire ce qu'on voyait dans ces magazines. Puis il a parcouru le terrain et est devenu lui-même acteur. J'ai compris qu'il n'avait pas été très apprécié des hommes au début, et que deux ou trois autres metteurs en scène, lorsque Vida avait insisté pour qu'il ait la chance de jouer, l'avaient mis dans des pièces drôles et difficiles où il avait été jeté en bas ou des briques lui sont tombées dessus, ou il a été battu par un ancien combattant volontaire, ou un panier d'œufs sur la tête, ou des tartes à la crème dans ses traits parfaits, avec des contusions, des entorses et des os cassés, etc. - je crois que la première semaine ils ont tout cassé sauf son contrat.

Quoi qu'il en soit, quand il a commencé à penser qu'il n'était pas fait pour cet art, qui intervient sinon ce même réalisateur qui s'était fait une telle bête avec Vida ? Il met Clyde dans une pièce dans laquelle Vida est la mère et Clyde est le fils noble qui prend le crime sur ses épaules pour filtrer le frère de la fille qu'il aime, et ce fut un terrible succès. Naturellement, Vida n'a jamais été aussi bonne auparavant et Clyde s'est avéré être une autre trouvaille. Il peut se redresser et paraître plus noble lorsqu'il est accusé à tort d'un crime que n'importe quel acteur que j'ai jamais vu. Il en est maintenant au point où ils doivent le manipuler avec des gants, sinon il les laisserait à plat et partirait avec une autre entreprise. Vida m'a écrit la semaine dernière qu'ils avaient une pièce pour lui dans laquelle il était abandonné sur une île déserte avec une belle mais hautaine héritière, et ils devaient y vivre trois mois en se nourrissant d'aliments comestibles que l'on trouve sur toutes les îles désertes. Mais Clyde avait refusé le rôle parce qu'il devrait avoir des moustaches pendant ces trois mois . Il a dit qu'il devait penser à son public, qui serait mécontent de cette hideuse profanation. Il a imaginé un moyen intimidant de s'en sortir. Il a dit qu'il laisserait pousser les moustaches pendant quelques scènes, puis trouverait une caisse de rasoirs de sûreté échoués sur le rivage, afin de pouvoir se raser juste avant que la fille du millionnaire hautain n'avoue qu'elle l'avait aimé depuis le début et que le bateau à vapeur d'excursion arrive. pour les sauver . Je crois qu'il admet maintenant franchement qu'il a écrit la majeure partie de la pièce, ou du moins qu'il y a ajouté le punch. Ils forment un couple très heureux, Clyde n'ayant qu'un seul vice, un bonbon qui menace sa taille. Vida le surveille de près, mais il soudoie les gens pour qu'ils glissent des crèmes au chocolat dans sa loge. La dernière nuit où j'étais là-bas, il a chanté "Bonne nuit, bonne nuit, bien-aimé!" si bien que je me suis étouffé.

Bien sûr, les femmes sont folles de lui ; mais cela ne dérange pas du tout Vida. De toute façon, elle n'a jamais voulu de mari, seulement un fils. Et Clyde a dû avoir quelque chose qui s'est réveillé dans son cerveau pendant ses années d'absence. Il avait un regard bizarre un soir quand il me dit, là où Vida n'entendait pas : « Oui, d'autres femmes m'ont aimé, mais elle… elle me connaît et m'aime ! C'est la seule chose que je l'ai jamais entendu prononcer qui montrerait qu'il pourrait être au-dessus d'un chaton de compagnie en termes d'intellect.

Et bien sûr, ces lettres qu'il reçoit ne signifient rien d'autre dans sa vie que de la publicité… Oh oui ! J'ai oublié de vous dire que son nom de scène est J. Harold Armytage. Il l'a inventé lui-même. Et les lettres qui arrivent au boisseau rendent vraiment Vida fière. Dans son cœur, elle est désolée pour ces pauvres imbéciles car ils ne peuvent pas avoir autant de cher Clyde qu'elle. Elle dit qu'elle n'a jamais mérité son bonheur actuel. Je ne sais jamais si je suis d'accord avec elle ou non.

Elle est bizarre. Merde, si elle ne fait pas parfois penser à quelqu'un – en l'écoutant bavarder – qu'il doit y avoir quelque chose de décent dans la nature humaine après tout !

III

RED GAP ET LES TRUCS DE LA GRANDE LIGUE

J'ai attendu aux côtés de Ma Pettengill devant la porte ouverte du ranch Arrowhead. C'était un moment d'attente tranquille ; bientôt nous serions convoqués au repas du soir. Près de la grange, un janissaire fatigué pompait de l'eau dans une auge pour deux mules fatiguées, encore attelées. Au milieu de l'allée, devant un miroir punaisé au mur à côté de la porte du dortoir, deux hommes peignaient précipitamment leurs cheveux humides. Les merles faisaient encore du bruit dans les peupliers. Dans le champ à notre gauche, un groupe de bovins paresseux, grands et placides, à face blanche, se prélassaient ou paissaient sur l'herbe nouvelle du printemps.

Examinant ces bovins d'un œil affectueux – n'avait-elle pas refusé ce jour-là la totalité de trois cent vingt-cinq dollars par tête pour une vingtaine de ces vaches de race pure ? – mon hôtesse m'a lu une brève conférence sur la disposition charnue supérieure des animaux. Hereford. Il n'y a pas de meilleur voleur dans les conditions de pâturage, dit-elle, accumulant de la chair à tout âge, la stockant pendant les saisons d'abondance pour y puiser pendant les saisons de besoin. N'avais-je pas remarqué à quel point les vaches ordinaires devenaient bedonnantes et à quel point la graisse était bien répartie sur les vaches de race pure ?

Je ne l'avais pas remarqué, les vaches étant plus ou moins des vaches pour moi, mais j'étais prêt à considérer avec un profond respect toute vache pour laquelle trois cent vingt-cinq dollars pourraient être raisonnablement refusés, et je le fis maintenant. On m'a dit que j'avais oublié leurs veaux, qui vaudraient cent soixante dollars le jour où ils seraient sevrés. Cela a rendu le tout encore plus impressionnant. Je regardai à nouveau respectueusement les créatures volumineuses, tout en écoutant aussi Lew Wee au pas furtif ; une journée dans l'air raréfié du printemps le long d'un ruisseau rocheux à truites avait rendu suggestive même le bétail sur leurs sabots.

Ma Pettengill, jetant un dernier regard fier sur ses bijoux, tourna l'appareil photo panoramique de son œil vers la forge à notre droite. Avant, étaient jonchés les restes mutilés de quatre chariots en bois. J'avais récemment entendu la dame parler avec Abner, le forgeron, au sujet des réparations à effectuer. Abner lui-même avait peu de mots. Ils appartenaient presque entièrement à son employeur. Ils étaient persuadés que ces chariots circuleraient à nouveau avant la fin de la semaine ou qu'elle en connaîtrait la raison. Abner, lésé, avait essayé de suggérer que cette raison qu'elle connaîtrait ne serait pas du tout la bonne raison, car ne travaillait-il pas déjà comme un castor ? C'est possible, dit la dame. Et les castors pourraient bien être à leur place. Ce dont elle avait besoin à ce moment précis, c'était de quelqu'un travaillant comme un forgeron – quelqu'un !

Par-dessus son épaule, elle lui avait lancé le mot noirci par l'emphase.

"Quelqu'un a-t-il été blessé lors de la fugue ?" Ai-je demandé, observant son regard s'attarder sur ce grondement de pièces de chariot.

"Quatre wagons ont été mortellement blessés", a déclaré la dame, "mais bien sûr, aucun écorcheur de mulet n'a été touché. Parlez de vies charmées ! D'ailleurs, ce n'étaient pas des accidents, c'étaient juste des incidents. Cela faisait partie de nos sports d'hiver."

"Je ne savais pas qu'il y avait des sports d'hiver ici."

"Je ne l'ai pas fait non plus jusqu'à ce que je sois arrivé à Red Gap l'hiver dernier et que j'ai découvert que c'était ce que nous avions vécu. Ici, j'ai travaillé hiver après hiver, appelant ça du travail, et j'ai découvert que c'est ce que les fêtes durent longtemps. distance à parcourir et devoir porter des vêtements soignés pour cela. Oui, monsieur; la société en est folle. Red Gap lui-même en était fou l' hiver dernier, quand il a eu un avant-goût des trucs de la grande ligue. L'hiver prochain, je vais Essayez de donner un véritable esprit sportif à cette bande de sédentaires d'ici, achetez- leur des uniformes et créez un club de sports d'hiver. Jusqu'à présent, leur sport d'hiver idéal est de colmater toutes les fissures de la maisonnette, de remplir le poêle hermétique. pleins de pitchpin et posés avec un bon livre d'Elinor Glyn. Ils n'ont jamais été fous du tout de s'ébattre dans l'air vif et glacial qui fait picoter le sang et ramène les roses sur leurs joues pâles.

"Prenez l'hiver dernier. Ne sachant pas que c'était du sport, cela ressemblait parfois à du labeur. Au début, il a neigé tôt et a attrapé beaucoup de mes vaches et de mes veaux dans les montagnes. Pendant que nous jouions avec eux, les faisant descendre dans la vallée, le Le temps a changé. Il a neigé plus fort. Juste des tas de neige la plus parfaitement chérie. Puis la maladie de Carré a éclaté parmi les chevaux de selle. Puis, étant déjà en désavantage numérique, que fait l'imbécile de patron vaquero, sinon arracher une écharde de son pouce avec une épingle et obtenir Suffisamment de poison sanguin pour le licencier ? Trop de problèmes pour jurer. J'ai essayé cela scientifiquement. J'ai donc dû sortir et mettre la main à la pâte. Si j'entendais quelqu'un dire que j'en avais fait autant que trois de ces mollycoddles ici, je' Je me contenterais de minauder en silence et de baisser les yeux. Seulement, j'aurais aimé savoir que c'était un sport d'hiver à la mode. J'aurais été plus insouciant.

"Puis vient le meilleur de nos sports d'hiver : le transport du bois à travers les congères sur une route rocailleuse qui descend les montagnes. Mes terres, mais c'était joyeux ! Par une journée calme, il n'y avait qu'un seul fugitif, un chariot qu'on allait chercher au magasin dans sections, comme un puzzle. Puis un autre jour, tout le monde semblerait être complètement fou de ce sport, et rien que les écorcheurs et les mules ne rentreraient au camp cette nuit-là - avec le nouvel équipement de harnais et le chariot de voyous revenant ensuite. matin pour voir ce qui pourrait être récupéré.

" Finalement, nous avons ramené les vaches et les veaux à la maison, avons mis notre bois et avons commencé un rodéo général pour le bétail sec - le manteau laineux de la nature s'épaississant à chaque minute. Et aucun de nous n'a jamais soupçonné que c'était un sport que seuls les riches ont le droit de pratiquer. . Si j'avais suggéré de construire un palais de glace comme solution sportive, je parierais que l'aide n'aurait pas bien pris. Quoi qu'il en soit, je ne l'ai pas fait. Avec tout sous abri ou clôture, j'ai finalement fui vers Red Gap, où je pourrais mener une vie tranquille adaptée à l'une de mes années — là où je pensais pouvoir le faire. »

Depuis l'embrasure de la porte, Lew Wee appela doucement : « Venez maintenant ! Nous l'avons tous les deux entendu. À l'intérieur, mon hôtesse ferma furtivement la porte dans la douce nuit de printemps ; l'a fermé et verrouillé. Furtivement, elle tira ensuite les rideaux des deux fenêtres. Puis, une bougie à la main, elle traversa d'un pas léger le grand salon jusqu'à un coffre-fort austère et sérieux qui se dresse contre le mur le plus éloigné. Agenouillée devant cela, elle fit rapidement tourner la serrure jusqu'à une série de chiffres mystiques et ouvrit les formidables portes.

"Laissez-nous entretenir le feu de la maison", dit-elle d'une manière impressionnante, et elle sortit d'une caverne exposée une bouteille de whisky écossais. Debout devant le coffre-fort, nous buvions bavardement. Nous avons convenu que l'interdiction était une bonne chose pour l'État de Washington. Nous avons dit que nous étions heureux de renoncer à nous-mêmes pour le bien de ces natures plus faibles qui manquent de maîtrise de soi, y compris M. Bryan, que la dame a qualifié de « juste une trombe d'eau ».

La bouteille remise en sécurité, mon hôtesse ferma les épaisses portes et fit tourner la serrure. Puis elle souleva les rideaux et rouvrit la porte à l'innocente nuit de printemps, après quoi nous nous assîmes à notre repas sans viande et sans blé. Au lieu de viande, nous nous sommes sévèrement contentés de poulet mijoté, certains poulets Arrowhead ayant refusé de faire leur part dans les œufs et en payant désormais le prix dans une crise où l'on attend quelque chose de tout le monde. Au lieu du blé , nous avions simplement des muffins au maïs d'une perfection très câline. Même malgré ces difficultés, je pratiquerais patriotiquement l'évangile de l'assiette propre.

Alors que sa cuillère d'exploration errait sur le plateau de poulet à moitié immergé, Ma Pettengill remarqua avec désinvolture que les bohémiens insouciants étaient toujours les premiers à souffrir de la prohibition et qu'on ne pouvait pas avoir un très bon Quartier latin dans une ville sèche. Je laisse aller. Je dois toujours lui permettre certains discours qui semblent sans importance avant qu'elle consente à tout me dire. Ainsi, un instant plus tard, alors qu'elle répandait de la précieuse graisse de beurre sur l'un des muffins spirituels, elle communiqua en outre que le cousin Egbert Floud croyait toujours que les Bohémiens étaient des souffleurs de verre, car il en avait vu une troupe à l'Exposition universelle. Il avait, il est vrai, connu une section de la voie étroite qui était aussi composée de bohémiens, mais les bohémiens de toutes classes étaient des souffleurs de verre, et c'était tout. Inutile de lui dire le contraire, une fois qu'il a une idée dans sa pauvre vieille tête.

Cela aussi, je laisse passer, vaincu pour le moment par les qualités envoûtantes du ragoût de poulet. Mais lorsque les appétits, inutilement enflammés par les boissons anarchiques, eurent enfin été apaisés et que la dame eut fabriqué sa première cigarette, j'ai trahi ma volonté d'entendre davantage le lien suggéré entre les sports d'hiver et les quartiers latins peuplés de bohémiens, soufflant du verre ou autre. . La femme rit en privé à travers la première cigarette, en façonna habilement une autre, s'installa dans un fauteuil à bascule devant le feu ouvert et, dans une ferveur professionnelle, saisit une chaussette de laine à moitié tricotée , sur laquelle elle se mit au travail.

Elle remarqua maintenant qu'il devait y avoir le long du Front des millions de pulls, de manchettes, de cache-nez et de pulls qu'il semblait bon de tricoter en public, donc il semblait que c'était à elle de fournir quelques paires de chaussettes. Elle a dit qu'on ne pouvait naturellement pas s'attendre à ce que ces dames du monde d'ici qui tricotaient dans les théâtres et les couloirs des hôtels tricotent quelque chose d'aussi laid que des chaussettes, même si elles savaient manier quatre aiguilles, ce qu'elles ne sauraient généralement pas ; mais il fallait que quelqu'un le fasse. Sans le moindre changement de ton, elle a ajouté que c'était une longue histoire et douloureuse par endroits, mais qu'elle avait une fin heureuse, et qu'elle ne le savait pas, ce qu'elle avait envie de me raconter.

Je descends donc à Red Gap vers le début du mois de décembre, dans l'espoir de m'abriter pour l'hiver et de me réchauffer complètement avant le printemps. Je ne savais pas que notre métropole en pleine croissance allait être déchirée par des dissensions jusqu'à ce que l'on ne sache plus qui parlait à qui. Et tout cela à cause d'une dame bohémienne de Washington Square, à New York, qui s'était glissée parmi nous et avait fondé du jour au lendemain un Quartier Latin. Le premier jour où j'étais au centre-ville, j'ai entendu deux dames parler du nouveau Quartier Latin. Cela m'a intrigué, car je savais que la ville était fermée depuis que Lon Price avait quitté ses fonctions de maire. Ensuite, je rencontre Mme Judge Ballard au Boston Cash Store et elle me dit que j'ai rencontré une Miss Smith de New York qui est en visite ici. J'ai dit que non. Cela n'avait pas l'air excitant. D'une manière ou d'une autre, "une

Miss Smith" ne vous excite pas trop, peu importe d'où elle vient. J'ai donc laissé tomber cela et j'ai continué mes achats. Ensuite, je rencontre Egbert Floud , qui est lui aussi descendu pour l'hiver se reposer près d'un bon poêle à charbon, et nous nous demandons quel est le bon mot et s'il y a quelque chose de nouveau. Le cousin Egbert dit que rien n'est nouveau à Red Gap, à l'exception d'un souffleur de verre bohème de Grinitch Village, New York. Il dit qu'il ne l'a pas encore vue souffler du verre, mais il y va un soir, parce que les souffleurs de verre de Bohême qui se rendaient à la foire étaient vraiment fascinants, et je ne pense pas que Grinitch soit un mauvais nom pour une ville ? Il dit que quand je verrai ce souffleur de verre , j'aurai envie de lui demander un animal, un végétal ou un minéral, car il l'a vue à la poste avec Metta Bigler et elle ressemble à une cinglée.

Je dis au pauvre vieux fou qu'il a lui-même l'air simple d'esprit et que je n'arrive pas à comprendre le moindre sens à ce qu'il dit, sauf que je sais que ce village ne s'écrit pas ainsi. Il me raconte que c'est comme ça qu'on parle en tout cas, et comment il a ramené à la maison une chaîne de montre en verre que ces bohémiens ont soufflée à la foire, quand Metta Bigler elle-même est arrivée et s'est arrêtée pour lui serrer la main, alors le cousin Egbert s'est enfui.

Je dois te parler de Metta. C'est notre artiste; donne des cours de peinture à l'huile et de bois brûlé et autres raffinements. Les gens peuvent prendre six leçons de Metta et rentrer chez eux et brûler toutes les têtes indiennes sur des coussins de canapé en cuir que vous voudriez jamais voir. Elle peut aussi peindre un poisson rose, une poêle en cuivre et une pastèque avec une tranche découpée aussi bien que n'importe quelle autre entre ici et Spokane. C'est une très bonne fille, qui a trente ans, se considère sans émotion comme une célibataire et s'habille aussi discrètement que même une institutrice doit le faire dans une petite ville.

Eh bien, Metta se précipite vers moi maintenant, toute rayonnante et jeune fille, et me dit que je dois venir dans son studio cet après-midi même et rencontrer sa chère vieille amie, Vernabelle Smith, qui lui rend visite depuis Washington Square, New York. Elle et Vernabelle se sont rencontrés alors qu'ils terminaient leurs études artistiques dans le Quartier Latin de Chicago, et Vernabelle était descendue à New York et s'était lancée dans tous les nouveaux mouvements et parmi les gens qui faisaient des choses, et était maintenant très, très avancée étant ce que on pourrait appeler un intellectuel ; mais je serais sûr de l'aimer parce qu'elle était si délicieusement bohème, ne se tenant pas à la cérémonie mais se précipitant droit au cœur de la vie, qui est si complexe pour la plupart d'entre nous qui vivons dans la coquille des conventions et n'entrons jamais en contact avec le grand monde palpitant. centre des choses. Elle n'a pas dit quoi. C'était une nouvelle ligne de bavardage de Metta. Habituellement , elle m'aurait raconté ses ennuis avec l'aide des Chinois, ou à quel point le marché de la viande de Square Deal était un voleur, ou, tout au plus, comment son morceau de fruit et de poisson lui avait emporté le premier prix de vingt dollars au marché. Foire du comté de Kulanche .

Alors je dis que je ne manquerai pas de surveiller elle et sa nouvelle amie. J'ai pensé qu'elle devait être la Miss Smith et la souffleuse de verre dont j'avais déjà entendu parler ce matin-là. Bien sûr, « Miss Smith » ne sonnait pas grand-chose, mais Vernabelle Smith était différente. Ce nom de Vernabelle a fait toute la différence dans le monde. Vous avez en quelque sorte oublié le Smith qui a suivi.

Le même après-midi, vers seize heures, je me suis rendu à la maison Bigler. La mère de Metta m'a laissé entrer. C'est une vieille dame soignée et précise avec des cheveux soignés, mais elle avait l'air effrayée lorsqu'elle m'a laissé entrer et m'a conduit à la porte du studio de Metta, qui est une grande pièce à l'arrière de la maison. Elle n'y est pas entrée elle-même. Elle l'a ouvert et l'a fermé rapidement, comme si c'était la fosse aux lions ou quelque chose du genre.

Tous les rideaux étaient baissés, les bougies allumées, et la pièce non seulement était chaude mais pleine de fumée de cigarette et de fumée provenant d'une quarantaine de ces bâtons punk qui couvaient sur différents perchoirs. Il y avait une odeur de lessive chinoise bien chaude lors d'une nuit d'hiver chargée. Environ huit ou dix personnes étaient rassemblées autour du canapé, des groupes que je pouvais à peine distinguer à cause de cette attaque au gaz, et tout le monde bavardait. Metta s'est avancée pour voir de qui il s'agissait, puis elle a sorti quelque chose du groupe et a dit "Rencontrez chère Vernabelle ".

Eh bien, elle avait à peu près l'âge de Metta, une petite trentaine d'années, une sorte de blonde ardoise aux cheveux coupés – elle avait été atteinte d'avant en arrière – et vêtue principalement d'une blouse bleu pâle et sans bas. Rien que des sandales. Au début, je pouvais à peine détourner mes yeux de ses pieds. Très peu de membres de notre sexe, à juste titre célèbre, peuvent se permettre de braver le regard du public sans leurs bas. Vernabelle ne pouvait pas se le permettre. Elle était maigre, si vous voyez ce que je veux dire, avec beaucoup de tendons, etc., même si j'ai appris plus tard que Vernabelle appelait cela être svelte. Elle avait des yeux gris ardoisés et un visage pâle et dramatique avec de longues dents et un nez digne et puissant. Elle avait l'air plutôt affamée ou émouvante ou quelque chose du genre. Et elle portait environ deux mètres de collier de vaisselle qui tremblait lorsqu'elle bougeait. On aurait dit ce Chinois avec ses plats dans la cuisine. J'ai appris plus tard qu'il s'agissait de bijoux d'art .

Vernabelle m'a accueilli avec de nombreuses contorsions comme si elle faisait un exercice et m'a dit qu'elle avait tellement entendu parler de moi et combien c'était intéressant de rencontrer quelqu'un qui faisait des choses. J'ai dit que je travaillais simplement dans le secteur du bétail. Elle a dit "Comme c'est parfait!" et joignit les mains en extase à cette idée même. Elle a dit que j'étais en train d'être le type idéal pour ça. Et ai-je employé de vrais cowboys ? et eux aussi doivent être fascinants, car ils ont fait des choses. J'ai dit qu'ils le faisaient s'ils étaient surveillés ; sinon non. Et ai-je acquis un ascendant sur leur nature rude. J'ai dit que nous nous séparerions rapidement pour toujours si je ne faisais pas ça. Puis elle se dirigea vers le canapé, où elle s'assit sur ses pieds. Je lui accorde le mérite de tout ce jugement. Cette fille ne s'est jamais simplement assise. C'était soit sur un pied, soit sur les deux pieds, ou bien elle se drapait le long des meubles pour montrer à quel point elle pouvait être élancée sans que cela fasse mal.

Elle alluma maintenant une nouvelle cigarette avec l'ancienne et continua à raconter aux visages de poisson à son sujet combien elle avait trouvé peu de couleur ici. Elle a dit que nous étions en quelque sorte une simple étendue plate aux teintes ternes. Mais que pouvait-on attendre d'un commercialisme grossier où les arts étaient en train de mourir de faim ? Ah, c'était tellement différent de ce cher vieux Washington Square, où l'on était en quelque sorte au cœur de la vie. Il m'a fallu un certain temps pour obtenir ces trucs de passe-temps, mais les autres les mangeaient . Metta Bigler se tenait fière comme Lucifer et essayait de fumer pour la première fois de sa vie, même si elle n'y parvenait pas bien, comme si elle mangeait la cigarette et trouvait de temps en temps des morceaux qu'elle ne pouvait pas avaler et la retenait. à bout de bras entre les piqûres. Mme Henrietta Templeton Price faisait un meilleur travail avec les cigarettes, et Beryl Mae Macomber, une jeune héritière riche et débutante de dix-sept ans, disait qu'elle avait toujours ressenti ce manque dans Red Gap et qu'elle aurait été dans les films depuis longtemps. si sa tante avait entendu raison. Le seul homme présent était Edgar Tomlinson, qui est le premier soir le plus en vue de Red Gap et qui tient la chronique Lounger-in-the-Lobby pour le Recorder, passant en revue tous les nouveaux films d'une manière compétente et intrépide. Edgar avait l'air d'avoir enfin pris sa place. Il portait une cravate fluide, un col qui ne descendait guère plus haut que sa poitrine et de grands pare-vent sur un cordon noir, et il avait les cheveux ébouriffés comme un bohème ordinaire dans un journal du dimanche. Vernabelle ne tarda pas à lui dire combien il était rafraîchissant de rencontrer ici quelqu'un qui était en train de faire les choses, et elle avait lu le matin même sa critique du film intitulée A Sister of Sin, et l'avait trouvé magistral dans sa clarté. analyse courte, mais pourquoi s'est-il gaspillé ici alors que le grand monde était ouvert. Edgar repoussa ses cheveux tombés d'une main lasse et essaya de paraître modeste, mais c'était inutile. Vernabelle a consacré l'essentiel de sa conversation à Edgar. C'était une personne incessante, mais il semblait qu'il fallait un homme pour faire ressortir tout ce qu'il y avait de meilleur en elle.

Bientôt, Metta se dirigea vers une table et rapporta sur un plateau quelques verres de vin, que tous prirent avec plus ou moins de délectation. Je l'ai reconnu grâce à la bouteille. C'était du vin de sureau que la mère de Metta avait servi. Il faut être débrouillard à l'état sec.

"J'ai peur que vous me trouviez tous terriblement bohème", dit fièrement Metta.

Beryl Mae a levé son verre devant la lumière et a dit : "Après tout, est-ce que quelque chose dans la vie compte vraiment ?" Elle paraissait très blasée dans toute sa jeune beauté désespérée. Elle et Edgar Tomlinson semblaient aussi proches de la droite que tout ce que l'on pourrait voir à Washington Square. Vernabelle a dit que le véritable esprit de la Bohême ne connaissait ni le temps ni le lieu ; c'était partout où se rassemblaient ceux qui faisaient des choses, et n'était-il pas merveilleux que même ici, dans cette ville grossière de l'Ouest, quelques-uns des vrais puissent se réunir et créer leur propre petit quartier et parler des grandes choses, des choses durables ! Tout le monde a dit oui, tout à fait ; et ils ont tous essayé de gérer leur vin comme s'il s'agissait d'un vieux millésime rare. Mais on ne peut pas retenir grand-chose du jus de sureau ; ce n'est pas la chose la plus joyeuse au monde fermentée par la mère de Metta.

Cependant, cela égaya un peu les choses et Vernabelle posa son verre et bavarda encore. Elle a dit qu'après tout, la vie était tout sauf sélective, mais ne pensons-nous pas que tous les arts complètent l'appréciation du beau. Plusieurs ont dit : « Comme c'est vrai, comme c'est vrai ! et soupira de manière importante. Ensuite, Metta a dit que Vernabelle devait nous montrer une partie de son travail et Vernabelle a dit qu'elle pouvait à peine se résoudre à le faire ; mais pourtant elle le pouvait et le fit, se levant promptement. Elle avait des dessins pour des couvertures de magazines, des dessins pour des affiches de guerre, des dessins pour des décorations murales, des dessins pour des peintures à l'huile, etc. - des "études, des morceaux bruts et inachevés", elle les appelait , mais sur un ton qui n'incitait personne d' autre. pour les appeler comme ça.

Il s'agissait principalement de nuages et de figures de femmes, certaines portant des vêtements de femme et d'autres non, occupées à danser, à cueillir des fruits ou à se coiffer. Des choses assez différentes des photos innocentes de chatons, de raisins et de jonquilles de Metta. Une fois que tout le monde était placé sur le chevalet, Henrietta Templeton Price levait son pouce en l'air et le regardait avec un œil fermé et disait "Un morceau époustouflant, ça!" et les autres haletaient de joie et se murmuraient que c'était tout simplement merveilleux.

Vernabelle écoutait avec trop de négligence, ajoutant de temps en temps un ou deux mots fatigués. Elle a admis qu'un ou deux étaient des morceaux précieux. "Plutôt précieux d'un point de vue élémentaire", disait-elle. " Bien sûr, j'essaie de développer la psychologie de la ligne." Tout le monde a dit : « Oh, bien sûr ! »

Alors qu'elle en avait une montrant une partie d'une femme nue marbrée qui souriait et tendait une main vers l'endroit où ses omoplates se rencontreraient dans le dos, qui devraient être admis sur la scène, à part Lon Price et son cousin Egbert Floud . Lon avait appelé Henrietta et le cousin Egbert l'avait suivi, je suppose, avec le verre soufflé en tête. Vernabelle oublia sa photo et papillonna autour des deux nouveaux hommes. Je suppose que Lon Price est un bohème de naissance. Il l'a immédiatement prise en charge.

"Asseyez-vous ici et parlez-moi de vous", dit Vernabelle , et Lon le fit tandis que la jeune fille restait essoufflée par ses mots. En un rien de temps, il lui raconta l'ajout de Price à Red Gap, comment on marchait dix pâtés de maisons et économisait dix dollars par pâté de maisons et l'argent de son loyer permettait d'acheter une maison dans ce site de villas le plus prestigieux de la terre verte de Dieu. Vernabelle avait en quelque sorte tenu la manche du cousin Egbert d'une main absente – cette fille était un homme chien s'il en était – et bientôt elle se tourna de Lon vers Egbert et lui dit aussi de lui parler de lui.

Le cousin Egbert n'était pas aussi désinvolte que Lon. Il avait l'air nerveux. Il s'attendait à un petit verre soufflé et voici quelque chose d'étrange. Il ne semblait pas capable de tout lui dire sur lui. Il ne pouvait pas bien commencer.

« Dis-moi donc ce que tu lis, dit Vernabelle ; et le cousin Egbert s'est en quelque sorte étranglé à cause de cela aussi. Il parvient finalement à dire qu'il a essayé de lire Shakespere une fois mais que les caractères étaient trop petits. Le vieux menteur ! Il ne lirait pas une ligne de Shakespere en lettres d'un pied de haut. Cela montrait simplement que lui aussi essayait de bluffer avec les autres sur ce bavardage bohème.

Vernabelle continua pleine de flatterie pour les deux hommes et leur versa aux prostituées raides ce vin de sureau démoniaque et leur alluma des cigarettes avec la sienne . Je ne sais pas si cette boisson est parvenue à Lon Price ou non, mais en une minute , il lui a dit que la beauté de son sexe était un héritage assez commun, mais combien il était trop rare de trouver de la beauté et de l'intelligence dans le sexe. même femme ! Vernabelle l'appelait ensuite camarade, et puis elle disait au cousin Egbert qu'il était du grand air, un homme d'homme ! Egbert avait l'air plutôt idiot et perplexe face à cela. Il ne semblait pas en être vraiment sûr.

Puis Vernabelle s'est approchée du chevalet - il lui a fallu environ six attitudes appuyées contre des objets pour y arriver - et a montré ses peintures à l'huile aux nouveaux arrivants. Lon Price était pleine de paroles et d'admiration et a déclaré qu'elle devait faire une affiche pour lui montrant une créature d'une rare beauté dans les nuages, invitant les acheteurs de maison à se rendre à Price's Addition, où il y avait de gros lots, de petits paiements et toute la nature semblait sourire. Il a ajouté que cette figurine ferait mieux d'avoir quelque chose en forme de vêtement, car l'affiche serait placée dans des foyers où l'art dans son ensemble était encore considéré de manière suspecte, voire hostile, si elle comprenait ce qu'il voulait dire. L'artiste dit qu'elle comprend facilement et que la vie après tout est tout sauf sélective.

Le cousin Egbert regardait les photos d'un air inconfortable. Il ne parla qu'une seule fois et il s'agissait de la dame tachetée qui tendait la main par-dessus son épaule et souriait. " Grinitch ", dit-il avec un regard complice.   Mais
Vernabelle dit seulement, oui, il a été peint dans le cher vieux village.

Ensuite, la foule s'est en quelque sorte rassemblée sur le canapé et sur les chaises et Vernabelle a parlé au nom de tous. Elle a dit à quel point il était stimulant pour quelques-unes des vraies personnes qui ont fait des choses de se réunir de cette façon après la tourmente de la journée – pour s'évader de tout ! Beryl Mae a déclaré qu'elle avait souvent voulu s'éloigner de tout, mais sa tante était étroite d'esprit. Henrietta Price a allumé sa neuvième cigarette et a raconté à quel point cela lui rappelait le Quartier Latin de Paris, où elle n'était jamais allée, mais sa cousine y avait passé un après-midi entier une fois et en avait été tout simplement folle. Vernabelle a dit que c'était dans des moments comme celui-ci, avec quelques vraies personnes, qu'elle avait ses plus grandes idées ; que la vie à l'état brut était trop terriblement un labyrinthe, ne pensait-on pas, étourdissant par son immensité, alors que dans ces chers petits moments de pénombre la réelle sortait sans peur, si l'on comprenait ce qu'elle voulait dire. Beaucoup d'entre nous ont dit que oui.

C'est au moment de nous lever que Vernabelle m'a raconté des choses sur le cousin
Egbert. Elle a dit qu'il devait avoir une grande réserve de force dans sa personnalité. Elle a dit qu'il lui faisait assez peur, il était si superbement élémentaire.

« Ce n'est pas tant M. Floud qui m'effraie, dit-elle, que sa fatalité, c'est magnifique ça ! Et tellement chanté fraw !

C'est le pauvre Egbert qu'il a dû entendre cela, et je ne l'ai jamais vu moins chanter fraw , si c'est le mot. Il ressemblait plutôt à une urticaire, surtout lorsque Vernabelle lui saisit la main au moment de se séparer et l'appela camarade !

Nous avons finalement réussi à nous frayer un chemin à travers la fumée de la porte et à dire que nous avions passé un moment agréable, et Metta a dit que nous devions prendre l'habitude de passer à cette heure-là. Vernabelle nous a tous appelés camarades et nous a dit que le temps avait été pour elle une série de moments précieux, même si ces petites affaires de studio la laissaient toujours pauvre comme un lys mou. Ouais; c'est le terme qu'elle a utilisé et elle était drapée sur une bibliothèque quand elle l'a prononcé, essayant de ressembler le plus possible à un lys mou.

Le groupe stupéfait s'est séparé à l'extérieur. Rien de tel n'était jamais entré dans nos vies ennuyeuses, et il était trop tôt pour en parler. Le cousin Egbert s'est promené en ville avec moi et même lui n'a dit que quelques petites choses. Il traitait toujours la dame de souffleuse de verre et lui disait que si elle devait peindre, pourquoi ne pas peindre des tableaux de famille qui pourraient être accrochés dans la maison. Il a dit qu'avec la fermeture de tous les bars de l'État, il ne pouvait pas y avoir beaucoup de demande pour ces peintures de Grinitch . Il a également dit, après un autre bloc, que s'il possédait cette dame et voulait la remettre en forme pour la vendre , il la mettrait sur de l'herbe des sables rase, courte presque jusqu'aux racines, où elle userait ses dents. Et un pâté de maisons plus tard, il a dit qu'elle n'aurait pas dû appeler tout le monde camarade de cette façon – cela ressemblait trop à un Allemand. Pourtant, dit-il, il y avait quelque chose en elle. Il n'a pas dit quoi.

Le Quartier Latin avait donc commencé et, en un rien de temps, il prenait de l'ampleur. Il semblait que tout le monde voulait depuis longtemps s'évader mais ne savait pas comment. Ils se réunissaient quotidiennement dans l'atelier de Metta, les femmes assises en blouse, ils se mirent tous à porter des blouses, bien sûr, tandis que Vernabelle, aux yeux affamés , demandait aux hommes de tout lui dire sur eux-mêmes et leur disait n'était-il pas précieux que quelques choix les esprits pourraient ainsi se retrouver dans la petite pénombre, loin de tout, et ainsi oublier ce monde extérieur où les âmes humaines se troquent sur la place du marché.

Bien sûr, le vin de sureau était destiné à être distribué après la deuxième heure de pénombre, mais d'autres se présentent avec des offrandes chéries. Mme Dr. Percy Hailey Martingale a apporté du vin de cassis qui avait été déposé dans sa cave il y a plus d'un an, et Beryl Mae Macomber a volé un litre d'eau-de-vie de cerise maison que sa tante avait gardée contre la maladie, et même Mme Judge. Ballard est intervenue avec un sirop de mûres fabriqué à partir de ses propres baies, bien qu'à l'origine destiné à la médecine.

Lon Price était depuis le début un bohème fiévreux, passant presque tous les jours pour parler de lui à Vernabelle et sortir de la coquille des conventions pour se lancer dans le rythme effréné de la vie, comme on l'appelait maintenant. Lon a toujours été plutôt léger, même après l'assèchement de l'État. Il dit à Vernabelle qu'il avait caché un précieux souvenir qu'il sacrifierait à la Bohême au dernier moment, composé d'une bouteille d'un litre de vieux seigle de première qualité. Et il allait lui céder un terrain à bâtir de choix à Price's Addition, juste à côté du site proposé pour la bibliothèque Carnegie, si Vernabelle y installait quelque chose de vif, à la manière d'un bungalow du Quartier Latin.

Lon a également ajouté Jeff Tuttle aux Bohémiens le jour où ce vieux crapaud cornu est descendu de son ranch. Après y être allé une fois, Jeff s'est dit bon sang s'il n'avait pas été bohème toute sa vie et n'avait jamais su ce qui n'allait pas chez lui. Vernabelle lui fit tout lui raconter instantanément. Elle disait qu'il était si coloré , si viril et si rouge, et elle savait que lorsqu'il se trouvait dans sa nature sauvage , il mettait des feuilles de vigne dans ses cheveux et marchait magnifiquement pieds nus. Elle a dit que ce n'était pas tant lui que son caractère inévitable. Elle avait dit cela aussi du cousin Egbert, mais elle disait maintenant de ce vieil idiot qu'il avait un pathétique sans nom qui lui touchait le cœur d'artiste. Il semblerait que le cousin Egbert ait fait plusieurs fois le tour du monde à la recherche de souffleurs de verre et ait été déçu.

Et il y avait chaque jour de nouveaux bohémiens. Otto Gashwiler , qui tient la comptabilité de la conserverie, et Hugo Jennings, employé de nuit de l'Hôtel Occidental, étaient désormais des personnalités du bon vieux Quartier Latin, passant leurs moments libres là où ils pouvaient s'évader, au lieu de jouer aux dés. au magasin de cigares Owl, comme avant. Et Oswald Cummings, de Elite Bootery, en était un autre. Oswald est un grand lummox blond qui chante du ténor dans la chorale presbytérienne et donne le cours biblique pour les jeunes hommes à l'École du sabbat. Vernabelle ne perdit pas de temps pour lui dire qu'il était, oh ! si franchement, une créature païenne, née pour de magnifiques péchés ; et Otto sembla y croire pendant quelques semaines, s'éloignant comme s'il essayait d'imaginer des péchés qui seraient splendides, mais si quelqu'un d'autre qu'un bohémien lui avait dit cela , il en serait mort. Cela vous montre à quel point Vernabelle était en emprise en arrivant sur Red Gap.

Ce fut certainement une saison de triomphe pour Metta Bigler, qui se cachait fièrement en arrière-plan en tant que manager. Cependant, la mère de Metta n'était pas aussi ravie que Metta. Elle m'a confié que Bohemians était un sale endroit à nettoyer, faisant pleuvoir de la cendre de cigarette sur tout ; et aussi c'était assez dur d'avoir élevé une enfant jusqu'à l'âge de Metta pour la voir devenir du jour au lendemain une accro de la cigarette, et avoir ces folles réjouissances avec du vin de groseille et d'autres substances intoxicantes – et Metta utilisait même un rouge à lèvres !

Et la mère de Metta n'était pas la seule en ville à regarder d'un mauvais œil ces agissements bohèmes. Il y en avait qui se tenaient à l'écart dès le début et qui donnaient leurs amères raisons à chaque occasion. C'était l'élément ultra-conservateur du North Side, et ce qu'ils disaient du nouveau Quartier Latin était abondant. Ils disaient que c'était surtout un prétexte pour des orgies ivres dans lesquelles tout sentiment de décence était mis de côté, sans parler des cigarettes fumées effrontément par de soi-disant dames. Ils ont dit que parler ici de s'éloigner de tout signifiait la ruine de la maison sur laquelle toute civilisation durable devait être construite ; et quant aux épouses et aux mères qui se promènent sans bas, voyez ce qui est arrivé à la fière Rome ! Et il était temps que quelque chose soit fait pour endiguer cette vague de corruption.

Mme Cora Wales et Mme Tracy Bangs, présidente et vice-présidente de notre ligue antitabac, étaient à la tête de ce mouvement et ont envoyé une longue plainte à la chambre de commerce, appelant à une action immédiate, sinon une tache infecte serait éclaboussée. le beau nom de notre ville, sans parler des maisons détruites. Ils ont été habilement soutenus dans cette démarche par un comité de la ligue de pureté civique.

Et bien sûr , cela ajoutait aux attraits du Quartier Latin, donnant à chaque bohème un nouveau frisson. Vernabelle a dit que c'était de l'histoire ancienne ; que depuis des temps immémoriaux, ces petits groupes d'esprits d'élite qui faisaient des choses avaient été méprisés et persécutés, mais que tout vrai bohème riait légèrement et poursuivait sa voie insouciante, indépendamment du Philistin. Et ainsi de suite, venimeux des deux côtés, mais avec Vernabelle tenant le pont. Elle avait apporté des nouveautés en ville et bénéficiait d'une bonne majorité ouvrière en sa faveur .

Un jour, au centre-ville, j'ai rencontré Metta à l'épicerie Red Front, en train d'acheter des olives et des sardines avec enthousiasme. Je suppose que c'est pour une de ses orgies indescriptibles, mais elle me dit que c'est quelque chose de spécial et que je dois être sûr de venir.

"Chère Vernabelle ", dit-elle, "a consenti à donner un cycle de soirées de représentations dansées pour seulement quelques-uns des esprits les plus choisis. Je sais qu'il y a eu des discussions épouvantables à propos de notre petit groupe, mais ce sera un moment stupéfiant et vous êtes large d'esprit, alors venez.

Je voyais Vernabelle consentir, presque maussade ; mais il semblait que cela pourrait être assez désordonné, alors je dis que je viendrai si elle promet de laisser au moins une fenêtre en haut, je n'ai pas de masque à gaz.

Metta réfléchit une minute, puis dit qu'elle suppose qu'elle peut laisser une fenêtre baissée ; pas grand-chose, à cause de la nature du costume de danse de Vernabelle . Je dis que si telle est la nature de son costume, je viendrai quand même et je risquerai d'être gazé. Metta me gronde gravement. Elle dit que le costume convient parfaitement à l'œil de l'artiste, étant une petite chose chérie des premiers Grecs ; construit sur des lignes simples qui suivent la figure, il est vrai, mais suggèrent plutôt que révèlent, et si les premiers Grecs n'y voyaient aucun mal, pourquoi devrions-nous le faire ? Je lui dis de n'en rien dire, mais de me réserver une place au bord du ring, quoique près d'une fenêtre si l'on peut en ouvrir une ; disons, autant que les premiers Grecs l'auraient fait à une telle époque, à cause des bâtons punk.

Et bien sûr, je ne le manquerais pas. J'y suis à huit heures trente et je trouve un bon groupe d'habitants du Quartier Latin déjà rassemblés et pleins d'émotions contenues. Les bâtons punk, bien sûr, ont le vent en poupe. Vernabelle en kimono rose dit qu'ils créent une atmosphère ; c'est la seule blague que je l'ai jamais entendue faire, si elle savait que c'en était une. Les bohémiens Lon Price et Jeff Tuttle sont suspendus au-dessus du bol à punch dans lequel quelque chose d'illégal a été versé. Jeff appelle Vernabelle petite femme et lui dit que si le pire devait arriver, ils pourraient essayer d'être bohémiens dans le cadre d'un mélange que ses hommes ont imaginé au ranch pour une célébration du Nouvel An. Il dit qu'ils ont pris une caisse entière d'extrait de vanille et l'ont mélangé avec une douzaine de boîtes de lait concentré, la vanille ayant un effet surprenant et leur donnant à tous l'impression d'être au bon vieux temps le lendemain matin.

Vernabelle dit qu'il lui rappelle une créature indomptée des grands espaces, un monstre forestier des vallons, et Jeff dit que c'est exactement ce qu'il ressent. Il va lui en dire un peu plus sur ce qu'il ressent, mais Vernabelle salue maintenant Oswald Cummings, le païen des péchés splendides, de l'Elite Bootery. Elle dit à Oswald qu'il y a une froide cruauté dans les traits de son visage qui lui rappelle l'empereur Néron.

Finalement une vingtaine d'esprits de choix qui faisaient des choses étaient rassemblés pour cette heure dans la pénombre, alors tout le monde s'est assis sur les chaises et le canapé et le sol, laissant un espace libre à Vernabelle ; et le professeur Gluckstein , notre professeur de musique, pose sa pipe en écume de mer et se dirige vers le piano et joue un morceau doux. Le prof est allemand, mais pas pro-allemand, et il joue très bien à l'ancienne, avec ses mains. Puis, lorsque tous les camarades se sont installés et que leurs cigarettes ont été allumées, le prof a dérivé dans quelque chose d'assez lugubre et Vernabelle est apparue de derrière un paravent sans son kimono.

Les premiers Grecs devaient être forts en matière de bijoux d'art . Vernabelle claquait à chaque pas avec des bracelets, des bracelets de cheville et des colliers. Elle avait un rubis inestimable pesant une demi-livre attaché au milieu de son front osseux. Son costume était pailleté, mais il n'en avait pas fallu beaucoup. Les premiers Grecs ne pouvaient pas être très habillés. Si

Vernabelle avait été ma fille, j'aurais pu lui donner ce qu'elle méritait presque sans problème. Le costume, comme Metta l'avait dit, non seulement suivait les lignes de la silhouette, dans la mesure où il allait quelque part, mais il suggérait et révélait presque que Vernabelle avait été mal assemblée. Les bohémiens ont eu le souffle coupé et frissonné, tous sauf Jeff Tuttle, qui a applaudi bruyamment. Ils semblaient avoir l'impression que Vernabelle s'éloignait effectivement de tout.

Puis sont venus ces représentations de cycles de danse. Le premier n'était pas beaucoup de danse ; il s'agissait principalement de mouvements lents et serpentins avec les bras et d'autres choses, et il s'agissait de représenter une mère cobra pleurant son premier-né. Du moins c'est ainsi que je l'ai compris. Un autre s'appelait "The Striving Soul", auquel le professeur jouait quelque chose de plus vivant. Vernabelle tournait en rond, levant les pieds bien haut. Il me semblait qu'elle montait un escalier en colimaçon qui n'existait pas. Ensuite, elle était un faon traqué dans une forêt sombre et a finalement été touchée au cœur par un chasseur cruel – qui était probablement myope. Et dans le dernier, c'était une paysanne russe qui s'est fait mijoter avec de la vodka à la foire régionale russe. C'était le meilleur. On ne pouvait pas la voir aussi bien quand elle bougeait vite.

Bien sûr, il y a eu de chaleureux applaudissements une fois tout terminé, et bientôt Vernabelle est ressortie dans son kimono. Elle était haletante comme un chien paniqué lorsque les camarades se sont rassemblés pour lui dire à quel point elle avait été merveilleuse.

"Cette musique me déchire", dit Vernabelle en posant ses mains sur sa poitrine pour montrer où elle se déchirait. "Ce dernier morceau russe exaspérant, ça me laisse comme un lys mou!" Elle a donc été conduite au bol à punch par les camarades Price et Tuttle, tandis que les autres la poussaient et lui allumaient des cigarettes.

Il fut convenu que la soirée avait été un triomphe pour l'art de Vernabelle . Presque tous les bohémiens présents, semblait-il, avaient été soit déchirés, soit rendus fous par ce dernier morceau russe.

Vernabelle ne tarda pas à dire que si elle avait un message à nous transmettre, c'était bien celui sacré de la beauté. Jeff Tuttle dit : "Vous avez certainement réussi, petite femme !" Vernabelle dit, oh, peut-être, à sa manière pauvre et faible – elle était alors un lys mou devant le piano – mais l'art est un maître terrible à servir, qui exige tout. Le camarade Price dit que pourrait-elle donner de plus que ce qu'elle a ce soir. Et puis, première chose que je sais, ils parlent tous d'un théâtre intimiste.

C'était une autre partie du message de Vernabelle . Il semble que les théâtres intimistes font fureur à New York, et la grange Bigler est l'endroit idéal pour en avoir un. Vernabelle dit qu'ils utiliseront la grande partie où se trouvait le foin, peindront leurs propres décors, joueront leurs propres pièces et trouver ainsi un formidable moyen d'expression de soi, comme le font les gens de la vraie classe dans les grandes villes.

Tout le monde en est fou en une minute et dit à quel point ce sera bohème suranné et joyeux. La grange Bigler est l'endroit idéal, sans cheval depuis que Metta a acheté l'une des voitures les plus vendues jamais sorties du Michigan, et Vernabelle dit qu'elle a écrit quelques petites pièces en un acte époustouflantes, trop puissantes pour le grand. des théâtres parce qu'ils vont droit au cœur de la vie, et ce sera une source d'inspiration et d'élévation pour la communauté, dont toutes les personnes présentes peuvent être fières. Lon Price dit qu'il fournira gratuitement un bon rideau, peint avec une villa de neuf pièces de choix avec juste une ligne mentionnant l'ajout de Price à Red Gap, Big Lots, Little Payments. Et il est très blessé lorsque Vernabelle lui dit non, qu'ils doivent rester complètement à l'écart de la vase du commercialisme. Je ne pense pas que Lon ait jamais ressenti la même chose envers Vernabelle – en appelant ainsi ses affaires.

Cependant, la fête s'est terminée pleine de projets pour le nouveau théâtre intimiste, laissant un bol de punch vide et un million de mégots de cigarettes.

Et c'est justement ici que l'opposition philistine tressait des plumes dans ses cheveux et exécutait une danse de guerre. Les membres du petit groupe qui faisait les choses parlèrent librement le lendemain de l'art de Vernabelle dans la danse et de son premier costume grec, prenant un plaisir mesquin à l'horreur qu'ils inspiraient parmi les piliers de l'église et la ligue de pureté civique. Il est probable que, dans leur goût artistique, ils aient doté Vernabelle d'encore moins de vêtements qu'elle n'en avait portés . En tout cas, ils laissaient beaucoup de choses à déduire, et cela a été rapidement déduit.

L'opposition a maintenant déclaré que ce n'était pas le travail d'une chambre de commerce ; c'était devenu une affaire simple pour la police. La ligue de pureté civique a tenu une réunion spéciale au cours de laquelle le caractère moral de Vernabelle a été pelé , et le sabbat suivant, l'un des ministres a donné un sermon brûlant dans lequel le sort de Babylone et de quelques autres centres de résidence indésirables mentionnés dans la Bible a été évoqué. dehors. Il disait que la soi-disant Bohème était la porte d'entrée vers l'enfer. Il n'a jamais mâché ses mots, pas une seule fois.

Et le Quartier Latin a subi de nouveaux assauts de choc lorsque la rumeur d'un théâtre intimiste dans la grange Bigler a éclaté. Le théâtre ordinaire était déjà assez mauvais, disait la ligue de pureté civique ; en fait, ils avaient lancé une campagne contre cela le mois précédent, juste après un engagement d'une nuit de la Jolly Paris Divorcees Burlesque Company, qui, d'après ce que j'avais compris, n'avait pas respecté les normes les plus élevées de l'art dramatique.

Et si la ville voulait quelque chose de plus intime que ce que ce spectacle avait offert, eh bien, il était temps d'agir drastiquement si l'on voulait sauver une vie de famille saine du naufrage.

L'émotion était vive, je tiens à vous le dire, et quelques-uns des plus jeunes ont quitté les rangs de la bonne vieille Bohême – ou ont été arrachés. Le père de Luella Stultz, qui est démodé, disait-on, avait donné une bonne lèche à Luella pour avoir fumé des cigarettes, et le vieux Jesse Himebaugh avait menacé sa fille Gussie de l'école de réforme si elle n'arrêtait pas d'essayer de s'éloigner de tout cela. . Même la tante de Beryl Mae a mis le pied à terre. Beryl Mae m'a rencontré un jour à la poste et m'a dit que sa tante ne la laisserait plus être bohème, après avoir menacé de lui retirer son nouveau ukulélé si elle allait encore une fois dans ce Quartier Latin ; et la pauvre Beryl Mae ayant espéré faire une danse hawaïenne en costume indigène pour le théâtre intimiste, où cela ne serait pas mal compris !

Les choses étaient dans cet état, avec de l'amertume de tous côtés et de vieux amis qui ne parlaient pas, et l'opposition croisant les bohémiens dans la rue avec un froncement de dégoût moral, et personne ne savait comment tout cela finirait, quand j'apprends que Cora Wales a une nièce qui vient de New York pour lui rendre visite, une Miss Smith. Je me dis : "Mes terres ! Voici une autre Miss Smith de New York alors qu'il me semble que celle que nous avons nous donne plein de trucs de grande ligue." Mais je rencontre Cora Wales et j'apprends que le prénom de celle-ci est Dulcie, ce qui, encore une fois, semble faire une différence.

Cora dit que cette nièce de Dulcie est l'une des leaders de la société new-yorkaise et elle est désolée de l'avoir invitée, car quel genre de ville est-ce pour présenter une jeune fille pure qui n'a jamais fumé ni bu de sa vie et dont les habitants appartiennent à l'un des les églises les plus exclusives de la ville. Elle avait espéré faire passer un bon moment à Dulcie, mais comment peut-elle se salir avec l'un de nos jeunes qui se sont mis à la bohème ? Fraîchement sortie de ses triomphes sociaux à New York, où ses parents vivent dans l'un des immeubles les plus en vogue de Columbus Avenue, en plein centre de l'animation et à côté du chemin de fer surélevé, elle sera horrifiée d'arriver dans une ville où la société semble être principalement constituée d'un petit groupe de personnes qui font des choses qu'elles n'auraient pas dû faire.

Dulcie est une fille chère et très raffinée, tout ce qu'elle porte est brodé à la main, et cela aurait été une bonne occasion pour Red Gap de faire la connaissance d'une jeune fille du monde de la bonne espèce, mais avec ce scandale qui déchire la ville, ça a l'air comme si la visite serait un échec pour toutes les parties.

Je dis à Cora, au contraire, que cela semble être une bonne occasion de rappeler à la ville son meilleur état. Si Dulcie est tout ce qu'on réclame pour elle , elle pourra très probablement démolir le Quartier Latin et nous faire mener tous une vie de société correcte en un rien de temps, parce que le public est inconstant et toujours prêt pour de nouvelles choses, et en fait, je Je soupçonne que le Quartier Latin est en mauvais état parce que tout ce qui est illégal dans la ville a été bu par les camarades. Moi? J'essayais de redonner un peu de vie au combat, comprenez, ayant peur qu'il meure naturellement et nous laisse dans un hiver maussade.

Les yeux de Cora s'illuminèrent d'un grand espoir et elle se rendit au bureau du Recorder pour qu'un article soit publié dans le journal sur la venue de Dulcie. C'était une pièce grandiose, avec Cora qui donnait les points et Edgar Tomlinson qui l'écrivait. Il disait qu'une des belles filles de Gotham hivernerait parmi nous, et qu'elle était une dirigeante éminente de la société et un ornement de l'ensemble de chasse rapide , connue pour son esprit, sa beauté et ses costumes éblouissants, et qu'une série d'affaires brillantes était planifiée. en son honneur par son hôtesse et tante, Mme Leonard Wales, éminente matrone de la société de Red Gap et représentante de tout ce qu'il y avait de mieux dans notre communauté, qui se divertirait longuement dans sa nouvelle et attrayante maison de Price's Addition. Et ainsi de suite.

Je dois dire que cela a suscité un regain d'intérêt parmi les jeunes danseurs, et plus d'un a commencé à se demander s'ils resteraient fidèles à la Bohême ou se replongeraient dans la société, où les bas sont couramment portés et où ils fument. du tout est faufilé à la hâte sur le porche ou dans la salle de bain.

D'après la description de Cora, j'étais prêt à trouver Dulcie une grande et majestueuse créature de vingt-huit ans, plutôt blasée et hagarde à cause de ses devoirs sociaux à New York. Mais ce n'est pas le cas. Pas du tout. Cora a reçu des invitations pour un thé le lendemain de l'arrivée de Dulcie ; invitations, c'est-à-dire aux non-Bohémiens et à ceux qui s'étaient réformés ou en donnaient de bons signes. Je ne sais pas sous quelle tête je me suis mis. Et cette nièce de Dulcie n'était rien d'autre qu'un petit, gros et blond enfant de dix-sept ou dix-huit ans qui n'avait jamais dirigé aucune société. Vous pourriez le dire très vite.

Elle était en train de manger rapidement des sandwichs au fromage à la crème quand je lui ai été présentée. Je savais d'un seul regard que la société n'avait jamais dérangé Dulcie. Les provisions étaient sa malédiction. Dans le secteur du bétail, ce n'est pas monter des chevaux irrespectueux qui rapporte beaucoup d'argent ; c'est être capable de deviner des poids. Et si Dulcie a pris moins de cent quatre-vingts kilos, alors toutes mes années d'entraînement n'ont servi à rien. Elle était certainement de grande taille et abordait l'hiver en force. Entre deux bouchées de sandwich, avec une guimauve de temps en temps, elle disait qu'elle était tout simplement folle de guerre, ayant pour filleul le plus beau jeune soldat français et lui envoyant constamment des colis de nourriture et de cigarettes, ainsi qu'à toutes les filles de son groupe. j'en avais un, et n'était-ce pas une idée très mignonne.

Et son soldat n'avait que vingt-deux ans, même si sa barbe lui donnait un air plus mature, et il écrivait des lettres tellement élégantes, mais elle ne pensait pas qu'il y aurait jamais quoi que ce soit entre eux parce que papa était trop occupé avec son parc à charbon pour l'emmener. là-bas.

Pendant que la jeune fille bavardait, il ne me semblait pas que notre Quartier Latin courait le moindre danger à cause d'elle. Pourtant, certaines des filles présentes semblaient assez impressionnées ou découragées par ses manières. Une idée qu'elle donne maintenant était nouvelle à Red Gap. Toutes ses bagues portaient des noms d'après les repas. Elle avait une bague pour le petit-déjeuner, une bague pour le dîner, une bague pour le dîner et une bague pour le banquet, et Daisy Estelle Maybury admirait le collier qu'elle portait, et Dulcie disait que c'était un simple collier de voyage ; et comment ont-ils apprécié cette jolie petite robe de restaurant qu'elle portait ? Une petite couturière d'Amsterdam Avenue l'avait révélé. Apparemment, toutes les parties avec lesquelles elle avait affaire étaient petites. Elle avait une petite couturière et une petite coiffeuse, une petite manucure et une petite fleuriste, et ainsi de suite. Elle avait déjà mangé cinq sandwichs au fromage à la crème, même si c'était assez pénible pour elle de ramasser une serviette tombée. Dulcie ne s'est pas bien repliée. On pouvait dire que c'était une fille qui n'avait jamais essayé de s'éloigner de tout. Elle voulait être exactement là où elle se trouvait.

Bientôt, l'une des filles parla des bohémiens du Quartier Latin, probablement dans le but de montrer à ce bavard new-yorkais que Red Gap n'était pas si loin à l'ouest qu'il y paraissait. Mais Dulcie leur a fait rire . Elle a dit, oh mon Dieu, la société new-yorkaise avait tout simplement arrêté d'accepter les bohémiens, cela n'était plus considéré comme intelligent, et les avons-nous vraiment acceptés ici ? Les filles reculèrent. Et Dulcie continuait à être supérieure. Elle a dit que bien sûr, les gens du monde formaient de temps en temps une fête et descendaient à Washington Square pour les examiner, mais quant à les emmener, oh, mon Dieu, non ! C'était plutôt une soirée bidonville. On pouvait les regarder, mais on ne les connaissait tout simplement pas.

Et peut-être que si elle pouvait demander à tante Cora de les chaperonner, ils pourraient organiser un de ces soirées slumming et se rendre au Quartier Latin de Red Gap ; ça pourrait être amusant. Cora Wales brillait à cela. Elle a dit qu'elle supposait que les gens pouvaient désormais comprendre à quel point de tels événements étaient perçus par la société au vrai sens du terme. Et cela a donné un frisson aux filles, qualifiant la maison Bigler de bidonville. Mais je n'ai toujours pas vu quoi que ce soit chez Dulcie pour vaincre Vernabelle .

Et je ne l'ai pas vu une minute plus tard lorsque Dulcie a englouti sa dixième guimauve et s'est mise à pratiquer les sports d'hiver. Elle a d'abord dit quelle neige parfaitement chérie nous avions ici. Cela a provoqué un certain étonnement, personne présent n'ayant jamais considéré la neige comme un trésor, mais simplement comme quelque chose à pelleter ou à patauger. Alors Dulcie a sorti un morceau de gâteau au chocolat gluant et a continué à parler. Elle a dit que tout le monde à New York sortait dehors, et pourquoi ne le faisions-nous pas. C'était dommage de ne pas s'y lancer, avec toute cette neige parfaitement belle. Les New-Yorkais ont dû quitter la ville pour leurs sports d'hiver, car la neige n'était pas bonne pour le sport après être tombée là-bas ; mais ici, c'était à portée de main, et voulions-nous dire que nous n'avions pas organisé de club de sports d'hiver.

Personne ne parlait, car personne ne pouvait deviner ce que vous aviez fait pour sortir correctement. Tout ce à quoi ils pouvaient penser, c'était se précipiter pour chercher un autre morceau pour la cheminée ou rapporter un seau de charbon de la cave. Mais ils ont vite eu l'idée. Dulcie a dit que depuis cette fenêtre, elle pouvait voir une colline bouchée pour un toboggan, et que ce serait parfaitement chéri d'être là-bas avec beaucoup de café chaud et de sandwichs ; et il doit y avoir des sorties pêche pour des soirées en raquettes avec des sandwichs et du café à la fin ; ou patiner au clair de lune avec un grand feu de joie, un café et des sandwichs.

Elle a suggéré d'autres choses avec du café et des sandwichs et a finalement manifesté un réel enthousiasme lorsqu'elle a déclaré qu'elle avait emporté avec elle certains des vêtements de sport les plus chers . Les filles étaient assez excitées lorsqu'elles ont découvert qu'il fallait s'habiller spécialement pour cela. Ils étaient prêts à écouter n'importe quoi de ce genre si la société new-yorkaise en était vraiment folle, même si cela était en contradiction avec des habitudes de toute une vie – personne à Red Gap, sauf les petits garçons ayant déjà glissé dans une descente.

Et je ne soupçonnais toujours pas que Dulcie allait s'effondrer. Vernabelle . Il semblait que le Quartier Latin aurait encore le meilleur, du moins pendant un hiver froid. Ce qui montre qu'on ne peut pas dire pourquoi la société va devenir folle, même à Red Gap, quand on peut s'habiller pour cela.

Les filles avaient une conversation sur Dulcie et étaient vraiment impressionnées par elle, puis lors d'une soirée au domicile du Pays de Galles, les danseurs ont eu leur chance. Même certains Bohémiens ont été autorisés à venir, juste pour leur faire comprendre qu'il y avait effectivement une vie meilleure ; et les rapports sur Dulcie étaient tels que tous en profitèrent. Le sexe masculin était tout de suite fort pour la fille. Elle ne savait pas que la vie est tout sauf sélective, ni que tous les arts complètent l'appréciation du beau, ni que toute chose est « en manière d'être » quelque chose. Mais toute la nourriture qu'elle prenait ne la rendait pas engourdie ; elle riait facilement et avait des yeux comme des raisins de serre, et malgré sa grosseur, il y avait en elle quelque chose, comme le cousin Egbert disait de Vernabelle . Quoi qu'il en soit, elle a pris le dessus. Oswald Cummings, le païen, pour sa part, a rapidement contourné son destin de péchés splendides, et Hugo Jennings a dit à Dulcie qu'il était simplement allé dans ce Quartier Latin comme il irait à une exposition d'animaux, sans jamais avoir eu l'intention un seul instant d'emmener des bohémiens. pas plus que la société new-yorkaise ne le ferait.

Dès que j'entends, le club de sports d'hiver a été organisé, des raquettes ont été envoyées, quelques toboggans et un toboggan d'un demi-mile de long aménagé à Price's Addition, commençant au sommet de la plus haute colline, où se trouve la grande planche de Lon. Le panneau avec le bungalow peint faisait un beau pare-brise et traversait des terrains à bâtir très choisis jusqu'au pied du niveau, où il s'arrêtait sur le site proposé de la bibliothèque Carnegie. Lon était lui-même très passionné par ce sport après avoir rencontré Dulcie et avait laissé un feu s'allumer près de son enseigne qui l'a brûlé une nuit, mais il a dit que c'était une bonne publicité, plus que ce qu'il avait jamais obtenu en étant bohème.

Bien sûr, il y avait beaucoup de bruit au sujet de l' équipement sportif approprié , mais tout le monde était équipé au moment où les toboggans sont arrivés. Dulcie était d'une grande aide dans ce domaine et se rendait chaque jour en ville pour conseiller l'un ou l'autre sur les pulls appropriés, les manteaux couvertures, les casquettes à pompons, ou ces bottes à grands yeux. Vous la rencontreriez dans un magasin avec Stella Ballard, en train de manger dans un sac de chips ; et une demi-heure plus tard, elle se retrouvait dans un autre magasin avec Daisy Estelle Maybury, en train de grignoter une boîte de gaufrettes au gingembre ; avec toujours un dernier arrêt à la cuisine Bon Ton Kandy pour un sac de quelque chose pour garder la vie en elle sur le chemin du retour. Il devait y avoir tellement d'engouement pour les sports d'hiver qu'on n'entendait presque plus parler du Quartier Latin. Les gens ont recommencé à se parler.

Le jour de l'ouverture du club de sport , vous n'auriez pas cru que quelqu'un en ville ait jamais essayé de s'évader. Même ceux qui pensaient que c'était fou sont venus se lever et l'ont dit. Le cousin Egbert Floud disait que cette Dulcie était une espèce de moineau, mais folle, qui sortait ainsi dans le froid quand rien ne la faisait sortir. Dulcie a eu un grand succès auprès du club cette première journée, ayant le bon équipement canadien et étant totalement intrépide en présence d'un toboggan. Elle filait jusqu'au fond, revenait en trombe, tirait sur tous les six, prenait un sandwich — car pas un morceau de nourriture n'avait passé ses lèvres depuis qu'elle était descendue la fois précédente — et recommençait. Et tous les ex-Bohémiens, même Edgar Tomlinson, se battent pour avoir la chance de la sauver de la mort par la faim

! Dulcie n'a joué aucun favori , étant fascinée par eux tous. Elle a dit qu'ils étaient les gentlemen amis les plus chers qu'elle ait jamais eu. La façon dont ils se battaient pour ses faveurs , elle aurait pu les appeler sa frénésie de gentleman. Ne suis- je pas le vieux fou odieux qui pense à des blagues comme celle-là ?

Le lendemain, il y avait une randonnée en raquettes jusqu'à la source de Stender et retour via le camp d'attache. Dulcie n'avait jamais fait de raquettes et ce n'était pas une mince affaire lorsque ses chaussures la jetaient à terre - ce qui nécessitait environ trois des garçons les plus costauds pour la renverser - mais elle était prête et les garçons étaient joueurs et elle commença bientôt à enseigner les raquettes. comment prendre une blague. Et c'est à partir de là que les sports d'hiver ont régné à Red Gap. La chambre de commerce a même parlé de construire un palais de glace l'année prochaine, d'organiser un carnaval et de faire paraître le nom de la ville dans les journaux. Oh, il a certainement dû y avoir beaucoup de neige là-bas cet hiver-là. Rien de pareil ne lui était jamais arrivé auparavant.

Et tout cela se faisait avec rien de plus fort que du café, avec à peine une cigarette et jamais rien qui ressemblait à un bâton de punk dans une pièce fermée. C'était certainement beaucoup plus sain qu'un Quartier Latin pour ces jeunes, et pour les vieux aussi. Dulcie avait certainement mis un gros coup à la Bohême, même si on ne pouvait pas à juste titre la qualifier de géante intellectuelle.

Et Vernabelle savait aussi à qui s'en prendre lorsque le petit groupe cessa de revenir pour s'évader. Elle savait que c'était Dulcie. Elle a dit que Dulcie semblait être un papillon de société choyé qui consacrait toutes ses pensées à s'habiller. Cela fut répété à Dulcie par une ancienne bohème, mais elle n'y trouva aucun poison. Elle a dit bien sûr qu'elle consacrait toutes ses pensées à s'habiller ; qu'une jeune fille avec sa silhouette devait le faire si elle espérait arriver quelque part dans le monde.

Même l'ex-camarade Lon Price fermait désormais son bureau à seize heures tous les jours et montait un peu sur la colline et dehors, au lieu de s'éloigner de tout dans une ambiance bohème et enfumée. En outre, il avait eu une divergence d'opinion avec Vernabelle au sujet de l'affiche qu'elle faisait pour lui, celle-ci ressemblant davantage à une publicité pour un bon savon de bain, disait-il, qu'à des emplacements de villas de choix.

"Je ne connais rien à l'art", dit Lon, "mais je sais ce que ma femme aime." Ce qui a laissé Vernabelle avec un autre projet entre les mains et a fait sortir le camarade Price de Bohême.

Même si les sports d'hiver de Dulcie n'avaient pas fait l' affaire , j'imagine que cela aurait été facile grâce à son rapport selon lequel les bohémiens n'étaient plus considérés comme intelligents à New York, Red Gap étant extrêmement sensible à ce genre de questions. La mère de Metta Bigler a fermement éteint la pénombre en Bohême lorsqu'elle a entendu parler de cette conversation de Dulcie. Je ne lui en veux pas. Elle n'aimait pas du tout que sa maison soignée soit qualifiée de bidonville, sans parler du fait d'avoir son unique enfant utilisant un rouge à lèvres et se comportant comme une femme abandonnée avec des cigarettes et une coupe de vin.

C'est exactement ce qu'elle m'a dit, la mère de Metta l'a fait. Elle a dit qu'elle avait entendu dire que New York était entièrement divisé en groupes sociaux, de la même manière que Red Gap, et que si les bohémiens n'étaient pas capturés par les meilleurs éléments de New York, alors ils ne devraient pas être pris par les autres. une meilleure partie de Red Gap – du moins pas dans une maison dont l'acte de propriété était encore à son nom. Elle a dit que bien sûr, elle ne pouvait pas empêcher l'invité de Metta d'être bohème, mais qu'elle devrait l'être seule. Elle n'allait pas avoir une foule entière qui viendrait chaque jour et serait bohème partout, ce qui serait non seulement désordonné mais répugnant à la fois à la bonne moralité et à l'illumination chrétienne. Et cela a réglé le problème. Notre ville était en sécurité pour un hiver de plus. Bien sûr, Dieu seul sait ce que quelqu'un pourra commencer l'hiver prochain. Nous sommes loin des choses, mais nullement en sécurité.

Le cousin Egbert était un peu désolé pour Vernabelle . Il a dit que si elle s'était contentée de souffler du verre ordinaire , elle s'en sortirait peut-être. C'est un prodige, cet homme, aussi enseignable qu'un lanceur de boules de granit.

Mon Godfrey ! Dix heures trente, et je dois commencer le sport printanier du curage des fossés demain matin à sept heures ! Je n'apprendrai jamais !

IV

VENDETTA

Près de la lampe du soir dans le salon Arrowhead , j'ai fait ma part, pour le moment, en tendant un écheveau de laine grise pour que Ma Pettengill l'enroule. Pendant que cette mesure de guerre mineure se poursuivait, le courrier du jour arrivait. D'un sac en toile, Lew Wee a renversé des lettres et des papiers sur la table. Sur quoi le fil fut déposé tandis que Ma Pettengill mélangeait les lettres avec impatience. Elle crut devoir atténuer cet empressement. Elle a dit que si les gens vivaient éternellement, ils seraient encore bêtement excités par leur courrier ; alors que tout le monde savait bien qu'il n'y était jamais rien d'important. Pour le prouver , elle esquisse un résumé rapide et sans intérêt des six lettres non ouvertes qu'elle détenait.

L'un d'eux, concéda-t-elle, pourrait valoir la peine d'être lu ; et cela, elle l'a mis de côté. Sur les cinq autres, elle en devina correctement le contenu. Sur le cinquième, elle remarqua qu'il s'agirait d'un pauvre dub irresponsable ayant une famille nombreuse et qui lui devait trois cents dollars depuis neuf ans. Elle a dit que cela raconterait une nouvelle histoire de malchance pour le non-paiement d'une note due pour la huitième fois. Ici, elle avait tort. La lettre contenait un billet parfaitement neuf de quatre cent cinquante dollars ; et Mme Pettengill enverrait-elle les cent cinquante dollars supplémentaires qui permettraient au débiteur de se remettre sur pied et de payer toutes ses dettes, car il avait devant lui une bonne saison d'achat de porcs !

"Je me suis trompé", a admis la dame. "J'ai certainement fait une injustice à ce petit homme, ne soupçonnant pas qu'il pouvait imaginer quelque chose de nouveau après neuf ans." D'un air sombre, elle scanna la nouvelle note. "Aussi bon qu'un traité avec l'Allemagne !" elle murmura et le jeta de côté, même si je savais que l'ancien billet et le nouveau cent cinquante partiraient le lendemain ; car elle avait encore parlé de la nombreuse famille du débiteur. Elle a dit que c'était merveilleux de voir à quel point les sans-shift sont de bons éleveurs.

" Mais n'ai- je pas raison à propos de la façon stupide dont les gens s'en prennent à leur courrier ?" » a-t-elle demandé. " Vous pourriez penser qu'ils deviendraient sages après des années et des années de duperie ; mais... non, monsieur ! Emmenez-moi après-demain, quand le prochain courrier arrivera. Je tomberai là-dessus comme je suis tombé là-dessus, avec " Toutes mes vieilles illusions sont intactes. Il semble y avoir beaucoup de nature humaine chez la plupart d'entre nous. "

Puis elle ouvrit la lettre peut-être intéressante qui avait été mise de côté. L'enveloppe, au moins, était intéressante, car elle portait le cachet d'un censeur militaire pour l'expédition américaine en France.

"Tu te souviens de Squat Tyler, ce long perforateur de vaches qui travaillait pour moi la dernière fois que tu étais ici ?"

Je me souvenais de Squat, qui était en effet un long chasseur de vaches – assez longtemps pour être également connu de ses intimes sous le nom de Timberline.

"Eh bien, Squat est là-bas, dans les tranchées, contribuant à faire du monde un endroit agréable à vivre. C'est aussi un bon tireur."

La dame lut vivement la lettre pour elle-même ; puis m'en a régalé des morceaux.

"La vie ici est très belle", lit-elle. "C'est tout ce qu'il dit, au début : 'La vie ici est très.' Je devrais juger que c'est peut-être cela d'après ce que j'ai lu dans les journaux. Ou peut-être qu'il ne pouvait pas penser au mot. Voyons ! Quoi d'autre ? Oh, oui, à propos de creuser. Il dit qu'il n'a pas pris l'habitude de creuser. d'abord, n'y étant pas allé dans un but commun, mais un jour on lui a dit de creuser, et pendant qu'il réfléchissait à quelque chose à dire, un million de coups de feu ont commencé à partir, alors il a creusé sans dire un mot. il a creusé. Il dit : « Si un blaireau avait été là, il aurait été sur mon chemin. » Je parie ! Squat n'aimerait pas se faire tirer dessus très sérieusement. Et ensuite ? Ici, il dit que je n'imaginerais pas à quel point cette équipe américaine est une grande entreprise ; il dit que c'est la plus grande entreprise pour laquelle il ait jamais travaillé... pas même à l'exception de Miller et Lux. Et ensuite ? Oh, oui ; ici, il parle de s'en procurer un.

"'La nuit dernière, j'ai capturé un gros ennemi ; vous savez, un Heinie. Il faisait aussi sombre qu'une grotte, mais j'en ai entendu un fouiner près. Je dis à mon partenaire que j'entends sans arrêt un fouiner près ; et il dit : oublie ça, parce que ma ruche pullule ou quelque chose du genre ; et je dis non ; je vais aller là-bas et agresser cet Allemand. Alors je me suis faufilé par-dessus la rive et à travers notre clôture en barbelés que tout le monde met ici, et je suis sorti un peu plus loin jusqu'à l'endroit où j'avais entendu un fouiner ; et, bien sûr, qu'en pensez-vous ? Il m'a vu le premier et m'a fait tomber mon arme des mains avec la crosse de la sienne. Cela m'a mis en colère, parce que c'est une arme neuve et j'en prends bien soin. " Et , d' abord , il a passé son doigt dans mon œil droit, jusqu'à la jointure que j'avais ressentie; alors je n'ai pas dit un mot, mais j'ai tiré Il est parti rapidement et a atterri violemment sur le côté de sa mâchoire et l'a laissé tomber juste comme ça. C'était une pêche que je lui ai tendue et il s'est effondré comme un sac de bouillie. Je suis ici pour vous dire que ce n'était qu'un seul coup de poing, cependant un dandy

; mais il avait essayé de déclencher une bagarre, donc c'était de sa faute. Alors j'ai pris toutes ses armes et quand il a repris vie, je lui ai donné plusieurs coups de pied et je l'ai fait aller dans les tranchées américaines. Il ne s'est avéré pas grand-chose — seulement un accordeur de piano de Milwaukee ; et j'aurais aimé que ce soit un général que j'ai surpris en train de fouiner. Je l'ai certainement agressé à plusieurs reprises, d'accord. Un seul coup de poing et je l'ai mis hors de contrôle. Ha! Ha! La vie ici est très différente.

" Là, c'est sûrement ce qu'il a essayé de dire au début : 'La vie ici est très différente.' Je devrais penser qu'il le trouverait ainsi, étant donné que le seul danger que ce garçon ait jamais couru ici était la maladie du sommeil.

Sur ce, la dame ôta l'emballage d'un journal commercial et parcourut certaines cotations boursières. Ils lui plaisaient peu. Elle a dit qu'il était vraiment étrange que la guerre fasse monter tous les prix dans le monde, à l'exception du prix du bœuf, les cours du bœuf étant exactement là où la guerre les avait trouvés. Non pas qu'elle veuille voler qui que ce soit ! Pourtant, pourquoi donner une chance à tout le monde, sauf aux éleveurs de bétail ? Elle marmonna énormément à propos de cette discrimination et, un instant plus tard, semblait tricoter ses remarques dans une chaussette grise. Les murmures avaient peu à peu atteint la cohérence des propos. Et je me suis vite rendu compte que le prix non gonflé du bœuf n'était plus leur fardeau.

Il s'agissait désormais de la singulière réticence de tous les perdants des combats à coups de poing. Prenez l'allemand de Squat. Squat raconterait toute sa vie comment il avait fait sortir cet extraterrestre du Wisconsin d'un seul coup de poing. Mais si je devinais que l'Allemand le répéterait aussi souvent que Squat le disait, j'étais complètement stupide. Il ne le dirait pas du tout. Les perdants ne le font jamais. On pourrait penser que les partis léchés perdent leur pouvoir de parole. Il n'en est pas de même des vainqueurs des combats ; pas du tout !

A ce moment précis, alors que nous étions assis dans cette pièce à huit heures et quart, partout dans le monde des hommes d'apparence modeste racontaient comment ils avaient léché l'autre homme d'un coup de poing, ou de deux ou trois tout au plus. Cela a été raconté dans le comté de Kulanche , dans l'État de Washington, en Patagonie, à Philadelphie, en Afrique et en Chine, et dans d'autres endroits ; dans les clubs, les camps de bûcherons, les voitures Pullman, les navires et les salons — dans les États qui sont restés exempts du monstre à tête de bouche d'incendie qu'est la Prohibition — dans les tentes et les palais ; dans les déserts brûlants et les déserts glacés. A ce moment précis, dans une cabane de glace près du pôle Nord, un modeste Esquimau racontait et montrait à sa femme et à ses proches admiratifs comment il avait expulsé un autre Esquimau qui était venu et essayait de démarrer quelque chose. Ce qui était un autre mystère, l'homme qui gagnait le combat étant toujours mis en cause et invariablement dans son droit. Dans chacune de ces rencontres mondiales, la justice a toujours prévalu et seul le vainqueur en a parlé par la suite.

"Et bien souvent," continua la dame, "ce gagnant bavard a été attaqué par jusqu'à trois autres hommes. Mais il les lèche tous. Parfois , il admet qu'il a eu un peu de chance avec le troisième homme; mais il en obtient deux. des lâches. Eh bien, à Red Gap, l'autre soir, j'ai vu une sorte de jeune homme mince en costume de grande tenue lécher trois gros huskies qui se sont posés sur lui. Il en a mis deux avec un coup de poing chacun et a obtenu le troisième après environ un round de combat. Il était là vainqueur des trois, et ses cheveux étaient à peine ébouriffés; et on n'aurait pas pensé au début qu'il pouvait lécher l'un des trois. C'était une bonne photo, d'accord, avec ce combat qui arrive dans la première bobine pour commencer les choses avec vivacité. Mais ce que je veux savoir, c'est pourquoi, sur ces millions de combats qui se déroulent, vous n'entendez jamais un mot d'un perdant ! Je parierai tous mes Liberty Bonds à l'heure actuelle, on n'a encore jamais entendu un homme raconter comment il a été léché lors d'un combat loyal.

J'ai dû refuser le pari. Tout ce que je pouvais dire, c'était que j'avais entendu des excuses plausibles. La dame agita tout son tricot en signe de dépréciation.

"Oh, excuses ! Vous les entendez beaucoup lorsque le perdant ne peut pas nier qu'il a été léché. La plupart des perdants bizarreront les choses jusqu'à ce qu'elles paraissent égales. J'ai entendu une belle excuse à Red Gap. Hyman Leftowitz , qui fait des affaires là, en tant qu'Abercrombie, le tailleur de qualité, a confectionné un costume pour Eddie Pierce qui conduit le hack du dépôt, et Eddie était lent à payer. Alors Hyman a perdu son tact natif une nuit et a dupé Eddie alors qu'il marchait dans la Quatrième Rue avec sa copine. Eddie est parti sa copine est allée au Owl Drug Store et est retournée et a utilisé Hyman durement ; et tout ce que Hyman a fait a été de crier   et "Meurtre!" J'étais dans son magasin pour un essayage le lendemain et le visage de Hyman a attiré l'attention beaucoup plus que d'habitude. Cela montrait qu'Eddie avait fait quelque chose avec lui. Alors j'ai dit : "Pourquoi n'as-tu pas riposté ? À quoi servaient tes poings ? " ' Et Hyman dit : "Je vous promets que je ne savais pas que c'était un combat." Oh, excuses, bien sûr ! Mais ce n'est pas là que je veux en venir. Vous avez entendu les gagnants parler, comme nous tous, de la façon dont ils ont réussi avec le bon vieux crochet droit à la mâchoire, ou comment ils en ont décroché un. tout droit à gauche et tout était fini ; mais avez-vous déjà entendu parler d'un perdant sans excuses, quelqu'un qui s'est montré franc et a déclaré qu'il avait été léché par un homme meilleur ? »

Nous en avons brièvement débattu. Nous avons convenu que la réticence des perdants est due à quelque chose de fondamental dans la nature humaine

; une détermination des plus nobles à ignorer l'échec – c'est-à-dire que Ma Pettengill a dit qu'on ne pouvait pas s'attendre à tout de la nature humaine quand elle avait ses boucles d'oreilles, et j'ai accepté en aussi peu de mots qu'il suffisait. J'avais soudain pris conscience que la femme cachait quelque chose. Les signes dans son discours ne sont pas trompeurs. Je l'ai taxée avec ça. Elle l'a nié. Puis elle a dit que, même si elle retenait quelque chose, ce n'était pas génial. Juste une anecdote que cette discussion sur les personnages combattants lui avait rappelée. Elle n'y aurait pas pensé même maintenant si Ben Steptoe ne lui avait pas dit au printemps dernier pourquoi il n'avait pas léché son cousin Ed la dernière fois. Et ici, Ed Steptoe était le seul homme honnête qu'elle ait jamais connu. Mais c'était parce que quelque chose n'allait pas dans sa tête, il était un cinglé né. Et cela ne valait pas vraiment la peine d'y revenir ; mais… eh bien… elle ne le savait pas. Peut-être. De toute façon-

Ces cousins de Steptoe viennent d'une famille de l'Est qui était un parent éloigné de la mienne et ils m'ont recherché à Red Gap lorsqu'ils sont sortis dans le grand Ouest sans limites pour se faire un nom. Il y a une quinzaine d'années, ils sont venus. Ben était brun, petit et costaud, avec sa tête coincée entre ses épaules. Ed était blond et ressemblait à un chat, il était rapide. Ben avait une personnalité simple mais emphatique, voyant ce qu'il voulait et y allant, et cela n'étant jamais plus d'une chose à la fois. Ed était partout avec ses propres aspirations et jamais rien de long à la fois ; une sorte de tempérament romantique, ou, comme on dit dans les histoires, une créature d'humeur. Il était agent de la machine à coudre Home Queen lors de sa première sortie. Mais cela ne voulait pas dire que les machines à coudre étaient l'œuvre de sa vie. Il avait fait beaucoup de choses auparavant, comme donner des conférences pour un professeur de médecine breveté et faire du démarchage pour des portraits au crayon avec un cadre doré, et donner des cours d'hypnose, et posséder une moitié ou un cochon à deux têtes qui marchait très bien à foires de comté.

Ben était arrivé l'année avant Ed et avait obtenu un emploi stable de serre-frein sur le chemin de fer, à la succursale de Coeur d'Alene. Il m'a dit qu'il allait faire du chemin de fer sa vie et qu'il avait commencé au bas de l'échelle, ce qui était intelligent de sa part, vu qu'il venait tout juste de sortir d'une ferme. Ils ne le laisseraient probablement pas commencer au sommet. Quoi qu'il en soit, il occupait son poste de serre-frein quand Ed est arrivé, prenant les commandes pour la Reine de la Maison, et les prenant également en abondance, étant non seulement persuasif dans ses méthodes, mais aussi un magicien sur cette machine à coudre. Il pouvait lui faire tout faire, sauf jouer des accompagnements pour des chansons : ourlets, rentrés, volants, broderies fantaisie. Il connaissait chaque petit dingus qui s'y rendait ; des choses que je n'ai certainement jamais apprises de toute ma vie, ayant d'autres choses en tête. Il prenait un morceau de ruban de soie et y brodait les initiales d'une femme en un rien de temps, la laissant prête à détenir ce trésor domestique.

Mais Ed en avait assez des machines à coudre, tout comme il en avait assez de l'hypnose et du Berkshire à deux têtes ; et il n'a jamais rien fait une minute après que cela ait cessé de l'exciter. Ben est venu à Red Gap pour voir son cousin et ils ont eu toute une conversation sur ce qu'Ed devrait ensuite faire pour son travail de vie. Ben a dit que c'était un chemin de fer pour lui, et qu'un jour il serait directeur général, se déplaçant dans sa voiture privée et donnant des ordres à droite et à gauche, bien qu'il ne soit plus qu'un humble serre-frein maintenant, et finalement il a convaincu Ed de partager les mêmes ambitions exaltées. . Ed a dit qu'il avait souvent voulu voyager lui-même dans une voiture privée et que si cela ne prenait pas trop de temps à partir du moment où vous avez commencé, il pourrait donner aux chemins de fer une chance de montrer ce qu'ils pouvaient faire pour lui. Ben a dit d'accord, venez avec lui et il le ferait commencer comme serre-frein, avec une belle chance de progresser jusqu'au sommet.

Ainsi, après avoir infesté quelques maisons supplémentaires avec la reine du foyer, Ed s'est lancé dans son nouveau métier. Il m'a dit, pour finir, que même s'il ne tenait pas jusqu'au sommet, c'était de toute façon une belle opportunité d'aventure, ce pour quoi il était vraiment venu à l'ouest de Chicago. Il a dit que nuit et jour il avait soif d'aventure.

Il a eu son aventure peu de temps après que la liste de paie de l'entreprise ait été ornée de son nom. Il avait freiné des wagons de marchandises pendant dix jours jusqu'à ce que la vie lui paraisse apprivoisée, même avec une voiture privée à la fin, et alors tous ses rêves d'aventure les plus fous étaient saturés en environ quatre minutes et trente secondes. Ce onzième jour après avoir commencé par le bas , il commença à laisser deux gros wagons de marchandises chargés de concentrés sur la voie secondaire, depuis l'une des mines de Burke, ayant pour ordre de les mettre là où le train régulier pour Wallace pourrait les chercher. ' -les . Burke se trouve à sept milles du canon de Wallace et la pente descend de deux cent trente-cinq pieds au mille, ce qui constitue un chef-d'œuvre d'ingénierie. Ed amène ses deux voitures sur la ligne principale, d'accord, en sifflant une chansonnette insouciante. Puis, alors qu'ils auraient dû s'arrêter, ils ne l'ont pas fait. Ils n'arrêtaient pas de se faufiler et de grincer sur lui. Il n'a pas pu serrer très fort le frein de la voiture avant, et en serrant le frein de la voiture arrière, avec un bâton de freineur comme levier, il a cassé la chaîne. Puis ses deux voitures se sont vraiment lancées en quête d'aventure.

Ed admet qu'il a eu le frisson de sa vie sur sept miles. Je suppose que ses envies d'aventure les plus folles ont été apaisées pour le moment. Il s'est aplati à l'arrière de la dernière voiture et a laissé le paysage défiler. Il a dit par la suite que cela ne lui semblait qu'un désordre flou. Ses deux voitures ont chuté de seize cent quarante-cinq pieds et ont parcouru la distance de sept milles en quatre minutes et demie selon l'heure normale des chemins de fer. Ed se sentait plutôt bien, n'ayant jamais roulé aussi vite de sa vie auparavant, et il espérait que rien de grave ne le gênerait avant que les voitures ne ralentissent quelque part. Il n'eut pas longtemps à l'espérer. Ses voitures ont heurté une grenouille à l'extrémité supérieure du triage Wallace et ont quitté la piste. Les extrémités avant se sont enfoncées dans le sol et les extrémités arrière ont basculé. Ed a été projeté dans les airs à deux cent trente-cinq pieds, comme l'a ensuite mesuré un employé consciencieux de la route, et a atterri dans un dépotoir de sciure près de la glacière.

Il semble que Ben travaillait dans le chantier Wallace ce jour-là et qu'il ait été le premier homme à examiner les choses. Il a rapidement publié un rapport et avait une équipe de démolition sur place pour s'occuper de ces deux wagons couverts blessés, ainsi qu'une bande de Suédois réparant la voie en un rien de temps. Puis quelqu'un avec présence d'esprit a dit qu'ils devraient chercher Ed, et Ben a accepté ; alors tout le monde a cherché et ils l'ont trouvé dans cette sciure. Il avait l'air extrêmement ruiné et comme si cette petite aventure avait opéré en lui des modifications structurelles. Il avait certainement été mis hors de contrôle, comme le dit Squat, mais il respirait toujours ; alors ils l'ont emmené à l'hôpital Wallace avec l'espoir qu'il puisse être reconstitué, comme un puzzle. Un médecin s'est mis au travail et a réparé de nombreux os et a fait beaucoup de coutures simples et sophistiquées sur Ed l'aventurier.

Il resta donc là, alité pendant environ trois mois ; mais, bien sûr, il a commencé à jouir de son accident bien avant cela – presque dès qu'il y est parvenu, en fait. Il semblait à Ed qu'il n'y avait jamais eu d'accident aussi grave dans toute l'histoire des chemins de fer, et il en était le seul héros. Il passait son temps à raconter tout cela au médecin et à tous ceux qui voulaient l'écouter : comment il se sentait lorsque les voitures démarraient dans la descente ; comment toute sa vie passée s'est présentée devant lui et à quoi il pensait lorsque les voitures l'ont déversé. Il s'en souvenait à chaque seconde au moment où il a pu monter sur des béquilles. Il n'a jamais utilisé ce vieil adage selon lequel une longue histoire est courte.

La première chose qu'il faisait lorsqu'il pouvait boiter fut d'emmener un homme du bureau de l'ingénieur résident jusqu'au point où il avait quitté les rails et d'enregistrer son vol, trouvant qu'il se trouvait à deux cent trente-cinq pieds. Cela nuisait à son histoire, car il l'avait estimé à cinq cents pieds ; mais il était strictement honnête et acceptait les nouveaux chiffres comme un petit homme.

Cette nuit-là, Ben est arrivé, qui était dans les environs de Spokane la plupart du temps depuis l'accident, et Ed lui a tout raconté ; comment son vol était de deux cent trente-cinq pieds. Et n'était-ce pas le plus grand accident qui soit jamais arrivé à quelqu'un ?

Ed remarqua que Ben ne semblait pas être excité comme il aurait dû l'être. Il compatissait assez aux fractures osseuses d'Ed, mais il disait que tout cela faisait partie du travail quotidien d'un cheminot ; et il a parlé à Ed de quelques autres accidents qui se sont produits dans une classe avec le sien et peut-être même un peu mieux. Ed était irrité par cela ; alors Ben a essayé de le calmer. Il a répondu que oui, en effet, tout le monde avait eu de la chance, surtout l'entreprise. Il a dit que si les deux voitures n'avaient pas heurté un sol mou qui a emporté les roues, elles auraient été réduites en petit bois ; alors que les dégâts étaient insignifiants. Cela parut plutôt froid à Ed. Il a déclaré que cette compagnie ferroviaire ne semblait pas accorder une valeur exagérée à la vie humaine. Ben a déclaré qu'aucune compagnie ferroviaire ne pouvait laisser un simple sentiment interférer avec ses affaires si elle voulait verser des dividendes, et la plupart d'entre elles l'ont fait. Il a dit que c'était une question de dollars et de centimes comme n'importe quelle autre affaire, et qu'Ed leur avait déjà coûté beaucoup d'argent sonnant et trébuchant pour les factures du médecin. Puis il a admis que l'accident avait été une bonne chose pour lui, d'une certaine manière, puisqu'il était sur place et qu'il était le premier à faire un rapport au commissaire de Tekoa.

"Je parie que vous avez fait un excellent rapport", dit Ed, reprenant courage après cette sordide conversation à propos de dollars et de cents. "C'était certainement une belle occasion d'écrire quelque chose d'excitant si un homme avait un peu d'imagination. Vous n'aurez probablement pas une autre chance comme celle-là dans toute votre carrière."

"Mon rapport a plu au vieil homme", dit Ben. "Depuis, il me surveille en quelque sorte. Il a dit que la façon dont j'avais rédigé ce rapport montrait que je n'étais pas du genre à perdre la tête et à devenir hystérique, comme il avait connu certaines mains vertes."

"Je devrai certainement jeter un œil à ce rapport", déclare Ed. "Tu es probablement devenu un peu hystérique en voyant qu'il y avait beaucoup d'excuses pour cela."

Ben dit non, il ne se souvient pas du tout qu'il était hystérique, car le cheminot haut de gamme doit toujours garder la tête froide en cas d'urgence. Ed dit, de toute façon, il sait que ça doit être un bon rapport, et il y jettera certainement un coup d'œil quand il recommencera.

Tout de même, Ed commençait à penser que son accident n'était pas suffisamment évoqué. Cela lui est venu progressivement. Bien sûr , il devait s'agir d'une vieille histoire à l'hôpital et les gens commençaient à esquiver quand il commençait à parler. Puis, après avoir enfilé des béquilles, il clopinait autour de l'endroit fatal, indiquant son itinéraire aux groupes qui resteraient à ses côtés et leur faisant marcher plus de deux cent trente-cinq pieds jusqu'à l'endroit où il était récupéré sans vie. Et très vite, même ce commerce extérieur s'est effondré. Et juste après cela, il a commencé à rencontrer de nouveaux agents de train et d'autres qui n'avaient jamais entendu un mot de l'accident et qui le regardaient comme s'ils pensaient qu'il était un menteur lorsqu'il racontait les détails. Il commençait à devenir une nuisance grincheuse pour Wallace. Même le médecin a dit qu'il serait heureux quand Ed se rétablirait complètement.

Ed ne pouvait pas comprendre. Il a dû penser que la compagnie devrait arrêter tous les trains cinq minutes chaque jour à l'heure de sa confusion, ou à tout le moins que le président de la route et le conseil d'administration devraient descendre dans un wagon spécial et avoir leurs photos prises avec lui ; et une tablette en laiton devrait être apposée sur la glacière, indiquant où sa carcasse sans vie a été retrouvée. Et bien sûr, ils lui enverraient un laissez-passer gravé en or massif, valable à vie entre toutes les stations de toutes les divisions. Mais ces attentions appropriées étaient étrangement refusées. D'après ce qu'Ed pouvait voir, la route avait été tracée pour continuer à faire des affaires comme d'habitude.

Il ne pouvait pas du tout comprendre. Il semblait qu'il devait rêver. Il écrivit à Ben, qui était toujours en ligne, que ce beau rapport qu'il avait fait avait dû se perdre ; de toute façon, il semblait que l'entreprise n'avait jamais pris le temps de le lire, sinon elle n'aurait pas pris les choses avec autant de calme. A présent, il plaçait tous ses espoirs dans ce rapport de Ben si justice devait lui être rendue dans ce monde. Il disait à ceux qui doutaient de son histoire qu'il pensait qu'ils le croiraient assez vite s'ils avaient un jour un oeil sur le rapport de Ben, qui avait été rédigé sur-le-champ, et qui était si bon, même s'il n'était pas hystérique, qu'il reçu les compliments du surintendant de division.

Il lui vient un jour à l'esprit qu'il devrait avoir une copie de ce rapport s'il veut un jour être redressé devant le monde. Il soupçonne à ce moment-là un travail malhonnête. Il soupçonne que l'entreprise garde délibérément le silence sur la chose, ne voulant pas que le public sache que des accidents aussi merveilleux pourraient arriver à ses fidèles employés. Alors il parle à Charlie Holzman, le chef d'orchestre du Numéro 18, et veut savoir s'il serait possible de sortir ce rapport de Ben des dossiers de Tekoa. Charlie dit que ce ne serait pas possible, mais il va passer la nuit suivante à Tekoa et il sera heureux de faire une copie du rapport.

Ed dit qu'il déteste laisser Charlie s'installer pendant la moitié de la nuit pour écrire, ou même toute la nuit, parce que Ben lui a dit que le rapport était bon. Charlie dit qu'il obtiendra de l'aide si nécessaire. Ed dit d'obtenir toute l'aide nécessaire et il paiera la facture, et de ne pas omettre même les parties descriptives les plus longues, car si c'est aussi bien écrit que Ben le dit, il peut le faire imprimer en petit volume pour l'envoyer à ses amis.

Le lendemain, Ed se prélasse au soleil sur le quai de la gare lorsque le numéro 18 arrive. Il a dit à beaucoup de gens que Charlie apportait ce rapport et il avait l'intention de le lire à haute voix, juste pour leur montrer ce qu'un homme peut traverser et vivre. pour en parler. Charlie se penche et lui tend une feuille de papier jaune pliée. Ed dit, qu'est-ce qu'il y a, ne pourrait-il pas copier le rapport ? Charlie dit que le rapport est entièrement là sur cette feuille, chaque mot. Une feuille! Et Ed s'attendait à au moins quarante pages de récit efficace, même sans hystérie. Avant même de le regarder, Ed dit qu'il y a du travail malhonnête quelque part.

Puis il a lu le rapport de Ben. Il ne remplissait même pas une seule feuille, pas plus de la moitié. Il dit simplement : « Brakeman Steptoe avait du mal à retenir deux wagons de concentrés qu'il faisait descendre de la mine Tiger- Poorman à Burke. Les wagons ont couru vers Wallace et ont quitté la piste. Steptoe a été projeté sur une certaine distance. Jambe et bras droits cassés ; épaule gauche disloquée ; " La tête en a coupé quelques-uns. Ce n'est pas grave. "

C'était incroyable ; alors Ed a fait la chose simple et n'y a pas cru. Pas une minute ! Il dit à Charlie Holzman : « Charlie, je sais que tu es honnête ; et, en plus, tu es un frère Moose. Tu m'as apporté ce qui est dans le dossier de ce bureau ; alors maintenant je sais qu'il y a un complot pour étouffer mon accident. Ne dis pas un mot, mais je vais en parler avec Ben tout de suite. Ce bon vieux Ben ! il sera furieux lorsqu'il découvrira que cette insulte dérisoire a été glissée dans les dossiers à la place de son rapport sur moi ! » Alors, dans la gare, il va et envoie un câble à Ben pour qu'il vienne là-bas immédiatement à cause de quelque chose de grave.

Ben arrive ce soir-là. Il pensait qu'Ed devait être mourant et qu'il avait été licencié. Il se rend à l'hôpital et est un peu déçu de constater qu'Ed n'est pas encore pire, mais qu'il va presque bien et n'utilise qu'une seule béquille.

Ed s'assure d'abord que personne ne peut l'entendre, puis parle à Ben de cette conspiration, lui montrant le faux rapport qui a été introduit clandestinement dans les dossiers à la place du vrai rapport que Ben avait envoyé. Il faut quelques minutes à Ben pour avoir une idée. de ce pour quoi Ed est si énervé. Mais il finit par comprendre. Il balaie ensuite pour toujours toutes les idées de complot de l'esprit d'Ed. Il dit que son discours n'a aucun sens ; que voici le rapport même qu'il a fait, chaque mot de celui-ci ; et, quant à cela, s'il avait à le réécrire, il pourrait le raccourcir d'au moins six mots, mais il devait être excité à ce moment-là. Il dit qu'il a déjà dit à Ed que le vieil homme l'avait complimenté parce qu'il n'avait pas perdu la tête et n'était pas devenu hystérique, montrant qu'il avait en lui l'étoffe d'un bon cheminot. Et à quoi Ed s'était-il attendu, de toute façon ? Ne savait-il pas que vos supérieurs veulent connaître les faits simples dans des cas de ce genre et ne pas faire de travaux compliqués, voulant avant tout être informés des dommages causés au matériel roulant et du délai avant la mise en service de la ligne principale ? Ed doit être fou, lui faire mettre un pied juste pour ça ! Avait-il cherché des vers de poésie sur son accident, ou un roman ? Ben n'était pas un romancier et ne le serait pas si vous lui en laissiez une chance. Il n'était qu'un freineur, promis à un brillant avenir.

Ben était lui-même assez indigné à ce moment-là en pensant à deux jours de salaire perdus, et Ed n'en croyait pas ses propres oreilles. Il est simplement resté là, gonflant comme un crapaud, d'une manière très fébrile. "Mais 'à une certaine distance'", dit Ed d'une voix basse et émerveillée. "Vous dites que j'ai été projeté 'à une certaine distance', comme s'il s'agissait d'une remarque désinvolte. Est-ce une façon de parler d'un homme projeté à deux cent trente-cinq pieds du début à la fin ? - ce que je peux prouver par l'homme qui a enregistré Eh bien, n'importe qui penserait que ces deux wagons couverts bon marché étaient les véritables héros de cet accident. Personne n'imaginerait qu'une précieuse vie humaine était en jeu. Et "Pas grave !" Et "Coupez-en la tête !" De grands chats qui souffrent ! Était-ce une façon de parler d'un semblable, pour ne pas dire d'un cousin germain ?

Ben était lui-même assez fou maintenant et a juré tout de suite – du moins le seul serment qu'il ait jamais prêté, qui est « Par toutou ! Il dit, par tout petit, que ce n'est pas sa faute si Ed était si fragile ! Et, par tout petit, il n'allait pas laisser l'affection familiale interférer avec sa carrière, car cela ne serait pas bien pour les enfants dont il espère un jour être le père ! Puis il se reprit et essaya patiemment d'expliquer une fois de plus à Ed que ce qu'une compagnie ferroviaire veut dans de tels cas, ce sont des faits et des chiffres, et non de la poésie – principalement sur le matériel roulant. Il dit qu'Ed ne peut pas s'attendre à ce qu'une grande entreprise, avec un trafic de marchandises et de passagers important, s'intéresse personnellement aux problèmes osseux d'un simple serre-frein.

C'est à ce moment-là, je suppose, que les sentiments d'Ed ont dû le vaincre. Il comprit qu'il ne servait plus à rien d'échanger des mots ; alors il a commencé à commettre des meurtres ignobles. Il a commis plusieurs actes d'effroi sur Ben avec sa béquille, semblant assez actif pour un infirme. Ben s'est finalement mis hors de portée et est allé se faire piquer le cuir chevelu. Il a juré, par toutou, qu'il en aurait fini avec ce maniaque pour toujours ! Mais il n'avait pas fini. Pas du tout !

Ed allait maintenant assez bien pour supporter le transport ; alors il est descendu à Red Gap et a commencé à travailler. Il ne pouvait pas encore se débrouiller avec ses machines ; il s'est donc procuré une nouvelle Home Queen, s'est garé devant la porte d'un magasin vacant et a confectionné des marques de chapeaux brodés pour la multitude à un dollar l'unité. Oui Monsieur; il a encombré la circulation sur la Quatrième Rue pendant environ deux semaines, prenant une bande de ruban de satin et y brodant les initiales des gens, afin qu'ils puissent la coudre dans leurs chapeaux et savoir de qui il s'agissait. Il n'y a guère de chapeau en ville qui n'en ait pas, avec des foules ravies qui le regardaient pendant qu'il le faisait.

Je l'ai supplié de se calmer et de rester chez moi jusqu'à ce qu'il soit à nouveau fort ; mais il ne le ferait pas. Il a dit qu'il devait faire quelque chose juste pour ne pas réfléchir. Bien entendu, le pauvre bonhomme n'avait jamais été capable de réfléchir, quelles que soient les circonstances ; mais ça sonnait bien. Et bien sûr, il m'a raconté son problème. Je ne crois pas qu'il ait retenu la moindre petite chose depuis le début de l'accident jusqu'au moment où il a frappé Ben avec sa béquille. Il rejetait désormais la faute sur Ben. Il a déclaré que ni l'entreprise ni personne d' autre ne pouvait prendre son accident au sérieux après le rapport mensonger de Ben. Pas étonnant qu'il n'y ait pas eu de véritable enthousiasme à ce sujet. Il était vraiment amer.

"'Une certaine distance' Ben dit que j'ai été projeté. Je devrais penser que c'était une certaine distance ! Je parie que c'est plus loin que tout autre homme n'a jamais été projeté sur tout leur système pourri. Et 'Pas sérieux' ! Super Jeeminetty ! Qu'est-ce qui aurait arriver à quelqu'un avant qu'il considère que c'est sérieux ? Oh, je lui ferai retirer ça si jamais je redevient l'homme que j'étais autrefois ! Le seul problème avec Ben, c'est qu'il n'a rien ici et il "Il n'y a rien ici" - Ed a mis sa main d'abord sur sa tête, puis sur son cœur, pour me montrer où Ben n'avait rien - "et ce genre de détritus peut faire de bons cheminots, mais ils n'auraient pas dû être classé parmi les êtres humains. Attendez que je sois à nouveau solidaire! Vous verrez! Je vais certainement beaucoup interférer avec la carrière de cet homme. "Pas sérieux!" Il ne fera pas un tel rapport sur lui-même une fois que j'aurai fini de m'embêter avec lui. Il a certainement besoin d'être manipulé – ce Ben Steptoe.

Et ainsi de suite pendant une demi-heure à la fois, pendant qu'il cousait GWG en lettres violettes sur une bande de ruban de satin jaune. J'avais l'habitude de m'arrêter exprès pour en savoir plus sur ce qu'il allait faire à Ben quand il redeviendrait l'homme qu'il était autrefois.

Très vite, il eut identifié tous les chapeaux de Red Gap ; il a donc déménagé à Colfax avec sa reine natale, puis dans d'autres villes. C'était à nouveau le printemps avant qu'il ne semble être l'homme qu'il était autrefois. Il m'a écrit de Tekoa que si je lisais dans les journaux quelque chose de triste arrivant à

Ben, je ne devais pas m'inquiéter, car même si cela serait assez grave, cela ne serait probablement pas fatal s'il avait des soins infirmiers qualifiés. J'ai donc regardé les journaux, mais je n'ai trouvé aucun crime intéressant. Et quelques jours plus tard, Ed est revenu à Red Gap. Il avait l'air plutôt bien, à l'exception d'une tache trop mûre autour de son œil gauche.

"Eh bien, as-tu léché Ben ?" Je dis .

"Non, Ben m'a léché", dit-il.

Je n'avais jamais entendu un discours aussi simple et aussi étonnant de la part d'un homme sur terre auparavant. J'ai commencé à découvrir quelle était son excuse – s'il n'était pas encore en forme, ou si son pied avait glissé, ou si Ben lui avait apporté une goupille d'accouplement, ou quelque chose du genre. Mais il n'avait pas un seul mot d'excuse. Il aurait dû être enfermé dans une vitrine d'un musée juste là. Il a dit qu'il était en bonne forme et que le combat avait été loyal, et que Ben avait failli se cogner la tête.

Je dis que va-t-il faire maintenant ; et il dit oh, il va attendre un peu et donner une autre chance à Cousin Ben.

Je dis : " Mebbe , tu ne peux pas lécher Ben. "

Il dit : "Peut-être, mais je peux continuer à essayer. Je dois protéger mon honneur , n'est-ce pas ?"

C'est ainsi que cela sembla au pauvre poisson à ce moment-là : son honneur ! Et je savais qu'il continuerait d'essayer, comme il l'avait dit. S'il avait fait les excuses habituelles que les hommes présentent quand ils ont eu le pire, j'aurais su qu'il avait été bien léché, et une fois suffirait. Mais, voyant qu'il était probablement le seul homme à avoir été honnête dans de telles conditions depuis la création du monde, j'avais le sentiment qu'il continuerait. Il allait sûrement ennuyer Ben de temps en temps, même s'il ne le faisait pas beaucoup paniquer. Il était toujours aussi turbulent. Maintenant, il est parti et a rejoint un cirque, étant engagé pour donner une conférence devant le spectacle parallèle sur le plus petit nain du monde, et Lulu, l'impératrice serpent, et les jumeaux à tête de mouton d'Équateur. Et Ben pourrait consacrer tout l'été à sa carrière sans souci. Je l'ai vu un jour à Colfax.

"Retenez bien mes paroles : ce garçon n'a jamais été fait pour être un cheminot", dit Ben. "Il se laisse trop exciter par ses émotions. Oh, je lui donne une bonne causerie, par toutou ! Je lui dis : 'Eh bien, pauvre petit idiot désespéré, borné et faible d'esprit, toi' - toi je sais que je parle toujours à Ed comme s'il était mon propre frère : « à quoi t'attendais-tu ? Je dis ... "Je suis vraiment désolé pour vos blessures, mais c'était la première fois que j'avais l'occasion de faire un rapport et je ne pouvais pas écrire une de ces histoires continues sur vous. Vous devriez voir ça." Et que fait-il, sinon m'insulter pour ce discours de bon sens ! Esprit étroit , c'est ce qu'il est ; égocentrique, pour ne pas dire mulish, par tout chien ! Et puis me harceler pour avoir une première altercation jusqu'à ce que je doive céder pour garder Je ne sais pas où il est maintenant, mais j'espère qu'il a trois médecins à son chevet, tous l'air dubitatifs. Ce petit connard a toujours fait le contraire. moi."

Je lui ai dit qu'Ed avait participé à ce spectacle parallèle de cirque. « Spectacle parallèle ! il dit. "C'est exactement là qu'il appartient. Il devrait s'installer parmi les autres monstres, parce que c'est un pire monstre qu'un squelette vivant ou qu'une dame avec une barbe pleine - c'est ce qu'il est. Et pourtant il est sain d'esprit sur tous les sujets sauf celui-là. " Parfois, il parle pendant dix minutes, aussi rationnel que vous ou moi ; mais laissez-lui entendre le mot accident et il s'en va. Mais, par tout chien, il ne me dérangera plus après ce que je lui rends du Wallace. hangar à marchandises." "Il a solennellement promis qu'il le ferait", dis-je, "la dernière fois que je l'ai vu. Il était encore un peu turbulent."

Et il a encore dérangé Ben, à la fin de l'automne. Lorsque le cirque a fermé ses portes, il a parcouru des milliers de kilomètres en costume à carreaux et cravate rouge, juste pour se faire lécher encore une fois. Ben devait être assez énervé à ce moment-là, car il a fini par jeter Ed dans le grill avec tous ses fiers vêtements.

Ed était tout aussi honnête à ce sujet qu'avant. Il dit que Ben l'a bien léché. Mais cela ne l'avait pas fait changer d'avis. Il sentait que le rapport de Ben avait ébranlé sa juste célébrité et il était toujours hostile.

" Mebbe , tu ne peux pas lécher Ben, " lui dis -je à nouveau. "Je peux continuer à faire mes efforts ", dit-il. "J'ai dû porter le manteau d'un de mes amis parce que le mien était pratiquement détruit ; mais je reviendrai avant que Ben n'ait grimpé très haut sur l'échelle de sa carrière."

L'aventurier a été interné chez moi pendant dix jours, jusqu'à ce que ses contusions perdent leur éclat violet et qu'il ressemble un peu moins à un grave érysipèle. Puis il repartit, fou comme un huard ! Je n'ai pas eu de nouvelles de lui pendant près de deux ans. Puis j'ai reçu une lettre racontant sa vie d'aventure à la frontière. Il semblerait qu'il s'était mis en contact avec un éleveur compétent là-bas et qu'ils s'occupaient du commerce du bétail. L'objectif était d'aller au Mexique, en attirant le moins d'attention possible, d'éliminer un groupe de bétail et de les conduire au pays de la liberté. Naturellement, ce pour quoi ils vendaient était un profit évident.

Ed a dit qu'il était parti pour l'aventure et qu'il y en avait beaucoup. Il a dit que je ne croirais pas à quel point cela pouvait être excitant parfois. Il voulait savoir à quel poste Ben avait été promu à ce moment-là, et avait-il l'air aussi chaleureux que jamais ? Un jour, il reviendrait et forcerait Ben à le mettre en avant devant le monde.

Environ un an plus tard, il écrit que le commerce du bétail devient trop docile. Il l'a tellement fait que toute l'excitation a disparu. Il dit que je ne croirais pas à quel point il peut être apprivoisé, avec pratiquement aucun risque de se faire tirer dessus. Il dit qu'il ne continuerait pas à fuir ces bovins mexicains sans l'argent qu'ils contiennent ; et, en outre, il lui semble parfois, lorsqu'il roule dans la belle nuit calme, avec pour seules compagnes les étoiles de Dieu, qu'il y a quelque chose qui ne va pas .

Mais il lui faut encore un an avant d'écrire qu'il s'est débarrassé de ses actions et qu'il vient dans le Nord pour lécher Ben proprement dit. Il vient dans le Nord. Il avait raison sur ce point. Il s'est équipé au magasin de Chicago à Tucson, obtenant le meilleur costume prêt-à-porter entièrement en laine d'Arizona, avec de fins effets de fruits, de fleurs et de légumes, allant du jaune moutarde à la couleur betterave ; et des cravates en cuir verni, avec des chaussettes à carreaux, etc. Il s'est arrêté à Red Gap en montant pour commettre cet outrage. Son visage était d'un riche brun rouge ; alors j'ai vu que les marques ne seraient pas aussi lisibles que lorsqu'il était pâle.

Il a dit que Ben n'était pas un très mauvais garçon et qu'il n'avait aucune rancune personnelle contre lui, sauf qu'il avait besoin de se faire trancher la tête à cause de son inhumanité.

Je lui ai dit que Ben était passé du poste de chef de chantier à Wallace à celui de surintendant adjoint de division à Tekoa, où il le trouverait probablement ; et je lui ai souhaité bonne chance.

Il dit qu'il était heureux d'apprendre la promotion de Ben, car il en avait probablement adouci quelques-uns en s'asseyant autour d'un bureau. Il a promis de me faire connaître le résultat immédiatement. Il a fait. C'était le même vieux résultat. Le combat avait duré encore quelques rounds, j'ai compris, mais Ed a quand même pris la décision contre lui-même de la même manière consciencieuse. Il a dit que Ben l'avait bien léché. La façon dont il a vécu ces défaites était étrange. Aucun autre être humain n'aurait trouvé une petite excuse. Il est revenu dans un autre costume et avec un peu d'imperfections au visage, et a déclaré que Ben semblait faire pas mal d'exercice malgré ses tâches de bureau limitées ; mais — notez ses paroles — ce travail à l'intérieur lui permettrait de gagner du temps. Il n'avait encore jamais vu un homme capable de rester assis à un bureau toute la journée et de rester en forme pour supporter les propos combatifs, même de la part d'un homme plus léger de vingt livres. Il a dit qu'il devrait peut-être attendre que Ben soit directeur général, ou quelque chose du genre ; mais son jour approchait, et Ben n'aurait pas de quoi se réjouir quand il arriverait. Il dériva alors de nouveau au-dessus de l'horizon élevé, un seul œil l'aidant beaucoup à voir le chemin.

Ensuite, Ben est venu et a eu une séance sans réserve avec moi. Il a dit que je devrais avoir une conversation avec Ed et le convaincre de sa folie. J'ai dit qu'Ed écouterait un certain nombre de choses, mais pas pour raisonner. Il a dit qu'il le savait; que le pauvre fou devrait être dans une bonne institution à l'heure actuelle, où l'État pourrait s'occuper de lui. Il a dit qu'il ne pouvait pas répondre des conséquences si Ed continuait de cette façon folle. Il disait qu'il était là, en train de gravir les échelons de sa profession, et pourtant avec ce scandale dans sa vie privée qui pouvait surgir à tout moment et détruire sa carrière ; et, par toutou, c'était dommage ! Il a dit que cela pesait sur lui comme une catastrophe et que parfois il se réveillait même la nuit et aurait souhaité avoir fait un rapport différent sur l'accident – un rapport avec un peu d'hystérie ou de description, comme ce maniaque semblait avoir envie.

"Ce n'est pas que je ne peux pas le lécher", dit Ben. "Je l'ai prouvé trois fois ; mais devoir le faire de temps en temps, ce qui est au-dessous de la dignité d'un haut fonctionnaire des chemins de fer. Autant sois un vulgaire tapageur et finis-en avec ça, par toutou ! Et on ne sait pas ce qui se passera s'il ne retrouve pas son esprit. Le petit diable est un horrible ferrailleur. Je l'ai remarqué plus que jamais cette dernière fois. L'un d'eux Parfois, il pourrait m'avoir. Il pourrait m'avoir du bien.

"Tu ferais mieux de le laisser, alors," dis -je , "et d'en finir. C'est la seule chose qui pourra jamais l'arrêter. Tu prends un homme qui dit qu'il a été bien léché, mais qui continue à le faire, et il est mortel. Ensuite la fois qu'il arrive, vous vous allongez après avoir résisté convenablement. Il sera alors probablement votre ami pour la vie, surtout si vous lui dites que vous avez pensé à son accident et qu'il semble maintenant être l'accident le plus horrible qui soit jamais arrivé à l'homme. "

C'était le plus grand encouragement que je pouvais lui donner et il partit sombre. Ben était certainement un objecteur de conscience.

Rien ne vient d'Ed depuis plus d'un an. Il écrit ensuite qu'il a définitivement abandonné le commerce du bétail, parce que le Mexique est dans un état d'anarchie totale et qu'il a reçu une balle dans l'épaule. Il l'a bien dit. Il a dit qu'il avait été abattu dans une embuscade tendue par un lâche Mexicain et je ne croirais pas à quel point ce pays était anarchique. Alors maintenant, il allait se lancer dans l'exploitation minière dans le propre pays de Dieu, où un homme pouvait obtenir de bonnes affaires s'il restait en dehors des chemins de fer. Et Ben continuait-il son exercice ?

Il est resté sous la surface pendant environ trois ans. Ni Ben ni moi n'avons entendu un mot de sa part. J'ai dit à Ben qu'il y avait de nombreuses chances qu'il ait disparu aux mains de quelqu'un qui voulait garder son bétail ou sa mine ou quelque chose du genre. Ben parut solennel et soulagé face à cette suggestion. Il a dit que si la Faucheuse avait fait son travail, tant mieux ! La vie était pleine de dangers pour la plupart d'entre nous, avec des gens qui s'en allaient tous les jours environ ; et pourquoi Ed aurait-il dû espérer être au-dessus du lot commun ?

Mais la semaine suivante arrive une lettre du défunt demandant si Ben a été promu davantage et à quoi il ressemble à ce moment-là. Est-il vigoureux et chaleureux, ou le travail de bureau semble-t-il saper sa vitalité ? C'était le même vieil Ed. Il continue en disant que la raison pour laquelle il écrit est que l'autre soir à Globe, en Arizona, il a léché un homme dans le saloon Miners' Rest qui ressemblait suffisamment à Ben pour être son jumeau ; non seulement il ressemblait à lui, mais il avait aussi son style de luttes intestines. Et il l'avait bien léché et l'avait fait arrêter. Il a dit que le monsieur s'est finalement enfui, franchissant les petites portes battantes avec une telle force qu'elles ont continué à se balancer pendant trois minutes après. Il est donc temps pour lui de revenir et de tenter à nouveau Ben.

Bien sûr, il n'est pas superstitieux, mais il semble que la Providence ait pris ce moyen pour lui indiquer l'heure. Mais il se trouve actuellement dans une situation réduite, en raison de complications qu'il serait trop long d'expliquer ; alors vais-je lui prêter environ deux cent cinquante dollars pour faire le voyage ? Et il oubliera Ben pour toujours et pourra se consacrer au travail de sa vie. Toujours aussi sain d'esprit – Ed l'était.

J'ai envoyé la lettre à Ben, ne souhaitant pas qu'il repose dans une fausse sécurité. Mais j'ai écrit à Ed avec fermeté que je ne voyais pas la valeur de sa proposition pour mon argent. Je lui ai dit que Ben était en excellente forme, qu'il avait l'éclat de la santé sur les joues et une poigne d'ostéopathe, et que je serais sacrément prêt à soutenir un triple perdant dans le même vieux combat. J'ai dit qu'il n'était pas la seule personne sensible au monde. J'étais moi-même un peu pointilleux sur ce que les gens pourraient penser de mon jugement. Et je lui ai donné un bon conseil : oublier ses bêtises et s'installer dans quelque chose de permanent avant de mourir de misère.

Il a écrit une réponse gentille et indulgente. Il a dit qu'il ne pouvait pas me reprocher de m'être retourné contre lui après ses échecs répétés à lécher Ben, mais sa nature était telle que je ne devrais jamais comprendre. Il a dit qu'il amasserait l'argent en travaillant lentement et que lorsqu'il reviendrait dans le Nord et qu'il aurait fini de s'occuper de Ben , je serais le tout premier à le saisir par la main et à lui avouer que je lui avais fait du tort. C'était la lettre la plus dingue qu'Ed ait jamais écrite ; ce qui est un hommage. Je l'ai envoyé à Ben et je crois que c'est juste après qu'il a ordonné d'installer un de ces appareils d'exercice dans sa chambre, avec un livre montrant comment devenir un dieu grec en tirant les poids pendant cinq minutes, matin et soir.

Mais cette fois-ci, le silence est si long que je suppose que même Ben a oublié qu'il avait un destin suspendu au-dessus de sa tête par un seul cheveu. Je sais que je l'ai fait. Voyons. Cela a dû prendre cinq bonnes années avant que j'entende à nouveau Ed. C'était une autre lettre de malchance. Il venait de travailler toute une saison pour un entrepreneur qui avait explosé et lui avait laissé une paire de mules à la place de son salaire d'été ; ce qui était une grande déception, car il attendait avec impatience des retrouvailles actives avec Ben. Comment allait Ben, d'ailleurs ? Et a-t-il montré les ravages du temps ?

Et personne n'avait voulu de ces mules, parce que c'étaient des mules inférieures ; mais alors qu'il était sur le point de les abattre pour arrêter leur facture de nourriture, deux hommes qui avaient une perspective dans les montagnes Bradshaw et lui offrirent un tiers d'intérêt pour sa durée de vie. Alors il avait scié les mules sur ces pauvres dub et leur avait tout expliqué sur le troisième intérêt de leur revendication, et oubliait ça ; mais ils ont insisté pour qu'il le prenne. C'est ce qu'il a fait et il travaillait maintenant au B. &.B. magasin à Prescott, vendant des selles, des bijoux , de la mélasse, des fruits en conserve, du bois de construction, et d'autres choses semblables. Il ne se souciait pas beaucoup de la vie, mais c'était de la viande ou rien pour lui maintenant.

Il n'est pas étonnant que ces hommes qui lui ont arraché ses mules lui aient fait prendre un troisième intérêt à leur revendication. Il prenait désormais tout son salaire pour payer ses cotisations et autres dépenses. Mais il essayait d'échanger ce troisième intérêt contre quelque chose qui ne serait pas un fardeau pour lui ; alors il devrait avoir une chance de mettre son argent de côté et de venir donner à Ben ce qu'il était censé obtenir tôt ou tard s'il y avait un Dieu juste au paradis. Il parlait de Ben avec autant de fraîcheur que si ses ennuis avaient commencé la veille. On ne croirait pas que douze ans se soient écoulés. Il disait maintenant que Ben l'avait stigmatisé . À ce moment-là, cela devait être un stigmate, même s'il n'avait probablement aucune idée de ce qu'était réellement un stigmate. Il l'avait lu quelque part.

Puis les vagues se sont refermées sur le blessé pendant encore environ trois ans. Cette fois, c'était comme s'il était tombé pour de bon, avec la stigmatisation et tout le reste. Ben pensait la même chose. Il a dit que c'était un grand soulagement de ne plus attendre avec impatience ces bagarres brutales qu'Ed insistait pour perpétrer. Et il était grand temps aussi, car il était désormais en lice pour le poste de directeur général, et à quoi cela ressemblerait-il s'il était mêlé à des bagarres ?

Et tout était serein jusqu'à ce que les journaux fassent la une des journaux sur une grande grève menée dans les montagnes Bradshaw de l'Arizona par trois partenaires, dont l'un s'appelait Steptoe. Ils semblaient avoir trouvé tous les minéraux précieux dans leur concession, à l'exception du platine. Ben a d'abord essayé de croire qu'il s'agissait de quelqu'un d'autre nommé Steptoe ; mais pas de chance. Nous lisons qu'un demi-intérêt dans la propriété avait été vendu à un syndicat de l'Est pour trois millions de dollars et à une société organisée dont Edward J. Steptoe était président.

"De toute façon, c'est peut-être pour le mieux", me dit Ben. "Maintenant qu'il est un grand minier, il aura probablement d'autres objectifs dans la vie que d'être un voyou."

On pouvait voir qu'il espérait faire une paix séparée avec le nouveau millionnaire, qui oublierait la rancune de son ancien temps où il devait travailler pour ce qu'il avait, ou au moins courir le risque de se faire tirer dessus. Mais je n'en étais pas si sûr. J'ai rappelé à Ben qu'Ed n'avait encore jamais fait quelque chose que l'on pourrait penser qu'un être humain ferait, alors pourquoi s'attendre à ce qu'il commence maintenant, alors qu'il avait beaucoup de temps libre ? Je lui ai conseillé de bien réfléchir à la question de sa défense, et si la bataille tournait contre lui, de se retirer dans une position préalablement préparée, comme le disent les rapports de guerre. Ben a dit quelques choses chaleureuses à propos d'Ed, en toutou, qu'aucun cousin ne devrait dire d'un autre cousin, et il est parti, espérant contre tout espoir.

Et bien sûr, Ed arriva rapidement devant. Il semble qu'il ait attendu juste assez longtemps pour obtenir un nouveau costume et un assortiment des bijoux en diamants les plus élégants qu'il ait pu trouver. Puis il m'a télégraphié qu'il venait réparer les torts de sa vie. En arrivant à San Francisco, il lui vint à l'esprit qu'il pourrait tout mettre sur Ben d'une autre manière qui lui toucherait le cœur ; il y affrétait donc la voiture privée la plus grande, la plus dorée et la plus chère du marché, dotée de boudoirs, de douches, de vérandas et de salles de bal, etc. quelque chose qui ferait ressembler la petite voiture privée de Ben à une cabane de nidification ou à un endroit où une équipe de construction pourrait se loger. Et dans ce palais roulant, Ed a envahi notre paisible pays, attirant beaucoup d'attention. Les journaux disaient que ce nouveau millionnaire minier nous surveillait dans l'optique d'investir dans nos riches terres. Ils ne savaient pas qu'il avait simplement l'intention de provoquer une violente altercation avec un éminent responsable des chemins de fer qui était quelque peu hors de condition.

Ben était un homme inquiet, surtout après avoir entendu parler de la voiture privée d'Ed. C'était une chose de lécher un ex-brakeman , mais tout à fait différente d'avoir une bagarre avec un capitaliste de premier plan qui vous poursuit indépendamment des dépenses. De plus, c'était l'époque de la tournée annuelle d'inspection des agents de la route, et ils se dirigeaient maintenant vers la division de Ben, qui espérait faire bonne impression en montrant ses miracles de gestion. Et voici Ed, qui voulait déclencher quelque chose de scandaleux à vue d'œil ! Pas étonnant que Ben ait perdu son sang-froid et ait tenté de se débarrasser de son antagoniste. Il essayait de remettre cela au moins jusqu'à ce que ses fonctionnaires soient partis.

Ainsi, pendant six jours, il a gardé une cinquantaine de kilomètres de voie à écartement standard entre sa voiture et celle d'Ed. Ed apprendrait qu'il se trouvait dans une telle gare et y ferait déposer sa voiture, pour découvrir que Ben avait continué. Ed suivrait dans le prochain train, ou il pourrait louer une locomotive spéciale ; et Ben se cachait sur une voie aveugle. Ils ont parcouru toute la division environ trois fois sans se heurter, grâce au bureau d'information supérieur de Ben ; ce n'était pas du tout une astuce que de garder une trace de cet immeuble à roues d'Ed.

Ed ne pouvait pas comprendre au début. Ici, il était venu lécher Ben, et Ben se comportait bizarrement à ce sujet. Ed envoyait des messages tous les jours pour savoir quand et où il pourrait avoir une conversation tranquille avec Ben sans être gêné par des passants ; et Ben lui répondrait que son temps ne lui appartenait pas et que les affaires de l'entreprise le maintenaient en haleine, mais dès que cette précipitation était passée , il organisait un entretien ; et cordialement, et ainsi de suite. Ou bien il pourrait dire qu'il serait à une gare toute la journée du lendemain ; ce qui serait un mensonge maladroit, car il se retirait à ce moment-là, comme Ed le découvrirait en arrivant là-bas. Le service opérationnel devait penser qu'il s'agissait d'un couple d'hommes très occupés, désireux tant de se rencontrer, mais ne semblant jamais capables de se réunir.

Ed fut finalement irrité par la façon dont Ben le rebutait. Ce n'était pas carré et ce n'était pas pragmatique. Il avait de grands intérêts miniers à sa tête et Ben agissait comme s'il avait tout l'été à consacrer uniquement à cette petite affaire. Il a attiré l'attention de Ben sur ce point par télégraphe, mais Ben a continué à se trouver ailleurs que là où il avait dit qu'il allait être.

Après une semaine de ces trucs de chatte qui veut un coin, Ed a compris que la chose était devenue une simple poursuite vulgaire et que sa voiture privée le gênait en étant si facile à suivre. Il s'est donc déguisé en enlevant ses bijoux en diamants et en laissant sa voiture privée à Colfax, et a commencé à traquer Ben en tant que citoyen ordinaire dans un autocar de jour. Il obtenait ainsi des résultats, Ben supposant qu'il était toujours avec sa voiture. Après quelques voyages de reconnaissance le long de la ligne, il obtient des informations fiables selon lesquelles Ben, avec son groupe de hauts fonctionnaires, est à Wallace.

Tant mieux, pense Ed. Ce serait bien d'avoir cette prochaine perturbation à l'endroit même où un grand tort lui a été fait quinze ans auparavant. Il se dirige donc vers Wallace, faisant le câblage pour que sa voiture le suive là-bas. Il avait trouvé cette voiture médiocre pour le truc du limier, mais il voulait que Ben la regarde attentivement et se dévore d'envie, avant ou après ce qui allait lui arriver.

Il arrive à Wallace dans le train de midi et découvre que Ben et ses fonctionnaires ont remonté le canon, dépassé Burke, dans la voiture privée du président, pour revenir dans environ une heure. Après les demandes d'Ed, l'agent fait gentiment savoir à Ben que son cousin d'Arizona l'attend. Ed passe son temps à se promener autour de la petite voiture privée minable de Ben et à se moquer d'elle. Il a tous ses plans faits, maintenant qu'il a dirigé son homme sur terre. Il ne fera rien de brutal devant les officiels, mais à environ trente kilomètres de la ligne se trouve une voie d'évitement avec un corral de navigation à côté et rien d'autre en vue à part des vues. Ils obtiendront un moteur pour faire rouler les deux voitures là-bas ce soir-là et les laisseront , et tout pourra être fait décemment et dans l'ordre. Pas de précipitation, pas d'inquiétude et pas de scandale.

Ed est en train de rejouer le combat à venir dans son esprit pour la cinquième fois, corrigeant certains de ses coups ici et là, quand il entend un sifflement dans le canon et arrive le spécial. Les officiels s'entassent et Ben se précipite vers Ed avec un sourire joyeux, des salutations effusives et de chaleureuses gifles dans le dos ; et comment ça va, mon vieux ? — et ainsi de suite — avec un air très inquiet caché juste derrière tout cela ; et dit quelle chance rare de trouver Ed ici, parce que c'est justement l'homme dont ils parlaient depuis Burke.

Ed dit que s'ils descendaient aussi vite que lui une fois, ils n'avaient pas eu l'occasion de dire grand-chose sur lui ; mais Ben le présente au président de la route, au directeur général, à l'ingénieur en chef et à trois ou quatre directeurs, et ils lui serrent tous la main jusqu'à ce que cela ressemble à une véritable réception. Le président dit que c'est vraiment le monsieur qui a fait la dernière grande grève en Arizona ! Et si c'est le cas, il sait quelque chose d'encore plus intéressant sur lui, car il vient d'écouter un récit des plus remarquables sur ses débuts comme serre-frein sur cette même ligne. Leur surintendant de division a raconté sa formidable chute du canon et son incroyable vol dans les airs à une hauteur de trois cent trente-cinq pieds.

"Jusqu'où a-t-il dit que j'avais été projeté ?" » dit Ed, et le président dit à nouveau trois cent trente-cinq pieds, ce qui était cent de plus que ce qu'Ed avait jamais réclamé ; alors il regarde Ben assez attentivement.

Ben continue de parler précipitamment de cet accident historique, affirmant qu'au cours de toutes ses années d'expérience ferroviaire, il n'a jamais entendu parler de quoi que ce soit qui s'en rapproche, et s'ils veulent bien avancer un peu sur la voie, il leur montrera exactement où les wagons ont quitté les rails. Ben a dû réfléchir beaucoup et rapidement ce jour-là. Il a demandé à tout le monde de voir l'endroit exact, et ils se sont tous levés et ont regardé la glacière et ont dit que c'était incroyable ; et un réalisateur de Boston a dit que c'était parfaitement absurde ; vraiment maintenant! Et Ben continuait à réciter rapidement les détails. Il a dit qu'Ed avait parcouru les sept milles en moins de trois minutes, ce qui représentait une minute et demie de moins que le temps officiel ; et qu'une fois ramassé, il n'avait plus un seul os dans son corps, ce qui était aussi un mensonge ; et que son cousin n'aurait jamais pu survivre s'il n'avait probablement pas eu la constitution la plus merveilleuse dont un homme ait jamais été doté. Il a ensuite fait se rendre le groupe à la glacière pour voir l'autre endroit exact, et ils ont regardé d'où il était parti, et ont encore une fois dit que c'était incroyable et absurde.

Je ne sais pas. Peut-être qu'ils n'auraient pas trouvé absurde qu'un simple serre-frein soit lancé aussi loin, mais Ed était désormais un capitaliste. Quoi qu'il en soit, le président l'avait fait monter dans sa voiture pour déjeuner avec la fête, et ils auraient peut-être pu discuter d'autres choses de moindre importance, mais Ben n'aurait rien d'autre. Il les a fait insister pour qu'Ed donne sa version de tout cela ; ce qu'il avait ressenti lorsque les voitures démarraient, et comment le paysage était flou, et comment toute sa vie passée défilait devant lui, et la dernière chose dont il se souvenait avant de heurter la sciure. Et Ben était assis là, l'air si fier d'Ed, comme une mère demandant à son petit de réciter quelque chose. Et quand Ed eut enfin allumé, Ben lui fit raconter sa lente guérison. Et une fois qu'Ed s'était rétabli, Ben revenait au début et demandait plus de détails, par exemple s'il n'avait pas voulu sauter en descendant, ou s'il avait été conscient en volant dans les airs pendant près de quatre heures. cent pieds.

Ed avait peu de nourriture ; mais il s'en souciait beaucoup ! Il s'épanouirait enfin. Et soudain, il fut surpris de découvrir une lueur chaleureuse dans son cœur pour Ben, surtout après que Ben eut dit pour la troisième fois environ : « J'étais certainement une main verte à cette époque ; si verte que je n'ai pas commencé à réaliser à quel point c'était une main verte. C'était un véritable événement." Ed avait un nouvel éclairage sur Ben.

Après le déjeuner, la propre voiture d'Ed est arrivée de Colfax et il a organisé une fête là-bas pour des cigares et davantage de discussions sur lui-même, qui a été habilement dirigée par Ben. Ensuite, le président a invité Ed à prendre sa voiture et à les accompagner pour un petit voyage, et à discuter de l'exploitation minière et des investissements, etc., et des perspectives dans le Sud-Ouest. Alors Ed les a accompagnés et a continué à entendre parler de son accident. Ben en parlait et y revenait, et l'avançait et le prenait en sandwich chaque fois que la conversation avait un moment ouvert. C'était soit les pensées folles d'Ed qui avaient dû glisser dans le canon, soit la constitution absurde dont il avait été doté, soit la verdeur de lui-même pour ne pas l'avoir reconnu comme l'accident le plus précieux des âges. Et je ne m'étonne pas que Ben ait continué ainsi pendant les deux jours suivants. Il savait à quel point Ed était un idiot tenace et qu'il avait fait des kilomètres pour essayer quelque chose qu'il avait souvent essayé auparavant. Tout ce qu'il pouvait espérer était d'éviter la collision jusqu'à ce que ses officiers s'enfuient.

Et il semblait, la deuxième nuit, qu'il n'allait pas être capable de faire autant. Il avait détecté des regards froids de la part d'Ed toute la journée, malgré le fait qu'il diffusait un autre enregistrement sur l'accident toutes les dix minutes environ. Ils furent déposés dans une petite gare et, juste avant le dîner, Ed informa Ben du bureau qu'il souhaitait avoir un mot en privé avec lui. Ben se dit que cela arrive maintenant, malgré tous ses efforts pour l'apaiser. Mais il laisse la voiture avec Ed et ils marchent un peu sur la piste, Ben espérant pouvoir échapper à un wagon de marchandises avant qu'Ed ne commence son crime de violence. Il se décide rapidement. Si Ed le saute là-bas à l' air libre , il fera certainement de son mieux pour remporter le concours. Mais s'il attend qu'ils mettent ce wagon de marchandises entre eux et le public, alors il laissera Ed gagner le combat et éliminer le scandale de sa vie pour toujours.

Ben marche assez vite, mais Ed commence à ralentir lorsqu'ils ne sont plus qu'à cent mètres de la voiture du président. Finalement, Ed s'arrête net.

"Les petits foyers vont mener le combat ici au grand jour !" pense Ben ; alors il se prépare à faire de son mieux.

Puis Ed dit :

"Dis, Ben, qu'est-ce que tu as, d'ailleurs ? Est-ce que tu perds la tête ? Ce n'est pas tant à cause de moi ; je pourrais faire la part de toi. Mais voici tes fonctionnaires, et tu veux faire une bonne affaire. impression sur eux ; au lieu de cela, vous vous faites le plus grand ennui qui ait jamais eu besoin d'être étranglé pour une conversation continue sur un seul sujet. "

Ben ne l'a pas encore compris. Il dit de monter de l'autre côté des wagons de marchandises, où ils pourront être plus privés pour leur consultation.

Ed dit non ; c'est assez loin pour lui dire, pour son propre bien, de ne pas être si ennuyeux ; un ' Ben dit, en quoi est-il ennuyeux ?

"Un ennuyeux ?" dit Ed. "Eh bien, pendant quarante-huit heures, tu n'as pas pu parler de rien d'autre que de mon vieil accident, et tu m'en as tellement marre que je pourrais te sauter dessus à chaque fois que tu commençais. Tu as réuni tout le monde dans la fête. Ne voyez-vous pas comme ils essaient tous de s'éloigner de vous ? Pour l'amour du Seigneur, ne pouvez-vous pas imaginer autre chose à dire de temps en temps, au moins pendant cinq minutes, juste pour donner votre stupide bavarder avec une saveur un peu différente ? Je n'ai jamais été aussi malade de quoi que ce soit dans ma vie, comme je le suis de vos bavardages éternels à propos de quelque chose qui était terminé et oublié il y a quinze longues années ! Qu'est-ce qui vous prend de continuer à faire remonter cet accident hors du mort par là ? Quoi qu'il en soit, vous feriez mieux d'arrêter. Je dois écouter parce que vous êtes mon cousin ; mais ces fonctionnaires ne le font pas. Votre prochain chèque de paie risque d'être le dernier sur cette route si vous ne pensez pas " _ _

Ben avait déjà pris ses marques. Il s'excusa chaleureusement auprès d'Ed ; il a dit que c'était vrai que cette magnifique catastrophe avait récemment pris possession de son esprit, mais maintenant qu'il découvre qu'Ed est si sensible à ce sujet, il essaiera de le garder en dehors de son discours, et il espère qu'Ed ne nourrira pas de rancune contre lui.

Ed dit non, il n'appréciera rien si Ben cesse seulement de se réjouir de l'accident; et Ben dit qu'il va arrêter. Et c'est ainsi qu'ils se sont serré la main.

C'est ainsi que la querelle s'est terminée. Le champion de la rancune de l'univers avait été assaisonné jusqu'au bout avec son propre médicament. Cela a montré que Ben avait un faible pour la diplomatie ; une sorte de main de fer dans un gant de velours, ou quelque chose comme ça.

Ed est toujours cinglé, cependant. Il n'y a pas si longtemps, il y avait un article dans un journal du dimanche sur ce nouveau millionnaire minier. Il a adressé de nobles paroles à la jeunesse de notre pays. Il a déclaré que la jeune virilité américaine pouvait encore faire fortune dans ce glorieux pays d'opportunités en accordant une attention stricte à l'industrie et aux bonnes habitudes, en traitant honnêtement et en faisant preuve de courage indigène - lui qui s'était vu imposer ces mules en premier lieu, et ensuite son intérêt pour cette réclamation lui était imposée pour les mules, et il n'avait alors pas pu se retirer de la réclamation. N'est- il pas charmant de voir comment les hommes peuvent déterrer une licence pour s'attribuer tout le mérite d'une chance qu'ils n'ont pas pu aider !

Ma Pettengill s'occupa d'une dernière cigarette et remarqua qu'elle ne savait jamais quand s'arrêter de parler. Certains partis l'ont fait, mais pas elle ; et elle devait être debout et en route pour Horsefly Mountain à six heures trente du matin ! Ses dernières excuses concernaient un désir qu'elle n'avait pas réussi à conquérir : elle ne pouvait s'empêcher d'avoir un désir avili de savoir comment ce dernier combat se terminerait .

" Bien sûr, ce n'est pas bien de vouloir que les hommes se comportent comme des brutes", dit la dame. "Pourtant, je ne peux m'empêcher de me demander ; non pas que je sois curieux, mais juste par curiosité."

V

UN JOUR DE POINTE DE FLÈCHE

Cela a commencé par l'incitation habituelle au meurtre. Un bâton en bois dépasse d'environ cinq pieds au-dessus du toit le plus élevé du ranch Arrowhead, et sur ce bâton est apposée une cloche d'airain malignité. Chaque matin, à cinq heures trente, la corde qui contrôle ce moteur de discorde est secouée follement et pour toujours par Lew Wee, notre chef chinois. Ceux qui sont contraints d'obéir à l'horrible convocation croient que c'est le seul moment de joie de Lew Wee dans une vie gâtée. Le son de la cloche de midi, l'appel caressant de la cloche de la nuit, voilà ce qu'il doit savoir pour être le bienvenu. Le bruit du matin , il doit le savoir, est une tragédie des plus immondes. Il est indéniablement sonné avec un goût plus vif. Il y aura un certain effort pour rythmer les autres cloches, mais ce matin-là, la cloche tinte dans une frénésie brisée de cliquetis, impitoyablement prolongée, diabolique jusqu'au dernier coup insultant. Une personne sans méchanceté pourrait sûrement gérer cette cloche de réveil avec plus de tact.

Un Chinois imprudent prend donc sa vie en main chaque matin à cinq heures trente. Une douzaine d'hommes passent du sommeil profond à l'incrédulité à moitié éveillée, dans laquelle ils croient que la cloche est une cloche de rêve et essaient de rêver à quelque chose de silencieux. Dix secondes plus tard, ces hommes effrayés sont devenus des démons, avec leurs pieds bien chauds sur le sol glacé du dortoir, et avec des prières d'une simple ferveur pour que tel ou tel Chink soit frappé à mort alors que sa main est toujours sur le sol. corde. Cette prière n'est jamais exaucée ; ainsi, environ une douzaine d'hommes s'habillent à la hâte et atteignent en toute hâte la cuisine d'Arrowhead, dans l'intention d'y accomplir instantanément un acte gracieux que la Providence a jusqu'à présent inexplicablement laissé inachevé.

Le fait que les annales d'Arrowhead soient, jusqu'à présent, dépourvues de crime de violence est dû, à mon avis, au superbe contrôle qu'a Lew Wee de ses muscles faciaux. Son expression lorsqu'il tire de manière maniaque sur le cordon de la cloche est considérée par ses victimes comme étant celle d'une joie infernale ; aussi cherchent-ils chaque matin avec impatience une petite trace de cela. Le moindre indice suffirait. Mais ils ne rencontrent qu'un Chinois d'âge moyen au visage plutôt triste, aux yeux immobiles et au dévouement tendu aux tâches délicates, dont il est impossible de croire qu'un rayon de joie ait jamais égayé sa vie.

Il y a une raison secondaire pour laquelle l'esprit de Lew Wee n'a pas été désincarné depuis longtemps par des mains compétentes : son visage statique de Gorgone reste la première impulsion meurtrière ; alors son arôme génial de cuisine domine leurs natures supérieures et l'acte de haute justice est faiblement reporté. Cet arôme de cuisine génial est chaleureux et astucieusement composé de café fumant et de jambon ou de bœuf frit, ainsi que d'œufs et de gâteaux chauds presque aussi gros que les assiettes en fer émaillé dans lesquelles ils sont mangés. Ce n'est pas une combinaison méprisable par une matinée glaciale. Il n'est pas étonnant que les hommes forts oublient le simple acte d'homicide involontaire qu'ils sont venus accomplir là-bas et s'assoient d'un air maussade pour se laisser flatter par celui qui était autrefois leur bourreau.

Un matin de fin mai, alors que j'avais été invité à partir à l'étranger avec mon hôtesse, Mme Lysander John Pettengill, qui prenait son petit-déjeuner dans son propre appartement, j'ai rejoint cette assemblée de meurtriers contrariés alors qu'ils mangeaient obstinément. C'est une sombre affaire que ce petit-déjeuner au ranch. Deux lampes pâles luttent contre l'aube, qui s'approche à présent, et la pénombre est maintenue faible par la fumée qui s'échappe de la plaque à gâteau, afin qu'aucun homme ne puisse en voir un autre trop clairement. Mais aucun homme ne souhaite en voir un autre. Il regarde fixement sa propre assiette et mange avec une aversion sévère. Nous pourrions être autant d'étrangers dans un endroit étrange, distants, méfiants, amers, pour ne pas dire truculents.

Aucune boutade ou plaisanterie n'éclairera la morosité. Les demandes nécessaires pour le sucre, le lait ou la compote de pommes sont formulées avec une courtoisie sèche et formelle. Nous serons d'autres hommes à midi ou le soir, des hommes bien différents, plus ensoleillés, avec une abondance de plaisanteries et de plaisanteries et des sorties ludiques avec une saveur personnelle acide. Mais des lits chauds de repos ! Nous évitons les yeux l'un de l'autre, et l'un d'eux dit "s'il vous plaît, passez ce pichet de sirop !" n'est que toléré comme une profanation grossière d'un service religieux.

La simple vérité, bien sûr, est que c'est l'heure de la journée où nous sommes face à face avec le visage maléfique de la vie démasqué ; nos petites illusions roses d'antan sont périmées et froissées. Ce n'est que lorsque nous serons bien au soleil, avec la deuxième cigarette allumée , que nous redeviendrons crédules à l'égard de la vie et que nous pourrons nous adresser à nous en toute sécurité. Ce n'est pas un repas sur lequel s'attarder. Nous nous levons sinistrement de la table détruite et sortons en grand bruit.

Un seul d'entre nous – cette optimiste sans égal, Sandy Sawtelle – fait entendre une note plate dans la symphonie de la désillusion. Son humanité rebondit plus vite que la nôtre, qui n'appréciera pas la vie avant vingt minutes. Sandy revient à la table du crochet d'où il avait soulevé son chapeau. Il brandit un petit gâteau chaud solitaire et s'adresse à Lew Wee dans son meilleur anglo-chinois et avec une intention humoristique :

"Je pense que prendre un gâteau chaud, clouer sur un gros trou de nœud dans un dortoir - c'est mieux que de la tôle!"

Les pessimistes qui s'éloignent rapidement n'accordent aucun éloge ni aucune attention à ce croquis inopportun ; encore moins Lew Wee, qu'il est censé insulter. Son visage garde la triste impassibilité d'une falaise de granit encore au-delà de l'aube.

Maintenant, je suis dehors près du porte-selles, sous les peupliers, où sont attachés deux chevaux. Le rouan au long canon de Ma Pettengill est sellé. Mon propre gris mordu par les puces, Dandy Jim, n'est vêtu que de la corde par laquelle il a été tiré de la caviata . Je l'approche avec l'attention respectueuse que mérite son caractère réputé et j'essaie de connaître son humeur du moment. C'est un cheval d'âge moyen, apparemment d'un caractère solide, et en ma présence, il s'est toujours comporté comme un cheval le devrait. Mais l'ombre du scandale s'est levée sur lui. On m'a assuré qu'il avait un génie hideux pour la reliure à sangles. En écoutant d'abord sans véritable inquiétude, il m'a été révélé qu'un classeur à sangles n'est pas une blague, à première vue ! Un classeur se tiendra droit et se penchera en arrière sur moi. Si je suis là quand il touche le sol, j'aurais aimé ne pas l'être – si je suis capable de souhaiter n'importe quoi et que je ne dois pas simplement être expédié là où ma famille souhaite que cela ait lieu.

Je suis encore plus éclairé : Dandy Jim n'est pas susceptible de commencer à jouer s'il n'est pas sellé par trop froid. Si je le selle, il s'attendra à s'amuser plus que je n'en ai le droit. Mais si le soleil est bien levé, eh bien, parfois un bébé pourrait le supporter. J'ai donc sellé Dandy Jim pendant trois semaines avec la plus grande circonspection et avec le soleil au rendez-vous. Maintenant, le soleil n'est pas bien levé. Vais-je encore survivre ? Je m'arrête pour souhaiter que la chaîne de hautes collines à l'est puisse être instantanément nivelée. Le terrain vaudra alors quelque chose et le soleil sera plus haut. Mais il ne s'ensuit rien de nature topographique. Les collines restent pour obscurcir le soleil. Et la brute doit être sellée. L'ambiance de ce sinistre petit-déjeuner, sans voix, tendue, pleine de présages, est toujours présente en moi.

Je m'approche et parle durement au potentiel relieur, lui disant de venir là-bas ! Il ne fait pas; alors je l'ai laissé passer. Après tout, ce n'est qu'un cheval. Pourquoi devrais-je le terroriser ? Je le bride d'une manière loin d'être dure. Il n'aime pas le goût du morceau – pas bien assaisonné, ou quelque chose comme ça. Mais enfin il le prend sans me mordre les doigts ; ce qui montre que le cheval n'a pas d'esprit à proprement parler.

Je le regarde calmement dans les yeux pendant un moment ; puis je lui tire la tête pour que je puisse le regarder tranquillement dans l'autre œil pendant un moment. C'est pour montrer à l'animal qu'il a rencontré son maître et qu'il ferait mieux de ne pas essayer ces trucs de sangle s'il sait quand il est aisé.

Pourtant, je le traite équitablement. Je lisse son dos des petits morceaux de légumes qui s'y accrochent, secoue le tapis de selle et l'ajuste tendrement. En sifflant négligemment, je remonte la selle. Dandy Jim sursaute pitoyablement quand il repose sur lui et se retourne rapidement pour me mordre le bras. Je pense que c'est assez superficiel de sa part. Il a dû apprendre depuis longtemps qu'il ne mordrait jamais vraiment le bras de qui que ce soit. Son cou ne ressemble pas assez à celui d'un cygne.

J'ajuste soigneusement la selle et la couverture des deux côtés, en tirant bien la couverture sous la corne de la selle et en m'assurant qu'elle se met confortablement. Il faut être attentif aux sentiments d'une bête stupide placée à sa merci. Ensuite, j'attrape la sangle, je la passe deux fois dans les anneaux et je la remonte délicatement pour la moindre bagatelle. Dandy Jim frémit et gémit pathétiquement. Il souhaite donner l'impression que ses côtes sont ressorties. Bien entendu, cela n'a aucun sens. J'augmente sensiblement la pression. Dandy Jim enregistre à nouveau sa consternation, tousse faiblement et lève les yeux au ciel d'un air suppliant, comme s'il se demandait si le monde devait rester assis, sans cœur, et regarder un pauvre cheval sans défense se faire tuer. Il est sur le point d'expirer.

Je le conduis maintenant doucement par la bride. Il me vient à l'esprit qu'un cheval avec cette curieuse manie de lier des sangles ou des attaches de sangles - ou, en d'autres termes, une attache de sangles - sera tout aussi disposé à s'adonner à son sport favori avec la selle inoccupée qu'autrement. Il préférera peut-être encore mieux qu'il n'y ait personne là-haut ; et je sais que je le ferai. Il ne se passe rien, sauf que Dandy Jim trébuche avec raideur et fait semblant de boiter. Le soleil n'est pas encore bien levé ; c'est quand même beaucoup mieux. Peut-être que le danger de la journée est passé. Je dirige à nouveau la dangereuse bête—

"Pourquoi fais-tu plaisir à ce vieux patin ?"

Ma Pettengill, vêtue d'une chemise et d'une culotte couleur olive, de puttes en cuir et du chapeau à larges bords de sa vocation avec les quatre bosses soignées sur le haut, m'a observé avec une curiosité amicale alors qu'elle attache un manteau en velours côtelé à l'arrière de sa selle. .

Sur ce, j'ai expliqué ma manipulation délicate du réputé classeur à sangles. Cela évoquait le premier son joyeux que j'avais entendu ce jour-là :

Maman Pettengill rit de bon cœur.

"Cette vieille malle à cheveux n'a jamais eu le jazz pour être un classeur. Qui vous a dit qu'il l'était ?"

J'ai cité des noms, tout ce dont je me souvenais. Presque tout le monde dans le ranch m'avait adressé cet avertissement amical, et je n'avais jamais sellé la brute sans frisson.

" Bien sûr ! Ces idiots doivent toujours dire quelque chose à tout le monde. C'est étonnant qu'ils ne vous envoient pas chez le Chink pour emprunter sa tarière à viande, ou chez le forgeron pour une clé à molette pour gaucher, ou quelque chose du genre. Allez !"

Alors c'était tout ! Juste encore un peu d' humour de ranch rassis – un prétendu humour – comme si cela pouvait être drôle du tout de me voir charger cette épave avec la plus tendre sollicitude matin après matin !

"Juste un moment!" Dis-je vivement.

Je pense que Dandy Jim a réalisé que tout ce qui était tendre entre nous était terminé. Le respect curieux et tout à fait charmant que j'avais l'habitude de lui témoigner n'était plus de ma manière. Il a commencé à faire des exercices de respiration profonde avant que je touche la sangle. J'ai tiré avec la force d'un homme intrépide. Dandy Jim a immédiatement gonflé sa poitrine comme un gentleman se faisant photographier en maillot de bain. J'ai attendu, apparemment déjoué. J'ai reculé, j'ai parlé à Ma Pettengill de la promesse de la journée et j'ai semblé oublier négligemment pourquoi j'étais là. Lentement, Dandy Jim se dégonfla ; et puis, au juste et juste instant, j'ai tiré. J'ai tiré fort et longtemps. La partie était gagnée. Dandy Jim avait maintenant la taille de cette matrone portant le corset Sveltina , là-bas dans la partie du magazine où les histoires s'éteignent. Je l'ai enjambé sans crainte et la journée était commencée.

J'ai ouvert moins d'une centaine de portes pour que nous puissions nous frayer un chemin à travers les champs inférieurs. Maman Pettengill a dit qu'elle devait voir ceci ici Tilton et ceci ici Snell, et faire construire ces deux cents mètres de clôture comme ils en avaient convenu, d'homme à homme ; et plus de ces absurdités de remettre cela de jour en jour.

Elle allait leur parler directement parce que, jeudi prochain, elle devait transformer un troupeau de bovins de boucherie dans ce champ.

Ensuite, j'ai ouvert quelques dizaines de portes supplémentaires et nous étions sur les appartements. Ici, la dame a aperçu un coyote, longeant furtivement quelques saules sur notre gauche. Alors, pendant quelques joyeux kilomètres, nous avons joué au jeu du coyote. C'est un jeu simple à apprendre, mais qui nécessite un œil exercé. Lorsqu'un joueur voit un coyote, l'autre lui devient redevable d'un montant d'un dollar.

Ce sport a dissipé l'obscurité matinale qui m'avait envahi. J'ai gagné un dollar presque immédiatement. Il s'agissait peut-être du même coyote, comme mon adversaire le suggérait péniblement ; mais cela se voyait à une autre brèche dans les saules, et j'étais ferme.

Ensuite, le jeu s'est joué férocement contre moi. Ma Pettengill a détecté des coyotes aux extrémités des champs, à tel point que je les aurais ignorés pour des lapins gris si je les avais observés. J'en ai réclamé un proche occasionnel; mais ils étaient peu nombreux. Les perspectives n'étaient encore une fois pas encourageantes. C'était une excellente matinée pour les coyotes lointains, et bientôt je devais sept dollars à Mme Lysander John Pettengill, elle ayant remporté deux doubles de suite. Ce trajet me coûtait trop cher. Étant si complètement surclassé, j'étais résolu à exiger un handicap, mais j'ai été sauvé de cette ignominie par notre arrivée imminente chez ce Tilton, qui est immédiatement sorti d'un enclos d'alimentation et nous a mâché une paille paresseusement.

Nous lui avons vite retiré tout cela. L'air ressemblait à ceci :

* * * * *

MME. LJP — brillamment : Bonjour, Chester ! Dis, regarde ici ! À propos de cette brèche dans la clôture qui traverse le champ de Stony Creek : j'ai pu y accueillir un troupeau de bœufs jeudi.

TILTON—accroupi luxueusement sur un genou, mâchant toujours la paille : Eh bien, maintenant, à propos de ce petit travail—je vous le dis, Mis' Pett'ngill ; J'ai été en quelque sorte en train de tenir compte du fait que Snell avait été précipité avec son dernier labour . Il prétend-

MME. LJP – toujours aussi brillant : Oh, ça va ! Snell sera là-bas avec ses hommes demain matin à sept heures. Il a dit que tu devrais être là aussi.

TILTON — alarmé, il se lève, retire la paille de sa bouche, examine le bout mâché avec consternation et la jette loin de lui ; enlève son chapeau, le regarde d'un air dubitatif, le polit avec une manche et soupire : Demain matin ! Vous ne voulez pas dire que demain...

MME. LJP — prudemment mais rapidement : Demain matin à sept heures. Vous ne voulez pas rejeter Snell là-dessus ; et il sera là. Combien d'hommes pouvez-vous prendre ?

TILTON—hébété : Maintenant—maintenant, laissez-moi voir !

MME. LJP—rapidement : vous pouvez emmener Chris, Shorty, Jake et vous-même. Quelqu'un d'autre?

TILTON—a balayé les chutes : Pourquoi, non ; Je ne pense pas qu'il y en ait d'autres
que je pourrais épargner, compte tenu de...

MME. LJP—presque gentiment : Très bien, alors. Demain; sept heures précises .

TILTON—du bain à remous, impuissant : Oui ! Oui !

MME. LJP : Bonjour !

* * * * *

Nous continuons notre route. Tilton revient vers le corral ; il a oublié de remettre son chapeau.

J'ai maintenant décidé de faire une petite conversation plutôt que de m'adonner au jeu stupide et ruineux du coyote comme passe-temps.

"Je pensais que tu n'avais pas encore vu Snell."

"Je ne l'ai pas fait ; pas depuis qu'il a promis sa moitié du travail il y a deux semaines."

"Mais tu viens de dire à Tilton—"

"Eh bien, Snell sera là, n'est- ce pas ?"

"Comment savez-vous?"

"Je vais lui dire maintenant."

Et la femme l'a quand même fait. Si vous souhaitez la scène avec Snell , revenez en arrière et lisez la scène avec Tilton en changeant les noms. Rien d'autre n'a besoin de changement. Snell attelait deux mules à un chariot en bois ; mais il entendit les mêmes discours et fit à peu près les mêmes réponses. Et l'acte était accompli.

"Voilà maintenant!" » grogna Mme Talleyrand alors que nous roulions hors de portée de voix de Snell, hébété et persistant. " Ces deux hommes ont essayé pendant deux semaines de se mettre d'accord sur un jour pour faire ce petit travail. Ils n'y sont pas parvenus ; alors je me suis mis d'accord sur un jour moi-même. Y a-t-il un problème avec ça ? "

"Tu as dit que tu allais leur parler directement."

" N'est-ce pas que je viens de parler directement à Snell ? Tilton sera là, n'est- ce pas ? "

"Et la façon dont tu as parlé à Tilton avant de voir Snell ?"

"Eh bien, mes terres ! Comment parlez-vous ! Il faut avoir une fondation sur laquelle construire, n'est-ce pas ? "

Je considérais comme un exploit au-delà de mes prouesses de convaincre cette femme à ses propres yeux d'une véracité douteuse et réfléchie. Je me demandais donc simplement, sur un ton qui lui parviendrait facilement, comment ces messieurs pourraient apprécier sa diplomatie lorsqu'ils la découvriraient le lendemain. J'ai fait précéder le mot diplomatie d'une toux légère et très affectée.

La dame a répondu qu'ils ne découvriraient jamais sa diplomatie, ne toussant pas du tout avant ce mot. Elle a dit que chacun d'eux serait tellement en colère contre l'autre pour avoir fixé un jour qu'ils parleraient peu. Ils construiraient simplement une clôture. Elle a ajouté qu'une femme dans ce métier devait constamment rechercher le pire. Elle allait forcément se prendre le coude si elle ne faisait pas preuve de bon sens.

J'ignorais sa casuistique, car elle roulait maintenant une cigarette avec un air de probité insupportable. Je l'ai abandonnée et j'ai joué à un nouveau jeu d'écrasement des taons alors qu'ils s'installaient sur ma monture. Dandy Jim joue le jeu avec brio. Lorsqu'une grosse mouche se pose sur son nez, il tourne la tête pour que je puisse l'atteindre. Il ne bronche pas devant le terrible fracas de mon chapeau sur son visage. Si une mouche se pose sur son cou ou son épaule, et que je ne le remarque pas, il tourne légèrement la tête vers moi et me fait un clin d'œil pour que je puisse la traquer et l'empoter. Il est très rusé ici. Si la mouche est sur le côté droit, elle se retourne et me fait un clin d'œil de l'œil gauche pour que l'insecte ne l'observe pas. Et pourtant, il y a des gens qui disent que les chevaux ne raisonnent pas.

J'ai maintenant ouvert cinquante portes supplémentaires et nous avons quitté le vert frais des champs pour une route secondaire poussiéreuse qui longe la base de la mesa. Nous courions en silence, que j'entendis bientôt remuer avec le son faible et doux d'un violon ; un air qui montait, gémissait et redescendait, sur un violon joué avec une certaine expertise du back-country. La route s'incurve pour nous montrer sa source. Nous étions à proximité de la petite cabane abandonnée d'un fermier, patinée et réparée, située à une douzaine de mètres de la route et entourée de terre damée. Devant la porte ouverte se prélassaient des enfants, des cochons et quelques poules sans âme.

Tous les enfants ont couru vers la porte lorsque nous nous sommes arrêtés et avons appelé quelqu'un à l'intérieur. Le violon continuait de jouer sans faiblir, mais une femme en sortit – une femme décharnée et en lambeaux, mais curieusement joyeuse. Les enfants se cachaient dans son sillage alors qu'elle s'approchait de nous et regardaient au-delà d'elle pendant que nous faisions nos affaires.

Notre affaire était que la peau rouge, Laura, blanchisseuse officielle d'Arrowhead, avait récemment assisté à une soirée dans la vallée au cours de laquelle la boisson jusqu'alors élégante de gingembre de la Jamaïque avait été supplantée par une boisson nouvelle et puissante, le remède naturel contre les frissons et la dyspepsie. , surdité, rhumatismes, désespoir, anthrax, jaunisse et ennui. Laura avait bu librement et une fois de plus ce délicieux breuvage, et souffrait désormais non seulement d'une entorse au poignet mais aussi de détention, après avoir été arrêtée suite à la plainte de la sœur tribale qui était la plus proche d'elle lorsqu'elle s'était foulé le poignet. Par conséquent, si Mme Dave Pickens voulait venir demain se laver pour nous, très bien ; elle pourrait amener sa fille aînée pour l'aider.

Mme Dave tourna alors la tête langoureusement vers l'ignoble demeure et appela : « Dave ! Là encore, le violon ne resta pas : "Dave ! Oh, Dave !"

Le violon cessa de gémir – ce qui me semblait plaintif – et Dave encadra sa silhouette gracieuse dans l'embrasure de la porte. Il était attirant, de sa moustache à ses pieds chaussés de mocassins. Il arborait un air de loisir élégant, mais n'était par ailleurs pas habillé de façon compliquée.

"Dave, Mis' Pett'ngill dit qu'il y a maintenant une journée de lessive à faire chez elle demain. Qu'en penses-tu ?"

Dave délibéra, puis réfléchit, puis réfléchit, puis parla :

"Eh bien, je ne le sais pas , Addie ; je ne le fais pas , car j'ai des objections si tu   ne   le   fais   pas   .
Je ne le sais pas , mais ça ne me dérange pas."

Sur ce, nous avons également mis quelque chose à la manière sans méfiance de Dave.

"Vous devez vous-même avoir envie d'une journée de travail", cria Ma Pettengill. "Vous allez chez Snell vers six heures du matin et il aura besoin de votre aide pour faire quelques clôtures sur cette brèche dans le champ de Stony Creck. S'il n'a pas besoin de vous, Tilton le fera. L'un d' eux sera forcément à court d'un homme."

" Fencin '?" » dit Dave avec un mécontentement visible.

"Tu penses que nous ferions mieux de quitter les lieux tous les deux en même temps ?" suggéra Mme Dave.

"C'est vrai", dit Dave avec éclat. " Mebbe, je... "

"Absurdité!" » grogna Ma Pettengill, dissipant son éclat. "Addie pourra te déposer chez Snell quand elle viendra à Arrowhead. Maintenant c'est réglé !"

Et nous sommes partis alors que les protestations sourdes se rassemblaient. J'ai commencé à me demander si, tout au long d'une belle journée, la stricte mission de cette femme devait être de faire subir des tribulations à ses voisins . Elle devenait une destructrice. Le soleil était bien levé. J'avais soif. De plus, le petit-déjeuner semblait avoir été une chose dans un passé lointain.

Nous avons maintenant parcouru trois miles torrides sur une étroite fente verte dans les collines pour à peine dix minutes de conversation avec une personne des plus inintéressante, dont la seule prétention de remarquer était qu'il était parti et avait clôturé le mauvais trou d'eau derrière Horsefly Mountain. , où nous avons une aire d'été. Le discours était rapide et précis et étayé par un plan, et l'escrimeur trop pressé se retrouva impuissant après un pitoyable essai de chicanerie. Nous sommes partis en lui disant qu'il pouvait faire ce qu'il voulait en envoyant quelqu'un immédiatement pour démonter cette clôture, car nous l'avions déjà démontée dès que nous l'avions vue. Nous le lui faisions simplement savoir pour qu'il n'ait pas besoin de perdre plus de fils, de messages et de temps à commettre des déprédations criminelles qui ne lui causeraient que de gros ennuis s'il le voulait. Un autre scalp à notre ceinture !

J'ai maintenant brièvement rappelé à la femme que nous ne nous étions arrêtés dans aucune maison paisible ce matin-là, sauf pour détruire sa paix. J'ai dit que j'entrais moi-même dans l'esprit de la balade. J'ai suggéré qu'au prochain ranch que nous passerions, nous devrions nous arrêter et mettre le feu aux meules de foin, juste pour couronner les brutalités de la journée avec quelque chose de vraiment splendide. J'ai aussi dit que je mourais de faim dans un pays d'abondance.

Ma Pettengill leva les yeux vers le soleil et dit qu'il était midi et demi. J'ai regardé ma montre et j'ai dit que le soleil était en retard de plus de dix minutes, ce qui était probablement dû aux tirs nourris et continus sur le front occidental. Ce morceau intéressant n'a coûté rien. Pendant que nous roulions, je me souvenais avec tendresse de ce dernier gâteau chaud et froid que Sandy Sawtelle avait sacrifié à son don pour la fantaisie avilie. Je me suis également souvenu d'autres éléments de ce sombre repas, me demandant comment j'avais pu si faiblement arrêter quand je l'ai fait.

Nous roulions désormais sous un soleil qui gardait son ancienne ferveur sinon sa vélocité. Nous traversâmes un chemin sans fin entre des champs, dans l'un desquels paissait un troupeau de bovins Arrowhead. C'est là que j'ai été amené à les contempler pendant de nombreux moments précieux. Il fallut me faire dire qu'il s'agissait du troupeau d'hirondelle-fourche, des races pures qui, pour une raison ou une autre — le chef étant un assistant imprudent — n'avaient pas été enregistrées. L'omission était indiquée par la fourchette d'hirondelle dans l'oreille gauche.

Le propriétaire les regardait avec tendresse et calcul. Elle calculait affectueusement qu'ils valaient environ cinquante pour cent. plus pour elle avec les oreilles intactes. Elle était irritée par le fait que leur vraie valeur ne soit pas acclamée par le monde. Aux yeux du ciel, ils étaient de race pure ; alors pourquoi devraient-ils souffrir de la surveillance d'un chef de troupeau qui n'avait pas d'ascendance aussi distinguée ? Et ainsi de suite, comme le dit la dame.

Nous avons finalement quitté la voie et étions sur la route départementale, mais nous nous sommes éloignés d'Arrowhead et de la nourriture. Il nous restait sans doute d'autres maisons à détruire. Nous montâmes une colline et la route s'éloigna de nous en une longue et douce pente. Et puis, un kilomètre plus loin, là où se terminait la pente, j'ai aperçu un petit plaisir des plus invitants dans cet immense fouillis de terres de ranch, avec son activité plus ou moins sinistre de bétail.

C'était une petite ferme digne d'orner un calendrier artistique intitulé Paix et Plenty – une véritable petite ferme provenant d'un petit pays plus doux, loin à l'est. Il semblait étrangement perdu au milieu de ces propriétés plus sombres. Il y avait une petite maison blanche et elle ne portait rien de moins que des stores verts. Il y avait une grange rouge, avec des dépendances pour jouets. Il y avait un potager, un verger d'arbres fruitiers en fleurs et, devant la petite maison étincelante, un joyeux jardin de fleurs. Même maintenant, je pouvais détecter le jaune des jonquilles et l'écarlate martial – du moins autrefois, c'était martial – des tulipes. Le petit village semblait somnoler ici à midi, rêvant de sa maison perdue et des autres petites fermes qui l'accompagnaient autrefois.

À ma grande surprise, cette incroyable petite ferme s'est avérée être notre prochaine étape. À la porte, Ma Pettengill descendit de cheval, relâcha la sangle de sa selle et attacha son cheval au râtelier d'attelage. J'ai fait de même avec le classeur à sangle unique.

"Maintenant", me demandais-je, "quelle bombe dévastatrice allons-nous lancer dans cette Arcady aux épices fleuries ? Quel malheur va-t-elle infliger à ses habitants sans méfiance, même si elle a ruiné quatre autres maisons ce jour ? Cela devrait être quelque chose de vraiment choisi." Mais je n'ai rien dit et j'ai suivi le vengeur.

Nous avons déverrouillé le portail blanc et avons remonté une allée de gravier entre les rangées de jonquilles, de tulipes et de jacinthes. Nous n'avons pas gravi le porche impeccable pour attaquer sa porte blanche et innocente, mais nous avons fait demi-tour sur une branche étroite du sentier de gravier et sommes arrivés à un porche latéral, ombragé par des érables. Et ici, en stricte conformité avec les ordres les plus solides de la tradition, étaient assis deux Arcadiens tout à fait authentiques dans des fauteuils à bascule en bois. Le mâle était une vieille chose souriante avec des joues de pomme d'hiver et des cheveux blancs, et la femelle était une vieille chose souriante avec des joues de pomme d'hiver et des cheveux blancs ; tous deux avaient des yeux bleus de poupée brillants et tous deux portaient, entre autres choses soignées, de jolies pantoufles amples et des bas blancs.

Et, bien sûr, l'homme s'appelait oncle Henry et l'autre tante Mollie, car je leur étais maintenant présenté. Ils m'ont timidement salué comme on revenait vers eux après de nombreuses années pendant lesquelles ils m'avaient abandonné. Et encore une fois , je me suis demandé quelle iniquité particulière nous étions venus commettre ici.

Puis Ma Pettengill a apaisé mon inquiétude. Elle a dit, en quelques mots simples mais touchants, que nous nous étions arrêtés pour manger un morceau. Aucun styliste qui s'auto-torture n'aurait pu mieux décrire les choses. Et les résultats ont été soudains. L'oncle Henry, le mâle, est allé emmener nos chevaux à la grange, et l'autre a dit qu'ils l'avaient fait il y a une heure ; mais donnez-lui dix minutes et elle aura quelques jeunes poulettes écorchées et sur le feu.

Ma Pettengill a dit, avec un goût très discutable, j'ai pensé : « Oh non, rien de tout cela ! » – parce que nous ne voulions pas créer le moindre ennui. La femme est parfois dense. Pour quelle autre raison étions-nous venus là-bas ? Mais tante Mollie a dit, alors, que diriez-vous d'un jeune filet de porc de première qualité ? Et Ma Pettengill a dit qu'elle pensait que ça ferait l'affaire, et j'ai dit que je pensais que ça ferait l'affaire. Et nous y étions ! Les dames se rendirent à la cuisine, où elles poussèrent des bruits rapides et reconnaissants.

Bientôt, l'oncle Henry est arrivé dans un joli coin et m'a dit d'essayer un verre de ce vin de raisin ici, qu'il a versé dans un pichet en verre pressé ; alors j'ai essayé et je lui ai offert une cigarette de ville, qu'il a glissée entre sa belle moustache blanche et ses belles moustaches blanches. Et j'espérais qu'il n'utilisait pas d'essence pour les rendre si propres, parce que s'il le faisait, quelque chose pourrait se produire lorsqu'il allumerait la cigarette ; mais rien n'a fait, donc probablement pas lui. J'ai réessayé le vin de raisin ; et le cher vieil oncle Henry a dit qu'il en produisait pas mal depuis que le gouvernement avait fermé les magasins de bières régulières, et de nombreuses fêtes se déroulaient de temps en temps pour faire du troc avec lui, en obtenir pour des danses ou des rhumes. , ou quelque chose.

Un chat jaune, aux yeux bleus comme ceux de l'oncle Henry, vint dormir sur ses genoux. Une grosse poule difficile avec une portée de poulets – ou comme une poule désigne son assemblage de petits – gloussa jusqu'à nos pieds. Je voyais trois ruches d'abeilles, une tonnelle à raisins et une rangée de casseroles à lait séchant au soleil, chacune appuyée sur sa voisine le long d'un banc blanc. Oncle Henry a dit de le boire pendant qu'il était froid. Toute la nature semblait sourire. La poule a trouvé un gros et charmant insecte et a ri avec humour pendant que ses petits rusés le déchiraient membre par membre. C'était idyllique.

Puis tante Mollie a poussé la porte moustiquaire et a dit d'entrer et de s'installer ; alors je suis entré et je me suis installé rapidement, ayant un filet de porc frit et des pommes de terre frites, et des biscuits chauds et de la sauce de porc, et des cornichons au concombre, et un gâteau à la noix de coco et des confitures de poires, des conserves de pêches, des conserves d'abricots, de la gelée de baies de Logan, de la gelée de pommettes, et un autre type de conserves que je n'ai pas pu identifier, malgré mes efforts répétés.

Maman Pettengill mangeait un peu, mais parlait aussi, gardant l'oncle Henry et la tante Mollie brillants de sourires. Ils ont tous deux des dents blanches et polies d'une régularité des plus étonnantes. Je mangeais presque exclusivement, faisant semblant d'être préoccupé par quelque chose. Le moment était urgent. J'ai formé une alliance enchevêtrée avec le filet de porc, qui a duré à un point tel qu'il ne restait plus qu'un petit fragment sur le plateau. Je l'ai tranquillement laissé là, pour que tante Mollie puisse croire qu'elle avait cuisiné plus qu'assez.

Je n'ai jamais cessé de regretter ce morceau creux de chevalerie. Était-ce honnête, authentique, ouvert ? Non! Pourquoi les hommes, à des moments critiques, s'abaissent-ils à une telle supercherie ? Tante Mollie a dit que je pourrais penser que cette ligne tendre était fraîchement tuée ; mais ce n'est pas le cas : elle l'a fait frire en décembre dernier et l'a mis dans son propre jus dans un pot de quatre gallons, et maintenant regardez comme il est frais ! Elle semblait aussi fière que si elle avait inventé quelque chose. Elle avait le droit de l'être. C'était une idée charmante et j'aurais pu manger le reste du pot, mais peu importe. Une demi-douzaine de biscuits copieusement gommés avec des conserves d'une sorte ou d'une autre feraient aussi bien, presque.

Alors tante Mollie m'a montré des objets d'intérêt dans la pièce, notamment sa nouvelle balayeuse de tapis, un road runner en peluche, un bateau construit dans une bouteille et les portraits aux crayons de couleur d'elle et d'oncle Henry, portant des vêtements bleus, des bijoux en or et des cols blancs. et cravates écrues. Et aussi l'acte de mariage. Il ne s'agissait pas d'un simple certificat officiel. C'était le genre qui coûte trois dollars fixe, en plus de ce que vous donnez à la fête qui le fait pour vous, étant un véritable acier gravé, avec un beau couple de mariés sous une cloche fleurie, le marié en tenue de soirée sévère et généreusement tacheté d'amours et de pigeons. Il vaut son prix et constitue un ornement sur n'importe quel mur, en particulier dans le cadre doré.

Tante Mollie semblait aussi fière de ce document qu'elle l'avait été du filet mignon. Je l'ai scanné mot à mot pour son plaisir. J'ai surtout remarqué la date. Tante Mollie a dit qu'elle et Henry étaient maintenant dans la quarantième année et que l'apparence avait beaucoup changé depuis leur arrivée ici. J'ai encore regardé la date du certificat.

Maman Pettengill a dit, eh bien, nous devons continuer, et ils doivent bientôt venir tous les deux à Arrowhead pour une journée. Et oncle Henry a dit que voici une bouteille d'un litre de son eau-de-vie de pêche, âgée de huit ans , et est-ce que je la prendrais avec moi et l'essaierais ? Les partis lui avaient dit que c'était bien ; mais il ne le savait pas – peut- être, peut- être pas. Il aimerait savoir ce que je pensais. Cela semblait peu de chose pour apporter un peu de bonheur dans la vie de ce vieux gentleman, et je n'étais pas homme à le blesser par un refus. C'était comme si Michel-Ange avait dit : "Viens cet après-midi à la Chapelle Sixtine et regarde une petite chose que j'ai emportée en courant." S'il avait apporté deux bouteilles au lieu d'une, ma réponse aurait été la même.

Nous étions donc partis sur nos chevaux rafraîchis et rentrions chez nous ; et j'ai dit, sans perdre de temps, que tante Mollie avait peut-être bon cœur et une manière rusée avec les intérieurs de porc, et que cela ne me regardait pas, de toute façon ; mais elle avait pourtant évoqué quarante longues années avec ce saloon amateur, alors que son acte de mariage n'était daté que d'un an, en chiffres trop honteusement lisibles. Et alors ? J'ai dit que cela me dérangeait d'observer le monde souterrain de temps en temps ; mais j'aime être prévenu à l'avance, même lorsque ses habitants étaient un vieux couple aussi charmant, aux yeux brillants et aux joues de pomme d'hiver que les deux que nous quittions maintenant.

Le soleil était sur notre dos, une légère brise nous attiquait, les chevaux savaient où ils allaient et le travail de la journée était terminé ; ainsi Ma Pettengill parla, en partie, comme suit :

"Oh, bien sûr, tout le monde le sait. C'est assez simple ! Tante Mollie et son premier mari sont venus ici il y a quarante ans. Il était phtisique et le premier hiver l'a mis dehors. Ils ont eu du mal ; pas de voisins pour parler. "Des conditions météorologiques difficiles, un travail acharné, un abri médiocre et un homme mourant. Henry Mortimer est passé par là et est resté pour aider - a soigné l'invalide, a gardé les quelques têtes de bétail ensemble, a cloué des trous dans la cabane, a bruissé de la larve et a agi comme un ami dans le besoin. Finalement, il a cloué un cercueil ensemble ; a fait le reste de ce travail ; puis est resté pour soigner tante Mollie, qui était toute seule. Après l'avoir fait marcher à nouveau , il lui a fait une récolte. Puis il est resté pour construire une grange et faire quelques clôtures. Puis il a récolté la récolte. Et ne recevant aucun salaire ! Ils vivaient tous les deux de la terre. Très vite, ils se sont aimés et ont décidé de se marier. C'est l'une des blagues de tante Mollie qui dit elle lui devait deux ans de salaire et dut l'épouser.

"Le mariage était plus facile à dire qu'à faire. Aucun prédicateur, ni même juge de paix, ne se trouvait à moins de quatre-vingt-dix milles, ce qui signifiait un voyage de quatre jours sur les routes de cette époque, et quatre jours en arrière, provoquant des crues ou une autre calamité. ils n'ont pas tenu un mois et personne à laisser sur place, ce qui signifiait qu'il ne resterait plus un seul bétail à leur retour, avec les Indiens et les voleurs. Oncle Henry vous dira que ça semblait dommage qu'un seul d' entre eux ne ferait pas le voyage pour faire la cérémonie, laissant l'autre protéger les lieux.

"Puis arrive un marchand de chevaux, qui s'arrête pour reposer son stock et apprend leurs problèmes. Il leur dit de cesser de s'inquiéter; qu'il est notaire et qu'il peut célébrer un mariage aussi bon que n'importe quel prédicateur baptiste qu'ils ont jamais vu. Je n'ai jamais réussi à savoir s'il était fou ou juste un farceur plein d'esprit. Quoi qu'il en soit, il a épousé le couple avec quelque chose comme des mots convenables, n'a pas accepté un centime pour cela et leur a donné un papier disant qu'il avait joué. " L'acte. Il y avait un sceau dessus montrant qu'il était un véritable notaire, bien que originaire de quelque part dans l'Iowa. Cela ne faisait aucune différence pour les nouveaux mariés . Un notaire était pour eux un notaire public, très important et officiel.

"De toute façon, ils avaient assez d'autres soucis à se faire. Ils ont dû s'atteler à la vie difficile qui attend tout jeune couple sans capital dans un nouveau pays. Ils ont eu des années de dur travail de luge, mais ils ont dû passer un bon moment d'une manière ou d'une autre. , parce qu'ils n'ont jamais que des choses agréables à en dire. Quel que soit ce notaire, il semblait avoir réussi un mariage qui a pris aussi bien ou mieux que beaucoup d'autres qui pourraient être plus légaux. C'est donc tout ce qu'il y a à dire. seulement, ici, il y a environ un an, ils ont été persuadés de le faire enfin correctement par un vrai pasteur qui fait du Kulanche deux dimanches par mois. C'est pourquoi la date tardive est sur ce certificat. La vieille dame est vraiment chatouilleuse à ce sujet ; montre cela à tout le monde, même si cela lui fait vivre une vie clandestine, ou quelque chose du genre, depuis environ trente-huit ans.

"Mais bon, c'est quand même une vieille idiote sentimentale. Devinez ce qu'elle m'a dit dans la cuisine ! Elle a lu ce que les Allemands ont fait aux femmes et aux enfants en Belgique, et elle dit : 'Bien sûr, je déteste les Allemands' ; et pourtant, il ne semble pas que je puisse un jour les détester suffisamment pour vouloir tuer beaucoup de bébés allemands ! » N'était-ce pas la confession d'un faible ? Je suppose que c'est tout ce que vous voudriez savoir sur cette femme. Mon amour ! Allez-vous regarder ce désordre de nuages ? Je parie que le temps tombe à Surprise Valley. Une bonne humidité serait ça ne nous fera pas de mal non plus."

Cela semblait être à peu près tout. Pourtant, j'étais réticent à quitter le sujet. J'avais toujours une lueur chaleureuse dans mon cœur pour le couple âgé, et j'entendais la bouteille d'eau-de-vie de pêche adolescente d'oncle Henry rire d'elle-même depuis l'endroit où elle était attachée à l'arrière de ma selle. J'ai frappé dans le seul point faible du mur.

" Vous dites qu'ils ont été persuadés de se marier. Eh bien, qui les a persuadés ? N'y a-t-il pas quelque chose d'intéressant là-dedans ? "

Il s'agissait en effet d'un coup astucieux. Les yeux de Ma Pettengill s'illuminèrent.

"Dis, je ne t'ai jamais parlé de Mme Julia Wood Atkins, la célèbre réformatrice ?"

"Vous ne l'avez pas fait. Nous avons encore huit milles."

"Oh très bien!"

Ainsi, sur huit miles d'une route qui menait entre des champs verts sur notre droite et une étendue vallonnée d'armoises sur notre gauche, j'ai entendu quelque chose comme ceci :

"Eh bien, cette éminente dame du club était sur la côte depuis un certain temps à la tête des mouvements et expliquait aux gens comment faire les choses, et elle était délabrée. Elle est une amie de Mme WB Hemingway, la célèbre leader sociale et club président de Yonkers, qui est un de mes vieux amis ; et Mme WB écrit que ma chère Julia donne sa vie à la cause – j'oublie de quelle cause il s'agissait à l'époque – et que serait-ce pour moi de l'avoir ici à New York ? au ranch pour des vacances, où elle pourrait retrouver ses esprits et être à nouveau prête à entrer dans l'arène. Je dis que je ne suis que trop heureux d'obliger, et la dame arrive.

« Elle semblait tout à fait humaine au début – un peu hagarde et surentraînée, mais avec beaucoup de combats en elle ; une dame de quarante-huit à cinquante-quatre ans, avec de belles manières chaleureuses qui doivent bien se passer sur une plate-forme, et une gentille visage accusateur. C'est le seul mot qui me vient à l'esprit. Elle serait assez occupée une bonne partie de la journée avec des brochures et des documents qu'elle ou quelqu'un d'autre avait écrits, mais j'ai finalement réussi à la faire sortir en douceur. vieux cheval, celui que tu montes, pour qu'elle en égaye, et nous nous entendions assez bien.

"La seule chose qui m'a opposé, c'est qu'elle fait partie de ceux qui pensent qu'un mot gentil et un sourire agréable les mèneront n'importe où, et elle a travaillé un peu trop sur moi comme si c'était quelque chose de professionnel.

"Néanmoins, je l'ai mis de côté et je l'ai écoutée parler de l'état épouvantable dans lequel se trouve le monde et de la façon dont quelques femmes sérieuses pourraient y remédier en une semaine sans la police.

"La réforme pénitentiaire, par exemple. C'est le premier sujet sur lequel elle m'a adressé des discours. Je n'ai pas pu en tirer grand chose, sinon que nous ne comptons pas assez sur l' honneur rude de nos condamnés . Ce n'était qu'un côté. elle ne s'en souciait pas moins. Elle pouvait parler longuement de la bonté innée du cambrioleur incompris. J'en avais assez. Je lui ai dit un jour que, si on y réfléchissait bien, je Je parierais que les hommes dans les pénitenciers n'avaient pas un moral un peu plus élevé que les hommes à l'extérieur. Elle a dit, avec son sourire le plus agréable, que je ne comprenais pas, alors je n'ai jamais essayé de le faire après ça.

"La dame avait un esprit vagabond. Peut-être que ce n'est pas le bon mot, mais il m'est venu peu de temps après son arrivée ici. Je pense que c'était le jour où elle a commencé à parler de notre eau potable. Elle voulait savoir ce que l'analyse montrait. Elle a été effrayée par son sourire agréable pendant un moment lorsqu'elle a découvert que je n'avais jamais fait analyser l'eau. J'ai d'abord pensé que la pauvre chose avait lu ces publicités pour la bière, vous savez, celles qu'ils impriment pour demander si vous êtes certain de la pureté de votre eau potable, en parlant des germes mortels qui y nageront probablement et en laissant entendre que probablement la seule valeur sûre lorsque vous avez soif est une pinte de leur bière pure et saine, qui n'a jamais encore été consommée. a donné la fièvre typhoïde à n'importe qui ... Mais non : Julia pensait simplement que toute l'eau devait être analysée selon des principes généraux, et ne pourrais-je pas envoyer immédiatement un échantillon de la nôtre ? Elle en avait rempli une bouteille et l'avait suggéré. avec son sourire de plateforme le plus agréable.

« Oui », dis- je ; « et supposons que le bruit revienne que cette eau est mortelle pour l'homme et la bête ? Et c'est la seule eau par ici. Et alors ? Je serais dans un sacré pétrin, je ne le ferais pas. JE?'

"Je ne nie pas que j'avais l'habitude de recourir aux mots de temps en temps quand son sourire me parvenait. Et nous avons continué à utiliser de l'eau qui pouvait ou non être piquante dans un rapport de pharmacie; je ne suis ici que depuis trente ans et il est trop tôt pour le dire. Quoi qu'il en soit, c'est à ce moment-là que je vois qu'elle était douée d'un esprit vagabond, c'est tout ce à quoi je peux penser pour l'appeler. Cela allait avec son visage accusateur. Elle ne pensait pas que quelque chose dans ce monde était aussi presque à droite, comme cela pourrait être fait par une bonne femme.

" Bien sûr, elle avait autre chose à craindre que l'eau. Elle était également écrivain. Elle écrivait sur la façon dont les frictions dans la vie familiale pouvaient être évitées si l'une des parties cédait à l'autre et laissait la femme dire comment l'argent sera dépensé, ainsi que des pièces sur ce que la jeune fille doit faire ensuite, et ce que la jeune épouse doit faire si nécessaire, et ainsi de suite. Pour une raison quelconque, elle a reçu de l'argent pour ces pièces.

"Cependant, elle faisait des trajets plus longs et retrouvait son dynamisme, c'était la raison pour laquelle elle était venue ici. Et n'ayant rien réussi à réformer l'Arrowhead, elle a cherché à l'étranger davantage de corruption plastique, comme on pourrait dire. Elle est montée en une nuit. et a dit qu'elle était étonnée que cette communauté ici n'ait rien fait pour Dave Pickens. C'est l'endroit où nous nous sommes arrêtés ce matin. Elle a dit que ses enfants étaient négligés et affamés, que sa femme travaillait jusqu'aux os et que Dave ne faisait que jouer sur un Du violon pas cher ! Comment obtenaient-ils leur pain au jour le jour ?

"Je lui ai dit que personne au monde n'avait jamais été capable de répondre à cette énigme. Il y avait Dave, sa femme et ses cinq enfants, tous en bonne santé et mangeant d'une manière ou d'une autre, et Dave ne faisait jamais un travail qu'il pouvait contourner. Je lui ai dit que c'était un puzzle tellement familier que nous ne nous laisserions plus perplexes.

" Elle a dit que quelqu'un devrait briser son violon et le faire travailler. Elle a dit qu'elle ferait quelque chose. J'ai applaudi. J'ai dit que nous avions besoin de sang neuf ici et elle a semblé l'aller chercher.

"Elle est revenue le lendemain avec une rougeur de triomphe sur son visage très simple. Et devinez la première chose qu'elle m'a demandé de faire ! Elle m'a demandé de tenter ma chance lors d'un tirage au sort pour le violon de Dave. Oui, monsieur ; avec ses paroles aimables et avec un sourire agréable, elle avait convaincu Dave de consentir à tirer au sort son violon, et elle allait vendre vingt-quatre chances à cinquante cents la chance, ce qui rapporterait douze dollars en espèces à cette maison sordide. Je devais respecter la femme à ce moment-là. moment.

« « Les voilà, sans le sou, dit-elle, et dans le besoin du strict nécessaire ; et cet homme qui perd son temps ! J'ai eu du mal à le persuader d'abandonner son misérable jouet ; mais j'ai traité des cas plus difficiles. Vous auriez dû voir la lumière sur le visage pâle de la mère lorsqu'il a consenti ! Les douze dollars ne seront pas beaucoup, même si cela fera quelque chose pour elle et pour ces enfants affamés ; et alors il n'aura plus l'instrument pour le tenter.

"J'ai donné très vite un dollar pour deux chances, et Julia est allée au dortoir et a arraché deux dollars aux garçons là-bas. Et le lendemain, elle était dehors pour brader les autres chances. Elle n'aimait pas ce travail. " Cela lui a donné une chance d'entrer dans nos maisons et de voir si elles avaient besoin d'être réformées, et si les enfants étaient soumis à des influences raffinées, etc. Le premier jour, elle a effrayé les partis en leur faisant prendre quinze billets, et le deuxième jour, elle s'est débarrassée des le reste ; et le dimanche suivant, elle a organisé le tirage au sort chez Dave. Le violon a été remporté par un nid de Surprise Valley, qui avait toujours cru qu'il pourrait en jouer un s'il avait seulement une chance équitable.

" Cette bonne action était donc maintenant accomplie, il n'y avait pas de musique et douze dollars dans la maison des Pickens ce soir-là. Et Mme Julia sentait maintenant qu'elle était prête pour le prochain grand exploit d'élévation, qui était beaucoup plus important parce qu'il impliquait le caractère sacré même du lien conjugal. Oui, monsieur, elle revenait un soir de sa rôdeuse et me racontait à voix basse, derrière une porte close, un couple qui vivait depuis des années dans un état d'ouverture. immoralité.

« Au début, je n'ai pas compris qu'elle ne pensait pas à l'oncle Henry et à la tante Mollie. Mais elle ne parlait que d'eux deux. Au début, je lui ai fait rire de bon cœur ; il semblerait qu'elle était allée là-bas pour vendre des billets de tombola, et ils en avaient pris quatre, lui avaient préparé à manger et lui avaient donné du sirop de cerise, ce qu'elle avait pris parce qu'elle n'était pas une femme forte ; et puis tante Mollie avait dit toute sa vie passée, avec cet horrible scandale du notaire qui en sortait innocemment.

"Mme Julia n'avait rien vu d'autre que le scandale, elle étant une experte en la matière. Elle avait donc commencé à persuader tante Mollie que c'était son devoir sacré d'être mariée décemment à son compagnon de crime depuis quarante ans. Et tante Mollie avait été très séduite par l'idée ; en fait, elle s'y était lancée avec un enthousiasme social qui ne semblait pas à Mme Julia avoir assez de honte féminine pour son sombre passé. pour que le couple coupable soit légalement marié, et avant son départ, tout était réglé : l'oncle Henry devait faire de tante Mollie une honnête femme dès qu'elle pourrait préparer son trousseau.

"Moi ? Je ne savais pas si je devais rire ou me mettre en colère. J'ai dit que le mariage initial avait satisfait à la paix et à la dignité de l'État de Washington ; et il avait fait plus, il avait même satisfait les voisins . Alors pourquoi ne pas le laisser du repos ? Mais non, en effet ! Cela n'avait jamais été un mariage aux yeux de Dieu et ne pouvait pas en être un maintenant. Les faits étaient des faits ! Et elle parla encore davantage du fait que tante Mollie n'avait pas pris sa fausse position de la bonne manière.

"C'était l'idée de Mme Julia de faire venir le pasteur et de commettre cette cérémonie assez furtivement, avec quelques témoins légaux, en gardant tout silencieux, pour ne pas avoir un scandale public. Mais rien de tel pour la femme coupable. " Elle allait faire un trousseau et un mariage, avec des invités et de la gaieté. Elle ne le prenait pas du tout bien. On aurait dit qu'elle voulait tout le scandale qui allait se passer.

"'Vraiment, je ne comprends pas cette créature', dit Mme Julia. 'Elle parle même d'un petit-déjeuner de mariage ! Pouvez-vous l'imaginer vouloir afficher une telle chose ?"

"C'est à ce moment-là que j'ai décidé de rire au lieu de dire à cette dame certaines choses qu'elle ne pouvait pas mettre dans un article. J'ai dit que la façon dont tante Mollie prenait les choses de cette façon montrait à quel point les gens pouvaient devenir dépravés après quarante ans; et nous devons essayer pour faire plaisir à la vieille traînée, l'essentiel étant de la mettre, elle et son vieux Don Juan avili, dans un état de mariage légal, même s'ils insistaient pour y aller avec une fanfare. Julia a dit qu'elle était contente que je l'aie pris de cette façon.

"Elle est revenue dans ma chambre ce soir-là, une fois ses cheveux détachés. La seule chose vraiment humaine que cette dame ait jamais faite, autant que j'ai pu le découvrir, a été de mettre un peu de ce remède magique sur ses cheveux qui leur redonne leur couleur naturelle. si la couleur naturelle était celle à laquelle ce remède la restaurait. Quoi qu'il en soit , elle voulait maintenant savoir si je pensais qu'il était juste que tante Mollie continue à résider là dans cette maison d'ici le moment où ils seraient des hommes légitimes et ma femme. J'ai dit non ; je ne pensais pas que c'était juste. Je pensais que c'était une infamie monstrueuse et un affront à la morale publique ; mais peut-être que nous ferions mieux de nous résoudre à l'ignorer et à labourer un sillon droit, sans nous arrêter pour arracher les mauvaises herbes. Elle a tristement dit qu'elle supposait que j'avais raison.

" Alors oncle Henry a attelé son gros cheval blanc au buggy, et lui et tante Mollie ont parcouru le pays pendant trois jours, invitant les gens à leur mariage. Tante Mollie a passé un moment inoubliable. Il semblait qu'il n'y avait pas de gens à leur mariage. pas moyen de donner honte à cette vieille coquine effrontée. Et une fois ce travail terminé, elle s'occupa de son trousseau, qui consistait en une robe de pont en organdi bleu et une paire de chaussures hautes blanches. Elle ne le fit pas. Je ne savais pas à quoi servait une robe de pont, mais elle aimait le look d'une robe figurant dans un livre de patrons et elle l'envoyait à Red Gap pour que Miss Gunslaugh lui évoque l'étoffe et la confectionne. Et elle avait toujours eu ce désir secret d'une paire de des chaussures hautes et blanches ; alors elles montent aussi.

"De plus, tante Mollie lisait le journal de la ville depuis des années et connaissait les petits-déjeuners de mariage ; elle en prendrait donc forcément un. Il semblait que toutes les personnes présentes allaient passer un bon moment, à l'exception de la dame qui l'avait lancé. Mme ... Julia était plus malignement scandalisée par ces préparatifs de fête que par le crime initial, mais il lui fallait maintenant en aller jusqu'au bout.

"La date avait été fixée et nous en étions à trois jours lorsque tante Mollie l'a reporté de trois jours supplémentaires parce que Dave Pickens ne pouvait être là que plus tard. Mme Julia a fait une violente protestation, car elle avait prévu de partir pour des domaines de criminalité plus vastes ; mais tante Mollie était têtue. Elle a dit que Dave Pickens était l'un des voisins les plus âgés et qu'elle n'accepterait pas un mariage auquel il ne pourrait pas assister ; et en plus, le mariage était une étape sérieuse et elle ne l'était pas. je vais m'y précipiter.

" Alors Mme Julia s'est donné beaucoup de mal pour son billet et ses réservations, et est restée. Elle était suffisamment prête pour ne pas s'épuiser avant que l'oncle Henry ait fait de tante Mollie une dame. J'étais très perplexe face à ce report. Dave Pickens n'avait rien pour quoi retarder quoi que ce soit. Il n'y avait jamais de rendez-vous où il ne pouvait être nulle part – du moins, à moins qu'il ne soit allé travailler après avoir perdu son violon, ce qui était extrêmement ridicule.

"Le rendez-vous a eu lieu cette fois-ci. On nous dit que le mariage aura lieu le soir et que tout le monde doit y passer la nuit. C'était surprenant, mais simple après que tante Mollie l'a expliqué. Les invités, bien sûr, devaient rester chez nous pendant le petit-déjeuner de mariage. Tante Mollie avait tout compris. Un petit-déjeuner est quelque chose que vous mangez le matin, vers six heures trente ou sept ; donc un petit-déjeuner de mariage doit avoir lieu le matin après le mariage. Vous ne pouvez pas tromper tante Mollie sur subtilités sociales.

« Quoi qu'il en soit, nous étions tous là au mariage : oncle Henry dans son costume noir et ses nouvelles dents brillantes, et tante Mollie dans sa robe de pont et ses chaussures blanches, et ce jeune ministre qui portait un air perplexe du début à la fin. il n'a jamais su à quel genre de jeu il participait. Mais il a réussi la cérémonie. Il s'est avéré qu'aucune âme présente ne savait pourquoi ce couple ne devrait pas être uni dans le saint mariage, bien que Mme. Julia avait l'air plus sévère que d'habitude à cette partie de la cérémonie. Oncle Henry et tante Mollie étaient fermes dans leurs réponses et promettaient de s'accrocher l'un à l'autre jusqu'à ce que la mort les sépare.

"Mme Julia avait l'air très noble et douce quand tout était fini, comme si elle avait sauvé une sœur égarée des profondeurs. On pouvait voir qu'elle sentait que le monde serait en effet meilleur si seulement elle pouvait y consacrer un peu plus de temps. .

"Nous sommes restés là et avons discuté un peu après la cérémonie, mais pas pour longtemps. Tante Mollie a remonté l'horloge et installé la souricière, et nous a tous poussés au lit afin que nous puissions nous lever tôt et de bonne heure pour le petit-déjeuner de mariage. Vous ' Je pensais qu'elle s'occupait de ces affaires dans la société métropolitaine depuis des années. Les femmes dormaient sur des lits et des canapés, et à différents endroits, et les hommes dormaient dehors dans la grange et dans une tente qu'oncle Henry avait montée ou emportait leurs rouleaux de couvertures et couché sous un arbre.

"Alors ho ! pour le joyeux petit-déjeuner de noces à six heures trente du matin ! Le petit-déjeuner de mariage était composé de jambon, d'œufs et de champagne. Oui, monsieur ; ne pensez pas que tante Mollie avait négligé la boisson à la mode. N'avait-elle pas lu tout son " La vie autour du champagne servi aux petits-déjeuners de mariage ? Le voilà donc dans une nouvelle chaudière de lavage, enfouie dans la glace pilée. Et tandis que les femmes servaient le jambon, les œufs et les biscuits chauds à la longue table construite dans la cour latérale, oncle Henry Il fit exploser plusieurs bouteilles de ce vin et le passa à tous, et un toast fut porté aux mariés légaux, après quoi on se livra à un repas copieux.

"C'était un joyeux festin, même sans la salade de homard, dont tante Mollie s'est excusée de ne pas avoir eu. Elle a dit qu'elle savait que la salade de homard accompagnait un petit-déjeuner de mariage, comme le champagne ; mais le homard en conserve qu'elle avait commandé n'était pas venu, nous devions donc nous débrouiller avec le jambon cru maison et quelques saucisses de porc qui arrivent maintenant. Personne ne semblait découragé par la salade de homard manquante. L'oncle Henry passait de long en large sur la table en remplissant des tasses et des verres, et tante Mollie, en ses atours de mariage, ont gardé la nourriture avec quelques gâteaux de sarrasin à l'arrivée.

"C'était un petit-déjeuner de mariage très satisfaisant, si jamais quelqu'un devait se renseigner auprès de vous. Au moment où oncle Henry avait vidé la moitié des bouteilles de champagne, je suppose que tout le monde était heureux qu'il ait décidé de retirer tante Mollie de la primevère. chemin.

"Tout s'est passé à merveille, à l'exception d'une tragédie. Oh, oui, il y a toujours quelque chose qui gâche ces affaires. Mais cet incident infernal n'est survenu que jusqu'au tout dernier. Après que les invités se soient pratiquement arrêtés , Dave Pickens se leva et revint avec un violon, se plaça au bout de la tonnelle et joua un morceau.

"'Quelqu'un a dû fournir à ce misérable un autre violon !' » dit Mme Julia, qui était plutôt fâchée, de toute façon, ayant été allongée sur un petit canapé et n'aimant pas le champagne au petit-déjeuner – et, par conséquent, n'aimant pas voir les autres en boire.

"'Oh, il en a probablement emprunté un pour votre fête', dis -je .

"Dave a joué quelques morceaux plus entraînants ; et très vite, quand nous nous sommes levés de table, il est venu vers Mme Julia et moi.

"'C'est un véritable violon', dit Dave. ' Il est dit dans le catalogue que c'est un véritable Cremonika - il ressemble à un Crémona et joue tout aussi bien. Je parie que c'est le meilleur violon au monde que l'on puisse avoir pour douze dollars ! '

"'Qu'est ce que c'est?' dit Mme Julia en se redressant comme un serpent à sonnette alarmé.

"'Bien sûr ! C'est un véritable modèle à douze dollars', dit fièrement Dave. 'Mon ancien, que vous avez si gentiment tiré au sort, ne coûtait que cinq dollars. J'en ai toujours voulu un meilleur, mais je n'ai jamais eu d'argent de côté jusqu'à ce que vous venez, c'est terriblement dur d'économiser de l'argent par ici.

"'Voulez-vous me dire…' dit Mme Julia. Elle était tellement en colère qu'elle ne pouvait pas aller plus loin. Dave pensait qu'elle était simplement enthousiasmée par son nouveau violon.

"'Bien sûr ! Seulement douze dollars pour cette beauté', dit-il en caressant l'instrument. 'Nous avons consulté le catalogue de vente par correspondance dès que vous nous avez laissé cet argent, et nous avons reçu un mandat postal en route pour Chicago le soir même. … Je dois dire, madame, que vous avez apporté un grand plaisir dans notre vie.

« « Et votre pauvre femme ? » claque Mme Julia.

"Sa pauvre femme arrive à ce moment-là et regarde affectueusement Dave et le nouveau violon.

"'Il a dépensé cet argent pour un autre violon !' lui dit Mme Julia à voix basse avec horreur.

"'Bien sûr ! Que pensais-tu qu'il allait en faire ?' dit Mme Dave. "Je dois dire que nous avons eu deux semaines très ennuyeuses pendant que Dave attendait ce nouveau. Il se morfond dans la maison quand il n'a rien sur quoi jouer. Mais c'est bien mieux que l'ancien. du violon ; ça valait la peine d'attendre. Avez-vous remercié la dame, Dave ? »

"Mme Julia était maintenant sans voix et plutôt faible. Et en plus de ces explosions vient tante Mollie, la nouvelle mariée, et rayonne d'elle avec tendresse.

"'Là!' dit-elle. " N'est- ce pas un beau violon neuf que Dave a acheté avec ses douze dollars ? Et cela ne valait-il pas la peine de reporter mon mariage pour que nous puissions faire de la musique ? "

"'Qu'est ce que c'est?' » dit encore Mme Julia. « Pourquoi l'avez-vous reporté ?

« Parce que le violon n'est arrivé qu'hier soir », dit tante Mollie, « et je n'allais pas avoir de mariage sans musique. Cela ne semblerait pas bien. Et ne pensez-vous pas vous-même que c'est un bien meilleur violon que l'ancien de Dave ?

" Ainsi, cette pauvre Mme Julia était maintenant frappée pour la foire, pensant à tous les ennuis qu'elle s'était donnés à propos de ses billets, et à tout ccla pour voir cc nouvcau violon.

"Elle est entrée faiblement dans la maison et s'est couchée, avec un mal de tête, jusqu'à ce que je sois prêt à quitter la foule gay. Et le lendemain, elle nous a laissés à notre sort. Pourtant, elle nous avait fait du bien. Dave a un nouveau violon et tante Mollie a ses hautes chaussures blanches. Alors maintenant, vous savez tout.

Nous approchâmes de la porte Arrowhead. Bientôt, sa cloche sonnerait un doux message à ceux qui travaillaient . Ma Pettengill se retourna sur sa selle pour scruter l'horizon vers l'ouest.

"Un soleil rouge a de l'eau dans les yeux", dit-elle. "Eh bien, un bon bain ne nous fera pas de mal."

Et un instant plus tard :

"Ce qui est curieux à propos des réformateurs : ils ne semblent pas tirer beaucoup de plaisir de leur travail à moins que ceux qu'ils réforment résistent et souffrent, et montrent un sens approprié de leur dégradation. Je parie que beaucoup de réformateurs démissionneraient demain. s'ils savaient que leur travail ne dérangerait personne."

VI

LE troglodyte du porche

ainsi que, dans un intermède brillant et mémorable, on parla du plus vieux boy-scout vivant, dont on disait qu'il avait des rats dans ses lambris ; du plus vieux débutant vivant , qui était aussi un troglodyte du porche ; et du voleur de corps. Une grande partie de la conversation était de moi ; une question de temps en temps. C'était le discours de Ma Pettengill, et je l'ai mis ici pour ce qu'il vaut, en espérant pouvoir en resserrer et harmoniser ses thèmes, aussi divers que celui de la malle armoire, l'âge de la terre, ce que chaque femme croit savoir. , et les trilobites du Silurien supérieur.

Il serait peut-être bon de commencer par le concret, et la photo de bébé semble être un tremplin acceptable pour se lancer dans le récital. Il est arrivé par courrier du soir et m'a été tendu par Mme Lysander John Pettengill, avec une émotion mal réprimée. Cette chose n'excitait en moi aucune émotion que je ne pouvais facilement réprimer. C'était le plus banal de tous les instantanés : une jeune femme penchée à la manière de Madonna au-dessus de quelque chose soigneusement enveloppée, flanquée d'un jeune homme qui révélait un sourire narquois gêné à travers sa barbe soigneusement pointue. La lumière éclairait durement les visages courbés du couple et le fragment découvert de la chose enveloppée n'était qu'une tache blanche et faible.

Je n'ai pas besoin de dire qu'il doit y avoir des millions de ces révélations pathétiques qui pèsent quotidiennement sur nos courriers. J'ai moi-même dû en regarder froidement plus d'un millier.

"Eh bien, qu'en est-il ?" » demandai-je brièvement.

"Je parie que vous ne pouvez pas deviner ce qu'il y a dans ce paquet !" » dit mon hôtesse d'un ton largement enjoué.

J'ai dit que ce que je pouvais en voir ressemblait à une demi-portion de chou-fleur bouilli nature, mais que selon toute probabilité, l'objet était un nourrisson, un nourrisson humain – ou, pour utiliser une expression courante, un bébé. Alors la dame se redressa et dit avec l'accent sec d'un perroquet :

"Non, monsieur ; c'est un trilobite carbonifère du Silurien supérieur."

En effet, cela m'a piqué. Cela a fait une différence. J'ai dit que c'était possible ? Mme Pettengill a dit que c'était pire que possible ; c'était inévitable. Elle semblait sur le point de s'y reposer ; je l'ai donc accusée de plaisanterie mal intentionnée et j'ai repris le numéro de la veille du Red Gap *Recorder* , avec l'intention de paraître ennuyé. Ça a marché.

"Eh bien, si le professeur Oswald Pennypacker n'appelle pas son bébé ainsi, vous pouvez parier que votre nouvelle canne à truite lui donne un nom tout aussi bon. Mebbe , je ferais mieux de lire ce que dit la fière mère."

"Ce serait une bonne chose avant de répandre de mauvaises nouvelles", murmurai-je sur un ton de douce réprimande.

Alors la femme polit ses lunettes et lut une double feuille de longue calligraphie de haut en bas – c'est-à-dire qu'elle lut jusqu'à ce qu'elle explose dans une réplique triomphale :

" Ha ! Voilà ! Je ne sais pas une chose ou deux ? Écoutez : " Oswald est tellement fasciné par l'acarien ; vous ne devineriez jamais comment il l'appelle : " Ma petite fleur avec des os et une voix ! " " Maintenant ! Ne me dites pas que je n'avais pas le numéro d'Oswald. Je savais qu'il ne se contenterait pas de l'appeler un bébé ; il serait obligé de lui donner un nom d'animal, de végétal ou de minéral. N'est- ce pas la vérité ? "Petite fleur avec des os et une voix !" Qu'en savez-vous ? C'est un scientifique qui essaie d'être poétique.

"Et là, écoutez ceci : elle dit qu'une heure après la naissance de l'enfant, l'heureux père a été attrapé par le médecin et l'infirmière pour voir s'il pouvait supporter son propre poids sur un balai, comme un singe. Elle dit qu'il était extrêmement bouleversé. " Quand ces autorités l'ont privé de la garde de son enfant. Cela ne vous ennuierait-il pas ? Essayer de voir si un bébé d'une heure pouvait se mentonner ! C'est tout ce que vous voudriez savoir sur Oswald. "

J'ai dit non à la hâte; ce n'était pas tout ce que je voulais savoir sur Oswald. Je voulais en savoir beaucoup plus. Presque tout le monde le ferait. La dame étudia une nouvelle fois le visage poilu avec ses lunettes à monture en os.

"Mince!" dit-elle. « Il n'a pas l'air aussi fier de ceci que de celui qu'il m'a envoyé lui-même – ici, où est cette chose ?

Du fond de la grande table , elle apporta sous la lampe un panier en tissage indien et sortit de son trésor de cartes à jouer, de sacs de tabac, de papier à cigarettes, de lettres et de photographies étranges, un autre instantané d'Oswald. C'était une scène bien différente. Ici, Oswald se tenait debout à côté du squelette monté d'un reptile géant préhistorique qui était devenu nain mais qui l'avait laissé en quelque sorte dans un triomphe royal.

"Voilà maintenant!" observa la dame. " N'a-t -il pas l'air bien plus flagrant à cause de ce désordre d'os que de sa propre chair et de son sang ? Tu parles de fierté ! "

Et j'ai vu qu'il en était ainsi. Ici, Oswald regardait le monde entier en face, vraiment fier ! Une main reposait sur la rotule de la bête dans une caresse exclusive. Oswald avait l'air trop insupportablement complaisant. C'était le look qui ne pouvait être pardonné à un homme que lorsqu'il le portait en présence de son premier-né. Si les instantanés disent quelque chose, ils indiquent qu'Oswald était le père d'un mammouth sauropode et qu'il avait simplement déterré le bébé dans un lit de fossiles quelque part.

"C'est là que réside vraiment le cœur de l'homme", a déclaré son sévère critique, "même s'il bavarde à propos de sa petite fleur avec des os et une voix ! Il souhaite probablement que la voix soit laissée de côté dans sa petite fleur." De manière impressionnante, elle a posé un index rigide sur l'empreinte du squelette monté.

"C'est là," dit-elle avec désinvolture, "se trouvent les restes organiques d'un bronsolumphicus laineux à trois doigts du calcaire carbonifère, ou période des trilobites du Silurien supérieur. Je crois avoir le nom correct. Il a été déterré dans un lac asséché. dans le Wyoming, il y a quelques années, ce n'était plus que de la glaçon, de sorte que cette malheureuse créature s'y est enlisée. La pauvre créature est décédée il y a environ six ou quatre cents millions d'années, quelque part là-bas. Oswald et son nouveau beau-père ont creusé depuis son lieu de repos tranquille dans le vieux cimetière. Tel est leur travail passionnant dans la vie.

"Ce beau-père n'est qu'un vieux voleur de cadavres qui fouine partout, pillant les tombes de l'Antiquité et installant son butin dans leur musée à l'université. Inutile de dire à cette vieille goule de laisser les morts se reposer. Il ne le fera tout simplement pas. Il veut des restes. Il veut les faire sortir à la lumière du jour et coller des étiquettes sur leurs crânes depuis longtemps paisibles. Il n'agit pas non plus avec modération ou comme il faut à ce sujet, ni un peu triste comme du beurre, comme un croque-mort de première classe. Il est joyeux. Qu'il trouve le squelette de quelque chose d'aussi gros qu'un wagon de marchandises, qui a péri dans un passé lointain, et il est aussi chatouillé qu'un gamin qui tire sur sa petite sœur avec son nouveau pistolet à air comprimé.

"Les os dans sa faiblesse – et les périodes géologiques. Il aime les os d'époque comme certaines personnes aiment les meubles d'époque; et les roches et la géographie et le Trias inférieur , et ainsi de suite. Il sait quel âge a la terre en quelques centaines de millions d'années; comment les ébauches et les solives ont été assemblées, ainsi que toutes les différentes sortes de dents que possèdent les animaux sauvages. C'est un scientifique. Oswald est un scientifique. J'étais moi-même un scientifique il y a deux étés, quand ils étaient ici .

"Au moment où ils sont partis, je pouvais prononcer beaucoup de mots attrayants. Je pouvais prononcer des phrases entières si bien que j'avais du mal à me comprendre. Bien sûr , après leur départ, je n'ai pas maintenu mes connaissances scientifiques. Je me suis laissé rouiller ... Je n'en sais probablement pas beaucoup plus maintenant que vous. Oh, peut-être un peu plus. Tout me reviendrait si je reprenais cela.

Alors j'ai dit que je n'avais rien à faire pendant environ une heure, et si elle ne voulait pas essayer d'être scientifique, mais parler avec ses propres mots simples, je pourrais consentir à l'écouter ; dans ce cas, elle pourrait tout raconter, sans rien omettre, aussi insignifiant que cela puisse lui paraître, parce qu'elle n'était pas un bon juge des valeurs. J'ai dit qu'il était vrai que je risquais d'être rattrapé par le sommeil, car ma journée avait été difficile, atteignant le bassin à truites sous les grandes chutes et impliquant le transport jusqu'à dix-sept truites arc-en-ciel pesant plus de dix-sept livres, plus ou moins, même si j'ai l'impression d'en avoir plus. Et qu'en est-il d'Oswald et du limon primitif, et ainsi de suite. Et serait-ce important si c'était vrai ? La dame a dit : eh bien, oui et non ; mais cependant-

C'est le professeur Marwich à l'université, ce vieux coroner confirmé dont je vous parle. Il y a une suite de lettres majuscules qui défile après qu'il ait fini de prononcer son nom. Je ne sais pas ce qu'ils veulent dire : docteur en chirurgie dentaire, je suppose, ou en zoologie, ou en fractions, ou en géographie, ou tout ce qui a à voir avec les roches, les animaux et les vertèbres . Ce n'est pas un mauvais vieux scout en dehors des heures de travail. Un automne, il y a une douzaine d'années, il avait fait un tour par ici et menaçait toujours de revenir ici pour mener ici encore de nouvelles enquêtes sur les défunts ; mais je n'ai rien entendu jusqu'à il y a deux étés. Il a écrit qu'il voulait venir travailler sur le terrain. C'est le nom innocent qu'il donne à son commerce déloyal. Et il voulait amener son assistant, le professeur Pennypacker ; et puis-je les mettre ?

J'ai dit que s'ils attendaient la fin de la fenaison, je le pourrais et je le ferais. Il m'a répondu qu'ils attendraient que mon foin soit ramassé – c'est le joli mot qu'il a utilisé – et qu'il pouvait aussi apporter son enfant sans bouche avec lui ? Je ne l'ai pas vraiment fait. Il écrit un livre qui ne pourrait jamais s'en sortir dans une école de commerce. Je pensais que c'était peut-être quelque chose d'apprivoisé qu'il transportait dans une cage et qu'il resterait silencieux toute la journée pendant qu'il poursuivrait ses pratiques répugnantes. Cela ne semblait pas gênant.

Je n'ai jamais fait de pire supposition. C'était de sa fille qu'il parlait ainsi. Elle allait assez bien, bien que stupéfiante quand on s'attendait à quelque chose de hautement zoologique et sans bouche au lieu d'être sans mère. C'était une grande fille rouane au corps épuré à la mode, dévouée au ukulélé et aux vêtements pour femmes. Mais pas si jeune que ça en a l'air . Son comportement général était assez infantile, mais elle avait des yeux fatigués et un million de petites lignes qui les entouraient , et si vous la mettiez sous un jour fort , vous voyiez qu'elle était assez vieille pour avoir un but sérieux dans la vie.

Elle a utilisé des crèmes de massage et des lotions de beauté avec un profond sérieux dont vous ne la soupçonneriez pas lorsqu'elle s'asseyait dans le hamac au clair de lune, grattait ce ukulélé et jouait le rôle d'un simple troglodyte de porche. C'était vraiment le métier de la jeune fille ; tout ce qu'elle avait appris. Peut-être qu'elle avait mal dépensé sa jeunesse, ou peut-être qu'elle n'était pas destinée à autre chose – juste un papillon avec un peu de poudre d'or brossé et les ailes un peu froissées.

Eh bien ! Comme les temps ont changé depuis que j'ai retiré mes propres cheveux d'une tresse ! À cette époque tendre, où une fille ne semblait pas assez attirante pour se marier , elle se lançait dans une carrière – probablement enseignante – et était regardée de côté par sa famille. C'est différent maintenant. De nos jours, une fille semble se lancer en premier dans une carrière et ne se marier que lorsque toutes les autres voies sont fermées. C'est elle qui est désormais considérée par ses sœurs intelligentes comme une ratée. Je considère que le monde est dans un mauvais état, mais peu importe ; Je ne peux rien y faire d'ici, avec la période des foins qui approche.

De toute façon, cette Lydia n'avait pas été construite pour une carrière exigeant un usage sérieux de la tête ; et pourtant, jusqu'à présent, elle avait échoué dans l'autre. Elle était sur le point de devenir une paria si elle ne faisait pas quelque chose de désespéré très bientôt. Elle méprisait trente ans, et je parie que ses manières n'avaient pas changé du tout depuis qu'elle en regardait vingt.

Bien sûr, elle avait appris des choses sur son jeu. Vivant autour d'un collège, elle a dû essayer ses ruses sur au moins dix promotions de jeunes hommes. Naturellement, elle avait appris la technique et les fourberies féminines. Elle était encore assez affectueuse. Elle avait une petite lèvre supérieure courte qu'elle pouvait soulever avec beaucoup de pathétique. Et à peine la fête avait-elle atterri ici que j'ai vu qu'elle avait enfin un but sérieux dans la vie.

C'était ici l'assistant de son père, qui s'appelait professeur Oswald Pennypacker ; et c'était un objectif difficile dans la vie, parce qu'il n'avait pas plus besoin d'une femme que les petits oiseaux n'ont besoin de montres-bracelets. Vous avez vu sa photo là-bas. Il avait environ trente-cinq ans et avait consacré toutes ses années à rechercher les noms des animaux sauvages, ce qui passe pour être l'une de nos meilleures sciences. Il n'avait pas encore abordé les femmes. Un bon squelette vif d'une personne l'aurait diverti s'il avait pu le déterrer lui-même et l'aurait appelé un calcaire sédimentaire ; mais il n'avait jamais joué avec quelqu'un qui était encore en service et orné de chair et de vêtements.

Et pointilleux ! J'aurais aimé que vous puissiez voir la chambre de cet homme après qu'il ait soigneusement défait ses bagages ! Une place pour tout, et il avait tout aussi – tout au monde. Et si quelqu'un transférait son savon à la place de son dentifrice, cela bouleversait toute sa journée. Le Chink n'a jamais osé entrer dans sa chambre après le premier matin. Oswald a même fait son propre lit. C'est facile de le traiter de vieille fille, mais je n'ai jamais vu aucune femme souffrir autant d'agonie à cause de sa propreté.

Ses chaussures devaient être alignées, ses vêtements, ses chapeaux et ses casquettes devaient être alignés, et il n'y avait qu'un seul crochet dans la pièce auquel son pyjama pouvait légalement s'accrocher, et sa poudre de talc devait se trouver exactement entre les moustiques. de la drogue et du rhum de baie, qui devaient être flanqués précisément de ses outils de manucure et suivis de quelque chose qu'il mettait sur ses cheveux, qui allait dans le sens de toute chair. Si un maraudeur était entré dans sa chambre pendant la nuit et avait déplacé sa boussole là où se trouvait son stylo-plume, il se serait réveillé instantanément et aurait crié.

Et puis sa nouvelle malle penderie ! C'était une grande et sainte joie qui était entrée dans sa sombre vie ; tout neuf, brillant et compliqué, avec une belle serrure en laiton, un côté pour les vêtements sur des cintres corrects et l'autre côté plein de tiroirs, de compartiments et de recoins secrets, où il pouvait se cacher des choses. C'était comme un appartement meublé, cette malle. Et c'était sa première aventure dans le grand monde cruel avec. Il la chérissait comme un homme aurait dû chérir son épouse.

Il m'a fait venir le contempler ce premier après-midi. On aurait pu croire qu'il essayait de me le vendre, vu la manière dont il l'a montré. Il se tenait debout, avec un renflement semblable à une pastèque au sommet, de sorte qu'aucun vandale ne pouvait mal le tenir debout ; et il était grand ouvert pour montrer les deux intérieurs. Il a ouvert toutes les pièces pour que je puisse les admirer . Il a adoré cette malle. Et enfin, il m'a montré un petit crochet en laiton qu'il avait vissé sur le côté où se trouvaient les cintres . C'était un crochet très important. Il y accrocha les clefs de la malle ; deux clés, enfilées sur un cordon, et le cordon soigneusement accroché au crochet. C'était, m'a-t-il dit, pour que les clés ne soient jamais perdues.

"J'ai toujours peur de perdre ces clés", dit-il. "Ce serait vraiment une catastrophe, n'est-ce pas ? Alors j'ai l'intention de les garder accrochés à ce crochet ; ainsi je saurai toujours où ils sont."

Le misérable rusé ! Il pouvait se réveiller la nuit et mettre la main sur ces clés dans le noir. Il le faisait probablement souvent. J'ai prononcé quelques mots simples pour féliciter sa sagacité. Et après cette conférence intéressante sur sa malle et ses clés, et un bon aperçu de la disposition précise de son million de biens, j'avais son numéro. Il était le plus vieux boy-scout vivant.

Et cette pauvre fille aux yeux designés sur lui était la plus vieille débutante vivante. J'ai appris par la suite que le grand but de la science est la classification. J'ai classé ces deux-là en un rien de temps, comme si j'avais travaillé toute ma vie en sciences. Eh bien, disons, cet Oswald avait même un allume-cigare breveté qui fonctionnait ! Vous avez dû en voir des centaines, des choses en nickel pour lesquelles les hommes paient de l'argent. Ils fonctionnent bien dans le magasin où vous les achetez . Mais avez-vous déjà vu un travail après que l'homme l'ait sorti dehors, là où il en avait besoin ? Le propriétaire de l'un d'eux le sort toujours, l'air tendu et nerveux, et appuie sur le ressort ; et rien ne se passe sauf qu'il jure et emprunte une allumette. Mais Oswald a travaillé à chaque fois. C'était étrange ! Seul un boy-scout aurait pu le faire.

donc installés et les travaux sur le terrain ont commencé le lendemain. Les deux hommes partiraient tôt vers un endroit à environ huit kilomètres au nord d'ici qui était autrefois un ancien lac, m'a-t-on dit. Je ne sais pas si c'est le cas ou non. Il fait assez sec maintenant. Cela ne peut certainement pas être considéré comme faisant partie de notre approvisionnement en eau actuel. Ils prenaient des pelles, des marteaux, des loupes, des stylos-plumes, le briquet à cigare d'Oswald et un peu de déjeuner, et revenaient le soir avec un beau désordre de ces trilobites et vertèbres d'ici ; et des ganoïdes et des taons pétrifiés, et je ne sais quoi ; des coquilles d'huîtres mebbe , ou les empreintes d'un oiseau laissées dans la roche solide, ou les contours d'une étoile de mer, ou une crevette vieille de cinquante-deux millions d'années et parfaitement inutile.

Ils semblaient passer un bon moment. Et Oswald écrivait tardivement des remarques sur le jeu pétrifié qu'ils avaient introduit.

les voyais pas beaucoup , sauf le soir, lorsque nous nous réunissions pour le repas du soir. Mais leurs paroles à cette époque faisaient des merveilles pour moi. Tout sur les objectifs de la science et comment nous en sommes arrivés là et qu'en est-il. Le professeur était un vieux garçon corpulent, avec de longs cheveux gris et de longs sourcils noirs, et qui avait l'habitude de l'emporter dans les disputes. Lui et Oswald n'étaient jamais d'accord sur quoi que ce soit à mes oreilles, à l'exception des muffins au maïs Chink ; et ils avaient l'air un peu en colère l'un contre l'autre quand ils devaient se mettre d'accord sur eux.

Prenez l'âge de cette terre sur laquelle nous gagnons notre vie. Ils ne se sont jamais éloignés de quelques centaines de millions d'années. Oswald était fort car la Terre avait exactement cinquante-sept millions d'années. Faites-lui confiance, il s'en sortira bien ! Et le vieil homme a gagné quatre cents millions. Avant, ils s'énervaient à ce sujet.

Ils ont cité des autorités. Un scientifique s'était rapproché et avait découvert qu'il s'agissait de cinquante-six millions d'années. Et un autre, qui semblait être une tête d'affiche dans le monde scientifique, a déclaré que c'était entre vingt et quatre cents millions, avec une probabilité de quatre-vingt-dix-huit millions. J'ai plutôt aimé ce scientifique. Il semblait si humain, comme une femme qui participe à un concours de devinettes à la foire du comté. Mais un autre scientifique était intervenu avec une estimation de cinq cents millions d'années, ce qui était pour le moins facile à retenir.

Bien sûr , je n'ai jamais fait grand-chose à part écouter, même lorsqu'ils discutaient de cette chose que je connaissais tout ; car à Fredonia, New York, où j'allais à l'école du dimanche, cela a été réglé il y a plus de cinquante ans. Notre cher vieux pasteur nous a dit que la Terre avait exactement six mille ans. Mais je laisse parler les pauvres, pour ne pas gâcher leur plaisir. Quand l'un d' eux a dit que le monde avait été créé il y a au moins cinquante-sept millions d'années, j'ai simplement répondu qu'il ne paraissait pas aussi vieux que cela, et j'ai laissé tomber.

Nous avons fait de joyeux petits repas pendant environ un mois. Si ce n'était pas l'âge du marchepied de Dieu, il s'agirait de ce dont nous descendons, le meilleur pari en vue étant que cela vient de poissons qui avaient des poumons et respiraient sous l'eau aussi facilement que n'importe quoi, ce qui a au moins mis des gradateurs sur ce vieux scandale des singes dans nos ancêtres. Ou, après que nous soyons allés dehors sur le porche, ce que nous avons dû faire parce qu'Oswald fumait les pires cigares qu'il ait pu trouver au monde, ils se disputaient sur le fait que toutes les choses dans le monde n'étaient tout simplement rien, ce qui est tout à fait normal. connue de nous, scientifiques, sous le nom de métaphysique.

La métaphysique est simple comme un, deux, trois. Il se compose d'un sujet et d'un objet. Je pense seulement que je tricote cette chaussette ici. Il n'y a pas de chaussette ici et il n'y a pas de moi. Nous sommes des illusions. Le bruit de ce Chink qui fait la vaisselle dans la cuisine n'est qu'une simple sensation dans ma tête. Il en va de même pour le chèque de quatre-vingts dollars que je devrai lui remettre le premier du mois — même si l'imbécile de banque de Red Gap le regardera d'un œil inculte et pensera qu'il est réel. Les philosophes se sont penchés sur ces questions et les ont simplifiées pour nous. Il a fallu des milliers de livres pour y parvenir ; mais c'est enfin fait. Tout est rien. Demandez à n'importe quel scientifique ; il vous le fera comprendre aussi clairement qu'une brume dans le brouillard.

Et même rien en soi n'est réel. Ils vont jusqu'à cet extrême. Même l'espace vide n'est pas réel. Et l'esprit humain ne peut pas comprendre l'espace infini. J'ai eu chaud quand l'un d' eux a dit ça. Je leur ai tout de suite demandé si l'esprit humain pouvait comprendre l'espace qui avait une fin. Bien sûr, il ne peut comprendre autre chose que l'espace infini. Je les avais , d'accord ; ils ont dû changer de sujet. Ils sont donc passés au libre arbitre. Aucun de nous ne l'a.

Cela m'a encore fait chaud. Je leur ai dit d' essayer ne serait-ce que cinq minutes et de voir s'ils pouvaient agir comme s'ils n'avaient pas le pouvoir de choisir. Bien sûr, je les ai encore eus . Peut-être qu'il n'y a pas de libre arbitre, mais nous ne pouvons pas agir comme s'il n'y en avait pas. Ces deux-là rendraient certainement le jeu de poker impossible si les gens les croyaient .

J'ai failli interrompre la fête ce soir-là. J'ai dit que c'était dommage qu'on enseigne de telles choses à des jeunes hommes alors qu'ils pourraient tout aussi bien aller dans une bonne école d'agriculture et en apprendre davantage sur les sols et les cultures et sur ce qu'il faut faire en cas de taureau malade. De plus, je voulais savoir ce qu'ils feraient pour gagner leur pain quotidien une fois qu'ils auraient tout déterré et étiqueté. Bientôt, ils auraient tous les derniers restes organiques mis dans un catalogue, l'ensemble complet et ininterrompu – et puis quoi ? Ils seraient sans emploi.

Le professeur a ri et a dit : « Laissons l'avenir prendre soin de lui-même ». Il a dit que nous ne pouvions pas prédire ce qui pourrait arriver, parce que, pour l'instant, nous n'étions en réalité que des supersinges . C'est ainsi qu'il appelait notre noble race : les supersinges ! Alors j'ai dit oui; et ces philosophes qui parlaient de sujet et d'objet et du néant de rien me faisaient penser à des singes qui s'emparent d'un miroir, le lèvent et le regardent, puis se faufilent d'une patte derrière le verre pour attraper l'autre singe. . Alors il rit encore et dit "Pas mal, ça !"

Vous pourriez tromper le professeur, ce qui est plus que ce que je peux dire pour Oswald. Oswald prenait toujours une plaisanterie comme si vous l'aviez faite à côté du cercueil contenant tout ce qui était mortel de sa chère mère. En présence de propos légers, le pauvre Oswald n'était qu'un frisson. C'était un mangeur de viande à la cuillère, et il était capricieux. Il pouvait parler comme une demi-heure avec les meilleurs auteurs du monde, et pourtant il n'avait rien d'autre à dire que des mots.

Pourtant, j'ai apprécié ces soirées. J'ai appris à m'intéresser aux questions vitales et à suivre les meilleures pensées du monde, en compagnie de ces messieurs qui avaient quelques tours d'avance. Mais ce n'est pas le cas avec l'enfant sans mère. Ici, Lydia ne faisait aucun effort pour suivre la meilleure pensée du monde. Elle ne semblait pas s'en soucier si elle ne perfectionnait jamais son intellect. Il aurait été évident à tous qu'elle tendait un filet d'or pour la fête d'Oswald ; Pourtant, elle n'a jamais fait le moindre effort maladroit pour se plier à ses idéaux élevés.

C'était une merveille, cette fille ! Toute la journée, elle restait assise dans la maison, les cheveux détachés, attachant une taille en dentelle ou préparant du fudge, et ne semblant pas se soucier beaucoup de la vie. Le soir venu, quand la fête devait revenir, elle se réveillait, s'habillait dans quelque chose de moelleux, avec l' effet de ruisseau à la mode et une jolie paire de bas de hamac avec des pantoufles blanches, et devenait un troglodyte animé. Cela semblait être la limite de sa science.

La plupart des orphelins feignaient un intérêt fébrile pour la chasse aux cafards fossiles du jour, et sortaient même pour briser des rochers avec un marteau ; mais pas Lydia. Elle ne prétendrait jamais au moindre engouement pour les restes organiques et, peu importe, elle entonnait quelque chose de frivole sur son ukulélé pendant qu'Oswald était en train de raconter le secret de la vie. Cependant, elle était confiante tout le temps, comme si elle l'avait déjà bourré et monté. Elle m'a rappelé cette fille dans la pièce What Every Woman Thinks She Knows.

Lydia avait d'excellentes idées en matière de cuisine, qui est un art pour piéger les hommes. Elle a dit qu'elle était une excellente cuisinière et qu'elle pouvait préparer des chips Saratoga, ce qui était tout pour le Kenosha - peu importe ce que cela signifiait. Pensez-y : des chips Saratoga ! Plus de huit cents façons de cuisiner des pommes de terre, et toutes bonnes sauf une ; et, bien sûr, il lui faudrait trouver ce seul moyen possible de ruiner complètement les pommes de terre. Elle pouvait aussi cuisiner d'autres choses : du caramel au beurre, des œufs farcis et des pailles de fromage, ces dernières étant loin d'être de la nourriture du tout. Cela vous donne une ligne sur elle.

Je suppose que c'était tout ce que l'on pouvait attendre d'une débutante née qui avait été élevée pour être gentille avec les étudiants sur un porche au clair de lune, leur permettant de mettre un autre coussin de canapé derrière elle, et de porter leurs épinglettes de classe, et ainsi de suite. Et la voilà arrivée à trente ans, avec des pailles de fudge et de fromage et le ukulélé délimitant toujours son horizon mental, tout en regardant bien au-dessus de sa station une personne de la gravité d' Oswald .

Je n'ai jamais compris ce qu'elle voyait en lui. Mais nous ne le faisons jamais. Elle se moquait de lui – et se moquait de lui, d'ailleurs. Elle me disait : « Il se soucie terriblement de lui-même, n'est-ce pas ? Et elle m'a dit et lui a dit qu'il avait des souris dans ses lambris. Souris ou rats, j'oublie lequel. N'importe quel bookmaker avisé l'aurait inscrite dans cette course à cent contre un. Elle avait beaucoup de flatterie pour Oswald, mais pas pour son espèce. Elle essayait de l'attirer avec une féminité furtive et des mélodies plaintives alors qu'elle aurait dû s'intéresser fébrilement à la faune organique. Oswald regardait généralement à travers ou au-delà d'elle. Il se soucie beaucoup plus de savoir si son stylo-plume risque de s'encrasser sur lui. Ils étaient tous deux déterminés à leur manière, et ils avaient des manières différentes ; il me semblait qu'ils ne pourraient jamais se rencontrer. Ils étaient comme deux phoques dressés qui auraient appris deux techniques différentes.

Bien sûr, Oswald fut finalement coulé, coulé par un coup de feu fortuit ; et il n'y avait aucun doute sur sa destruction, des quantités d'huile marquant la surface où il est tombé. Mais cela semblait être un pur hasard. Pourtant, si l'on en croit Oswald et le diagnostic scientifique, il y était confronté depuis la création du monde, il y a vingt ou cinq cents millions d'années – je ne sais pas vraiment combien ; mais qu'est-ce que quelques millions d'années entre scientifiques ? Je ne sais pas si je m'en soucie vraiment. Cela ne m'a encore jamais empêché de dormir une nuit. Je préférerais savoir comment obtenir quatre-vingt-cinq pour cent. de veaux.

Quoi qu'il en soit, c'était la nouvelle malle grandiose d'Oswald qui avait été prédestinée dès le début du monde à le faire parler de sa petite fleur avec des os et une voix ; cette même malle neuve qui était la fierté de sa vie stérile et son seul véritable souci car il risquait un jour d'en perdre les clés.

C'est une histoire touchante. Cela a commencé la nuit où Oswald voulait installer une table supplémentaire dans sa chambre. Ils étaient arrivés ce jour-là avec une bonne partie des habitants les plus anciens d'ici qui avaient connu leur long repos il y a trois millions d'années : des vers de poisson pétrifiés, des punaises de la pomme de terre, etc., et des rochers avec des traces d'oiseaux dessus . Oswald était aussi proche de l'humain que je l'avais vu, parce qu'il avait trouvé une chenille de pierre ou quelque chose comme ça – je sais que son nom était plus long qu'il ne l'était ; il semblait en être un comme personne d'autre, et il ferait donc parler de lui, même s'il était décédé trois millions d'années avant la construction de l'Oregon Short Line.

Et Oswald demanda s'il pouvait avoir cette table supplémentaire dans sa chambre, parce que ces spécimens de morts dérangés s'entassent sur lui et qu'il voulait les garder en ordre. Il avait allumé un de ses terribles cigares ; alors j'ai dit que j'irais vite voir une table. Je lui ai dit qu'avec son cigare venimeux, il faudrait que j'aille vite voir quelque chose, sinon je me ferais réséquer le nerf olfactif, ce qui était une grande phrase scientifique que j'avais brillamment choisie et que je pouvais jouer avec un seul doigt. Cela signifie faire quelque chose pour que vous ne puissiez plus sentir.

Le professeur a ri de bon cœur, mais Oswald a seulement dit qu'il ne pensait pas que je ressentirais cela, compte tenu du type de tabac dont mes propres cigarettes étaient faites, même s'il était désolé et qu'il fumerait désormais dehors. Il prenait une blague comme un enfant prend de l'huile de ricin. Quoi qu'il en soit, je suis sorti et j'ai trouvé une table libre dans le cellier, et le Chink l'a emmenée dans la chambre d'Oswald.

Le moment fatidique était proche pour lequel la nature avait conspiré depuis des siècles. Le Chink tenait la table contre lui, les jambes dépassant, et Oswald s'avança pour lui montrer où la mettre. Près de la porte, à l'intérieur de sa chambre, se trouvait la belle malle neuve et béante. Oswald devait avoir peur qu'un des pieds de la table ne la transperce et gâche son vernis clair. Il leva une main pour arrêter la table, puis ferma tendrement le coffre, fit claquer la serrure et le déplaça dans un coin, hors de tout risque de profanation.

Puis il donna des instructions précises pour placer la table, qui devait être portée autour du pied du lit et devant une autre table, qui contenait des fossiles marins et d'autres arêtes de poisson. Il était placé entre cette table et une autre encore, qui contenait la boussole, le microscope d'Oswald et son kill- kare. un réchaud de camping , sa trousse de premiers secours et son coffre-fort pour ceinture de sportif, le tout soigneusement rangé en ligne. J'avais suivi pour voir s'il avait besoin de quelque chose de plus , et il a dit non, merci. Je viens donc ici pour consulter mon courrier qui vient d'arriver.

Dix minutes plus tard, j'ai senti la présence d'un être humain et j'ai levé les yeux pour voir qu'Oswald, le plus vieux scout vivant, mourait debout devant la porte. Son visage donnait l'impression qu'il avait été en prison pendant trois ans. Je pensais qu'il avait vu un fantôme ou qu'il avait eu un choc cardiaque. Il avait l'air sur le point de s'effondrer. Il m'a fait peur. Finalement, il se traîna jusqu'à cette table et dit d'une voix faible :

"Je crois que j'aimerais bien un verre de whisky!"

Je n'ai posé aucune question. J'ai vu que ce devait être un chagrin privé ; alors j'ai eu le whisky. Il se trouve que je n'avais qu'une seule bouteille à la maison, et c'était un whisky parfaitement épouvantable qui m'avait été envoyé par erreur. C'était du fil de fer barbelé liquide. Même un petit verre aurait été grave. Deux verres vous feraient grimper à un arbre comme un singe. Mais Oswald, frappé, semblait capable de le vaincre. Il en versa un demi-verre, le but pur et refusa l'eau. Il en a étranglé certains, car après tout, il n'était qu'un humain. Puis il s'est affaissé sur le canapé et m'a regardé avec un sourire faible et pathétique et a dit :

"J'ai peur d'avoir fait quelque chose. J'ai vraiment peur de l'avoir fait."

Il m'avait mis dans un bon état à ce moment-là. La seule chose à laquelle je pouvais penser, c'était qu'il avait tué le professeur par accident. J'ai attendu les horribles détails, ayant trop peur pour poser des questions.

"J'ai peur", dit-il, "d'avoir enfermé les clés de mon nouveau coffre à l'intérieur. J'ai bien peur que ce soit le cas ! Et que faire dans un tel cas ?"

J'ai failli m'effondrer à ce moment-là. J'étais en grand danger d'hystérie mortelle. J'ai souffert de la réaction. Je ne pouvais pas me faire confiance ;

alors je me suis dirigé vers la porte, où mon visage ne se montrait pas, et j'ai appelé le professeur et Lydia. Je les ai maintenant entendus sur le porche. Puis je me suis faufilé devant la porte, là où les gens n'auraient pas aussi peur si je perdais le contrôle de moi-même et criais.

Puis ces deux-là entrèrent et écoutèrent les paroles solennelles d'Oswald. Le Prof m'a beaucoup aidé. Il a bien crié. Il a crié à pleines dents ; et, sous le couvert de son tumulte , j'ai réussi à lancer quelques cris de ma part, afin de pouvoir à nouveau me comporter comme une dame en entrant.

Lydia, le troglodyte du porche, était la seule à prendre le deuil d'Oswald comme convenable. La petite était en train de sucer un bâton de bonbon qu'elle avait enfoncé dans un citron. Ayant fui les bonbons de la ville, un des garçons lui avait apporté des bâtonnets à l'ancienne mode, à rayures roses ; elle en enfonçait un au fond d'un citron et en aspirait le jus à travers le bonbon. Elle avait l'air totalement inutile pendant qu'elle faisait cela, et pourtant elle était la seule à montrer une quelconque sympathie humaine.

Elle a demandé à l'homme frappé comment cela s'était produit, et il lui a raconté toute cette horrible histoire : comment il gardait toujours les clés accrochées à ce petit crochet en laiton à l'intérieur du coffre pour savoir où elles se trouvaient , et comment il avait fermé le coffre en toute hâte. pour l'écarter des pieds de la table, et le verrou à ressort s'était cassé. Et que faisait-on maintenant, le cas échéant ?

"Eh bien, c'est parfaitement simple ! Vous l'ouvrez d'une autre manière", dit Lydia.

"Ah, mais comment ?" dit Oswald. "Ces malles sont superbement construites. Comment peut-on le faire ?"

"Oh, ça doit être facile", dit Lydia, toujours accrochée à son bonbon. "Je vous l'ouvrirai demain si vous me le rappelez."

"Te rappeler?" dit Oswald d'une voix basse et tragique. On pouvait voir qu'il ne penserait jamais à autre chose pour le reste de sa vie.

À ce moment-là, le professeur et moi avions maîtrisé notre gaieté sans cœur ; alors nous nous sommes tous rendus sur les lieux de cette calamité et avons regardé le coffre fermé. Elle était bien fermée ; aucun doute à ce sujet. Il n'y avait également aucun doute sur la présence des clés à l'intérieur.

« Vous pouvez les entendre crépiter ! » dit Oswald, impressionné, en faisant basculer le coffre dans un coin. Alors chacun de nous a fait son tour et a fait basculer le coffre d'avant en arrière et a entendu les clés emprisonnées tinter contre le côté où elles étaient accrochées.

"Mais que faire ?" dit Oswald. " Bien sûr, il faut faire quelque chose." Cela semblait être à peu près là où Oswald s'était arrêté.

"Eh bien, ouvrez-le simplement d'une autre manière", dit Lydia, ce qui semblait être aussi l'endroit où elle s'était arrêtée.

"Mais comment?" gémit l'homme désespéré. Et elle dit encore :

"Oh, ça doit être trop simple !"

» À cela, elle faisait retentir la seule note d'espoir qu'Oswald pouvait entendre ; et à ce moment-là, je crois qu'il l'a regardée honnêtement et honnêtement pour la première fois de sa vie. Il trouvait une femme comme sa seule consolatrice dans ses heures les plus sombres.

Le professeur l'a effectivement pris à la légère. Il fit basculer le coffre avec désinvolture et dit :

"Votre appareil était admirable ; vous saurez toujours où se trouvent ces clés." Puis il le balança de nouveau et dit, comme s'il donnait une conférence sur une estrade : "C'est un problème idéal pour l'esprit métaphysique. Ici, véritablement, est la vie elle-même. Nous la prenons, nous la secouons et nous entendons la tonalité alléchante. à l'existence résonnent clairement juste à l'intérieur. Nous connaissons la clé pour être là ; nous l'entendons dans chaque manifestation de la vie. Notre problème est d'y penser. C'est simple, comme mon enfant l'a souligné à maintes reprises. Asseyez-vous là devant votre coffre et pensez efficacement, avec précision. Vous réfléchirez alors à la clé. Je la prendrais bien en main moi-même, mais j'ai eu une dure journée.

Ensuite, Lydia libère son bonbon assez longtemps pour dire que diriez-vous de trouver d'autres clés de coffre qui le déverrouilleront. Oswald est à la fois blessé et plein d'espoir. Il n'aime pas penser que sa belle malle puisse répondre à autre chose qu'à sa clé légitime ; cela semblerait être une sorte d'insulte contre son intégrité. Il dit néanmoins que cela pourrait être tenté. Lydia dit d'essayer, bien sûr ; et si aucune autre clé ne le déverrouille , elle crochetera la serrure avec une épingle à cheveux. Oswald est à nouveau meurtri par cette suggestion ; mais il se comporte comme un homme. Et donc nous déterrons toutes les clés du coffre et autres petites clés que nous pouvons trouver et essayons de tromper ce coffre. Et rien à faire !

«J'en étais sûr», dit Oswald; il est vraiment déçu, mais fier comme Punch car sa malle refuse froidement de reconnaître ces étranges clés.

Puis Lydia apporte un tas d'épingles à cheveux et commence à être une cambrioleuse. Elle dit d'une voix claire que c'est parfaitement simple ; et elle continue de dire exactement cela après avoir déformé tout le peloton et n'avoir gagné aucun pli. Pourtant, elle a beaucoup encouragé Oswald, malgré ses échecs. Elle n'a jamais cédé un instant qu'il n'était pas simple d'ouvrir un coffre sans la clé.

Mais il se faisait assez tard pour une nuit, alors Oswald et Lydia s'arrêtèrent et restèrent un moment sur le porche. Oswald semblait s'éveiller à son véritable caractère de femme, qui apparaît vêtue de gloire lorsque les choses arrivent. Elle lui a dit qu'elle ouvrirait certainement cette malle demain avec d'autres épingles à cheveux – ou quelque chose du genre.

Mais le matin , elle s'est précipitée vers Oswald et lui a dit qu'ils allaient faire venir le forgeron pour l'ouvrir. Il serait sûr de l'ouvrir en une minute avec quelques outils ; et quelle bêtise de sa part de ne pas y avoir pensé avant ! J'ai aimé la façon dont elle a laissé Oswald à l'écart de tout travail cérébral à effectuer. Alors ils envoyèrent Abner faire le travail, en lui disant ce qu'ils voulaient.

Abner est une âme simple. Il est venu avec un marteau et un burin froid pour couper la serrure. Il a dit qu'il n'y avait pas d'autre moyen. Oswald écouta avec horreur ce projet de meurtre de sang-froid et renvoya Abner sévèrement. Lydia était elle aussi indignée par cette douloureuse suggestion. Elle a dit qu'Abner était un vieux limiteur choquant.

Oswald dut alors se rendre à son travail aux champs ; mais son cœur ne pouvait pas y être ce jour-là . Je parie qu'il aurait pu trouver la carcasse d'un zèbre pétrifié à sept pattes sans en être ravi. Il n'avait que les doux encouragements de Lydia pour le préparer. Il dépendait pathétiquement de cette jeune femme.

Il est revenu ce soir-là et a découvert que Lydia avait utilisé un autre paquet d'épingles à cheveux et un certain nombre d'outils de ma machine à coudre. Tout cela n'avait été qu'un échec noir, mais elle disait toujours que c'était parfaitement simple. Elle n'a jamais perdu la note d'espoir de sa voix. Oswald était bouleversé, mais il devait la considérer de plus en plus comme un objet d'intérêt humain.

Elle disait maintenant que c'était simplement une question de clés supplémentaires. Alors le lendemain, j'ai envoyé l'un des garçons à Red Gap ; et il a monté un bon cheval jusqu'au bout et est revenu avec environ cinq douzaines de jolies petites clés de coffre aux bords sciés. Ils avaient l'air joyeux et adéquats, et nous avons passé une longue et joyeuse soirée à les essayer . Personne n'est loin d'obtenir des résultats.

La malle d'Oswald était toujours hautaine, malgré toutes ces ouvertures. Oswald fut de nouveau enflé d'orgueil, car il avait été démontré que sa malle n'était pas une malle commune. Il a dit d'emblée que les deux seules clés au monde capables d'ouvrir cette serrure étaient probablement celles qui étaient suspendues à l'intérieur. Il ne passait jamais devant la malle sans la bercer pour entendre leur triste tintement.

Lydia a encore dit, c'est absurde ! Il était parfaitement simple d'ouvrir un coffre sans la bonne clé. Oswald ne la croyait pas, et pourtant il ne pouvait s'empêcher de se réconforter auprès d'elle. Je suppose que c'était là le génie particulier de cette fille : ne pas abandonner quand tout le monde pouvait voir qu'elle parlait de manière stupide. Quoi qu'il en soit, elle en était plus sûre que jamais, et j'imagine qu'Oswald la croyait malgré lui. Son lourd cerveau scientifique lui disait une chose en termes clairs, et pourtant il s'appuyait sur les paroles d'un enfant qui ne distinguerait pas une vertèbre carbonifère d'un gerumpsus du Silurien supérieur .

Les clés avaient disparu, les épingles à cheveux s'étaient révélées inutiles et l'analyse scientifique était tombée à plat. Il y avait le coffre et les clés à l'intérieur ; et Oswald prenait un an chaque jour de sa vie. Il allait bientôt être aussi vieux que le monde si quelque chose n'arrivait pas. Il en était arrivé à ce qu'à chaque fois qu'il secouait le coffre pour entendre le bruit des clés , il secouait la tête comme le médecin la secoue sur son lit de mort dans un film pour montrer que tout est fini. Il se trouvait dans une caverne noire à des kilomètres sous terre, avec un minuscule faisceau de bougie provenant d'un éventuel sauveteur visible de loin, ce qui était la certitude enfantine de ce débutant le plus âgé qu'il était parfaitement simple pour une femme de faire quelque chose d'impossible. Elle avait juste une confiance en soi aux yeux bleus.

Après que les hommes soient partis un matin à la recherche de tiques des bois disparues depuis longtemps, Lydia m'a confié qu'elle allait vraiment ouvrir ce coffre. Elle allait y réfléchir. Elle ne l'avait pas encore fait, semblait-il, mais aujourd'hui elle le ferait.

"Le pauvre garçon a été brutalement ébranlé dans sa sérénité académique", raconte-t-elle.
"Il ne peut plus supporter longtemps ; il a des rats dans ses lambris en ce moment. Cela me rend parfaitement furieux de voir un homme aussi impuissant sans femme. Aujourd'hui, je vais lui ouvrir sa vieille malle idiote."

"Ce sera la meilleure journée de travail que vous ayez jamais faite", dis -je , et elle a failli rougir.

"Je ne pense pas à ça", dit-elle.

Le petit menteur ! Comme si elle n'avait pas vu aussi bien que moi comment Oswald la regardait avec un regard nouveau. Je lui ai donc souhaité bonne chance et j'ai commencé moi-même, ayant mon propre travail sur le terrain à faire ce jour-là pour mesurer un grand nombre de meules de foin à l'extrémité inférieure du ranch.

Elle a dit qu'il n'y aurait pas de chance, rien que la détermination et l'intuition d'une femme. J'en restai là et je partis vérifier que je n'avais rien de pire quand on mesurait ce nouveau foin. J'ai eu une journée bien remplie, oubliant tous les problèmes scientifiques et le combat difficile que notre sexe mène parfois pour amener un homme à son juste sens de l'accouplement.

Je suis rentré vers cinq heures ce soir-là. Voilà Miss Lydia, froide et négligente sur le porche, comme si elle ne s'était jamais souciée du monde ; fraîchement vêtue de quelque chose de blanc et de bleu, avec ses plus beaux bas de hamac, et tintant le ukulélé d'une manière ennuyée et irritable.

"L'avez-vous ouvert ?" Dis-je en entrant.

« L'ouvrir ? dit-elle, un peu vide. "Oh, tu veux dire cette vieille malle idiote ! Oui, je crois que je l'ai fait. Au moins, je pense que je l'ai fait."

C'était un bon jeu de scène ; un public aurait pensé qu'elle avait oublié. Alors je l'ai pris aussi calmement qu'elle et je suis allé me changer.

Au moment où je suis sorti, les hommes venaient juste d'arriver, le professeur étant enthousiasmé par quelques coquilles de l'année six millions avant JC et Oswald supportant son grand chagrin en s'efforçant de le faire courageusement.

Lydia hocha la tête d'un air lointain, puis ignora les hommes d'une manière pointue, se lançant dans de rapides bavardages sur le manque de société ici — ne m'étais-je pas lassée de la solitude, de ne jamais rencontrer de bonnes personnes ? C'était une nouvelle ligne avec elle et faite pour l'effet, mais je ne voyais pas quel effet.

Le souper était prêt et nous nous y précipitâmes ; donc je suppose qu'Oswald a dû oublier une fois de secouer sa malle et d'écouter les jolies petites clés. Et pendant tout le repas, Lydia confina entièrement ses attentions à moi. Elle ignorait Oswald pour la plupart, mais si elle le remarquait, elle le prenait avec condescendance. Elle lui était douloureusement supérieure, sévère et petite, comme s'il était un petit garçon qu'on avait laissé pour une fois s'asseoir à la table des adultes. Elle m'a parlé des danses du club à la maison, et du fait qu'ils allaient avoir une meilleure musique cette année, et comment la salle de réunion avait été refaite dans une palette de couleurs parfaitement dandy par le comité dont elle faisait partie, et beaucoup de un bavardage de jeune fille qui prenait beaucoup de place mais pesait peu.

Oswald lui lançait de temps en temps des regards en coin, d'un air stupide, car elle n'avait pas une seule fois fait référence à quelque chose d'aussi commun qu'une malle. Il a dû sentir que son soutien moral lui avait été retiré et qu'il s'est retrouvé seul face à un avenir redoutable. Il pensait probablement qu'elle avait dû abandonner à propos de la malle et qu'elle détournait son attention de sa capitulation. Il prononça à peine un mot et disparut avec un air nostalgique lorsque nous quittions la table. Le reste d'entre nous est sorti sur le porche. Lydia taquinait le ukulélé quand Oswald apparut quelques minutes plus tard, avec une grande excitation visible sur son visage usé.

« Je n'entends plus les touches », dit-il ; "Pas un bruit d'eux ! Ne doivent-ils pas être tombés de l'hameçon ?"

Lydia continuait à retirer de petits accords des cordes tout en lui répondant avec des accents élevés.

"Clés?" elle dit. " De quelles clés ? De quoi parle cet homme ? Oh, tu veux dire cette vieille malle idiote ! Est-ce que tu râles encore vraiment à ce sujet ? Bien sûr que les clés ne sont pas là ! Je les ai retirées en l'ouvrant aujourd'hui. Je Je pensais que tu voulais qu'on les enlève. N'était-ce pas pour ça que tu voulais que le coffre soit ouvert : pour récupérer les clés ? Ai-je fait une bêtise ? Bien sûr , je peux les remettre et le refermer si tu veux seulement les écouter. "

Oswald la regardait avec la bouche ouverte comme un poisson-chat du Trias supérieur. Il essaya de parler, mais ne parvint pas à bouger son visage qui semblait figé. Lydia continue à émettre de petits tintements de musique à cordes d'une manière fatiguée et ennuyée et se tourne confidentiellement vers moi pour me dire qu'elle suppose qu'il n'y a vraiment presque pas de société ici dans le vrai sens du terme.

"Tu as ouvert ce coffre ?" dit enfin Oswald sur le ton d'un tragédien sur sa grande scène.

Lydia se tourna vers lui avec une certaine impatience, comme s'il était quelque chose qu'elle allait devoir éliminer dans une minute.

"Très cher!" elle dit. " Bien sûr que je l'ai ouvert. Je te l'ai répété encore et encore, c'était parfaitement simple. Je ne vois pas pourquoi tu en as fait autant d'histoires. "

Oswald se retourna et galopa jusqu'à sa chambre avec un cri de joie. Cela montrait qu'il était un mâle, n'est-ce pas ? - il ne restait pas pour des mots de gratitude envers son sauveur , mais le frappait directement jusqu'au tronc.

Lydia se leva et se pavana après lui. Elle s'était vantée toute la soirée. Elle se comportait comme une duchesse lors d'une soirée bidonville. Le Prof et moi l'avons suivie.

Oswald faisait basculer la trompe de la manière habituelle, avec une oreille attachée à son côté brillant.

"C'est vrai ! C'est vrai !" dit-il à voix basse. "Les clés ont disparu."

"Vilain vilain!" dit Lydie. « Ne vous ai-je pas dit que je les avais retirés ?

Oswald s'approcha et s'assit mollement sur son lit, tandis que nous restions sur le seuil de la porte.

"Comment as-tu fait ça ?" dit-il avec des yeux brillants.

"C'était parfaitement simple", explique Lydia. "Je l'ai simplement ouvert, c'est tout !"

"J'ai toujours soupçonné que le grand secret de la vie serait presque trop simple une fois résolu", dit le professeur.

"Il suffisait d'y réfléchir un peu", dit le bonhomme.

Puis Oswald a dû avoir un soudain pincement de peur. Il survola et examina la serrure et toute la surface avant de son trésor. Il cherchait des signes d'un travail pénible, pensant qu'elle avait pu s'y introduire de manière grossière. Mais il ne trouva pas une égratignure. Il leva vers Lydia des yeux humides de gratitude.

"Tu es une femme merveilleuse, merveilleuse!" dit-il, et tout le monde pourrait savoir qu'il le pensait du fond du cœur.

Lydia était toujours supérieure et languissante, et dissimulait un léger bâillement. Elle a dit qu'elle était heureuse si la moindre petite chose qu'elle pouvait faire lui avait rendu la vie plus agréable. Cela a été une chose tellement simple – très, très loin d'être merveilleuse.

Oswald a maintenant commencé à gambader dans la pièce comme un chiot d'Airedale, et a dit : prenons les clés et ouvrons le coffre, afin qu'il puisse en croire ses propres yeux.

Alors Lydia joua encore une fois avec une âme humaine. Elle se figea dans une profonde réflexion pendant une longue minute puis dit :

"Oh, mon Dieu ! Maintenant, qu'est-ce que j'ai fait de ces misérables vieilles clés ?"

Oswald se figea lui aussi, saisi d'une nouvelle agonie. Lydia posa une main sur son front pâle et sembla essayer de se souvenir. Il y eut un silence épouvantable. Oswald fut de nouveau projeté par-dessus la falaise.

"Tu ne peux pas réfléchir ?" dit le blessé. "Tu ne t'en souviens pas ? Essayez ! Essayez !"

"Maintenant, laisse-moi voir", dit Lydia. "Je sais que je les avais dans le salon—"

"Pourquoi les as-tu emmenés là-bas ?" demande Oswald avec une grande terreur ; mais l'héroïne n'y prête aucune attention.

"... et plus tard, je pense... je pense... j'ai dû les porter dans ma chambre. Oh, oui, maintenant je m'en souviens. Et puis j'ai vidé ma corbeille à papier dans la cuisinière. Maintenant, je me demande s'ils auraient pu être là. avec ces détritus que j'ai brûlés ! Laisse-moi réfléchir ! Et elle réfléchit encore profondément.

Oswald poussa un gémissement creux, comme si certaines des cordes les plus fines de son être avaient été déchirées . Il retomba mollement sur le lit.

« Ne serait-ce pas gênant s'ils étaient dans ces détritus ? dit Lydie. "Pensez-vous que le feu détruirait ces bêtises ? Laissez-moi y réfléchir à nouveau."

Le démon a continué ainsi pendant trois minutes supplémentaires. Cela a dû paraître plus long à Oswald qu'il n'en faut pour qu'une punaise velue se transforme en Jurassique carbonifère. Elle le sabotait de la manière la plus cruelle . Puis, après avoir regardé son agonie avec des yeux froids et feignant de s'interroger comme un ange secoué, elle s'éclaire et dit :

"Oh, bien ! Maintenant, je me souviens de tout. Je les ai placés juste ici." Et elle ramassa les clés sur la table, où elles étaient cachées sous quelques spécimens de morts et disparus.

Oswald fit un bond athlétique et arracha les objets précieux de sa faible emprise en une demi-seconde. Ses doigts tremblaient horriblement, mais il avait une clé dans la serrure, la tourna et ouvrit grand les côtés du grand et vieux monument. Il resta là une minute en extase, caressant les clés et retrouvant son sang-froid. Puis il tourne à nouveau vers Lydia le regard d'un homme fier qui est prêt à lui abandonner toute sa vie future.

Lydia était désormais devenue plus supérieure que jamais. Elle se pavanait dans la pièce, et quand elle ne se pavanait pas, elle se pavanait. Et elle dit à Oswald :

"Je vais vous faire une petite suggestion, parce que vous semblez complètement impuissant : vous devez vous procurer un joli paillasson à poser directement devant votre coffre, et vous devez toujours garder la clé sous ce paillasson. Verrouillez le coffre et cachez le C'est ce que les gens font toujours, et ce sera tout à fait sûr, car personne ne penserait jamais à chercher une clé sous un paillasson. N'est-ce pas un plan parfaitement chéri ?

Oswald avait eu l'air sérieux et attentif lorsqu'elle avait commencé cette conversation, mais il avait fini par soupçonner qu'elle faisait une sorte de blague idiote. Il lui sourit très bêtement et dit à nouveau : "Tu es une femme merveilleuse !" C'était un ton caressant, si vous voyez ce que je veux dire.

Lydia dit "Oh, chérie, n'arrêtera-t-il jamais son bavardage idiot à propos de sa stupide vieille malle ?" Il lui semble que depuis des siècles on ne parle que de malle dans cette maison. Elle en a marre du simple mot. Puis elle attache son bras au mien d'une manière douce et féminine et me conduit dehors, où elle redevient un simple troglodyte de porche gazouillant.

Oswald a suivi, vous pouvez parier. Et toutes les cinq minutes, il lui demandait comment avait-elle pu – vraiment maintenant – ouvrir le coffre. Mais chaque fois qu'il lui demandait , elle mettait la pédale forte sur le ukulélé et entonnait une chanson de plage sur Toi et moi ensemble au clair de lune, mon amour. Même le professeur est devenu curieux et lui a demandé comment elle avait fait ce que de vrais cerveaux n'avaient pas réussi à réaliser – et a obtenu la même réponse bruyante. Plus tard, il a déclaré qu'il avait eu tort de demander. Il a dit que la réponse s'avérerait trop brutalement simple et qu'il a toujours voulu la garder dans sa vie mentale comme un mystère. Il semblait qu'il allait le faire. Je mourais d'envie de me connaître, mais j'avais assez de bon sens pour ne pas demander.

La jeune fille ne parla plus guère à Oswald cette nuit-là, se contentant de lui donner ces douches froides de supériorité lorsqu'il s'imposait à son attention. Et elle m'a gardé là-bas avec elle jusqu'à l'heure du coucher, ne laissant pas à l'heureux propriétaire de la malle une chance de la voir seule. Cette fille avait certainement appris quelques choses au-delà des pailles au fudge et au fromage au cours de son époque. Elle savait quand elle avait gagné la partie.

Bien sûr, c'était fini avec Oswald. Il ne lui restait plus qu'une nuit pour se dire homme libre ; il a fait assez d'efforts pour ne même pas avoir ça. On aurait dit qu'il voulait mettre une clôture autour de la jeune fille, haute comme un élan et serrée contre des taureaux. Bien sûr , il est possible qu'il ait été attiré par le désir sincère de découvrir comment elle avait ouvert sa malle ; mais elle ne le lui dira jamais. Elle en a discuté calmement avec moi une fois que tout était fini. Elle a dit que le pauvre Oswald avait été victime de la curiosité scientifique, mais qu'il était vraiment temps pour elle de se calmer.

Nous étions dans sa chambre à ce moment-là et elle regardait les petites rides autour de ses yeux lorsqu'elle l'a dit. Elle a ajouté qu'elle était sur le point de planifier sa robe de départ. J'ai demandé ce que ce serait, et elle a dit qu'elle n'avait pas encore décidé, mais que ce serait quelque chose de rajeunissant. C'était un joli jeu ! Et maintenant, Oswald a quelqu'un pour garder ses clés de malle à sa place, sans parler de ce nouveau spécimen de faune organique.

* * * * *

Puis j'ai parlé. J'ai dit que j'étais incapable d'atteindre la haute altitude du Prof lorsqu'il s'agissait même d'un juste mystère. Je ressemblais davantage à Oswald avec sa curiosité enfantine. Comment alors la jeune femme a-t-elle ouvert le coffre ? Bien sûr, je pourrais deviner la réponse. Elle avait découvert qu'elle pouvait vraiment le faire avec une épingle à cheveux et avait attendu pour obtenir un effet. Pourtant, je voulais qu'on me le dise.

"Rien de simple comme ça", a déclaré Ma Pettengill. "Elle avait été honnête avec les épingles à cheveux. Elle ne me l'a dit que la veille de leur départ. "C'était un problème parfaitement simple, qui ne demandait qu'un peu de réflexion", dit-elle. "C'était la chose la plus simple que les gens pouvaient faire." " " Elle m'a promis de garder le secret, mais je suppose que tu ne laisseras pas ça aller plus loin.

" Quoi qu'il en soit, voici ce qu'elle a fait : c'était l'époque des mesures brutales, alors elle a demandé à Abner de transporter cette malle chez le forgeron et d'enlever les charnières. Abner adore faire tout travail qu'il n'a pas à faire . " Je l'ai fait, et il était entré cordialement dans l'esprit de cette aventure. Cela lui prenait toute sa journée, pour laquelle il me tirait trois dollars. Il a enlevé un côté de quatre paires de charnières, a ouvert assez loin le coffre à l'arrière. pour récupérer les clés, je l'ai déverrouillé et j'ai refixé les charnières.

"C'était du travail. Ces charnières étaient rivetées et ne se desserraient pas facilement. L'arrière de cette malle devait être une triste mutilation. Ce ne sera probablement plus jamais la malle qu'elle était autrefois. Abner a dû se dépêcher pour J'aimerais pouvoir faire travailler le vieux chien pour moi de cette façon. Ils venaient juste de récupérer la malle quand je suis arrivé ce soir-là. C'était nerveux, d'accord ! Je lui ai demandé si elle l'était. Je n'avais pas peur de voir les nombreuses traces de ce dur travail qu'elle avait accompli.

"'Pas une chance sur terre !' dit Lydia. "Je savais qu'il ne regarderait jamais autre chose que l'avant. Il a l'esprit d'un vrai scientifique. Il ne lui viendrait pas à l'esprit dans un million d'années qu'il existe un autre moyen que l'avant pour entrer dans une malle. J'ai repeint les rivets et les meurtrissures du mieux que j'ai pu, mais je suis sûr qu'il ne regardera jamais là-bas. Il s'en apercevra peut-être par hasard dans les années à venir, mais le pauvre type aura alors d'autres soucis, J'espère.'

"C'était ça le truc. Je ne sais pas. La femme Mebbe a sa place dans le grand monde après tout. De toute façon, elle aidera Oswald. Quoi qu'il soit, elle l'est."

VII

CHANGEMENT DE VENUS

Ma Pettengill et moi montions à cheval sur un chemin escarpé entre deux collines rocheuses qui redoublaient les rayons du soleil sur nous et étouffaient la petite brise qui tentait de nous suivre depuis les terres plates d'Arrowhead. Nous respirions l'odeur piquante de la sauge et nous respirions la poussière épaisse et chaude qui pendait paresseusement autour de nous ; une poussière comme du chocolat en poudre, qui écoeurait et étouffait.

En tant que récréation, c'était un désastre ; et je l'ai dit presque autant. Ma Pettengill était sourde à cela, sa tête grise dans son chapeau à larges bords s'inclinait sévèrement en méditation tandis qu'elle tissait au mouvement de son cheval. Puis je me suis rendu compte qu'elle parlait à un autre ; celui qui n'était pas là. Elle a dit des choses que j'étais sûr qu'il n'aurait pas aimé entendre. Elle a accablé de choix les insultes sur son nom et a flétri sa juste réputation de calomnies. Elle était un geyser d'invectives, silencieuse peut-être sur une cinquantaine de mètres, puis grandiosement en action.

"Appelez-vous un vacher, hé ? Ce que vous devriez être, c'est la directrice d'un asile d'enfants trouvés. Oui, monsieur !"

C'était parmi ses mépris poussiéreux les moins effrayants . Et je savais qu'elle s'adresserait à un certain Homer Gale, chef de circonscription temporaire d'Arrowhead. En effet, les accents légèrement suppliants d'Homère étaient désormais imités de manière très colorée par son employeur aigri :

" Oui , Mis' Pettengill, c'est une question de vie ou de mort ; rien de moins. Je dois partir pendant deux jours – une question de vie ou de mort. Oui , je dois le faire ! "

À la fin de cela, un hululement rauque de mépris résonna dans la brume et Homer apprit que des hommes comme lui faisaient souvent juger pour meurtre des personnes parfaitement honnêtes. Et encore une fois , le travail légitime d'Homère a été repris comme « Matrone d'un asile d'enfants trouvés ! »

J'ai ressenti l'embarras de quelqu'un qui, involontairement, découvre le règlement d'un grief privé. Je me suis laissé tomber délicatement quelques pas en arrière, inaperçu, pensais-je ; mais maman Pettengill attendait que je la rattrape à nouveau.

Puis, alors que nous avancions ensemble dans la poussière, elle m'a dit que ses journées étaient plus rapides que la navette d'un tisserand et qu'elles se passaient sans espoir. Si ce n'était pas une chose, c'en était une autre. Ce qu'elle aimerait... elle aimerait se réveiller dans un endroit étrange et découvrir qu'elle a complètement oublié son nom et son adresse, comme ces soirées dont on parle dans les journaux. Et pourquoi pas ? Une année sèche ; se nourrir à court de distance; des trous d'eau poussiéreux qui n'étaient jamais asséchés auparavant ; une demi-récolte de foin et un hiver menaçant à droite en été ! Pensez à devoir rassembler le bétail hors des pâturages à la mi-août alors que d'autres fois, vous pourriez les laisser courir jusqu'à la mi-octobre ! En fait, c'était le genre d'année pour laquelle les éleveurs de bétail avaient un terme technique. Techniquement, c'était une sacrée année, si je voulais qu'on me le dise.

Et devoir faire le travail avec des déficients mentaux, des infirmes et des bolcheviks , parce que tous les puncheurs valides du pays étaient allés semer le trouble en Europe ! N'avait-elle pas fouillé l'hôpital du comté et la pauvre ferme pour recruter une équipe de fenaison ? Le meilleur cowboy du moment ne portait-il pas un chapeau derby et ne conduisait-il pas une moto de préférence ? Et en payant soixante-quinze dollars à ces imitations puncheurs pour combattre ses doux chevaux de selle, aucun poulain, semble-t-il, n'avait été monté sur place de mémoire d'homme.

Elle ne le savait pas ; en prenant une chose avec une autre, elle souhaitait parfois presque que le monde reste dangereux pour la démocratie.

Bien sûr, cette mauvaise année techniquement décrite n'était pas si mauvaise dans un sens, car les bergers recevraient certainement un bon coup, les moutons étant très informels à l'idée de mourir avec un temps en dessous de zéro et une nourriture rare. Quand le bétail ne se sentait plus ennuyé, les moutons se couchaient et cessaient pour toujours de s'immiscer dans la vie des honnêtes éleveurs. Après cela, il leur suffisait d'un peu d'attention de la part d'un groupe avec un couteau à écorcher. Et ainsi de suite, jusqu'à Homer Gale, qui était allé à Red Gap pendant deux jours pour une question de vie ou de mort – et moins on le répétera ici, mieux ce sera.

Notre chemin étroit s'étendait désormais vers une vallée où les rayons du soleil étaient plus largement diffusés et la poussière moins envahissante. Nous pouvions voir à un kilomètre et demi un plus vaste nuage de poussière. Celui-ci flottait au-dessus d'une bande de bovins Arrowhead amenés d'un pâturage qui ne pouvait plus durer. Ils étaient conduits par les bolcheviks , comme l'a révélé mon informateur.

Nous nous sommes arrêtés au-dessus de la route et avons attendu que les créatures poussiéreuses passent à côté de nous jusqu'à l'agréable prairie où il y avait encore de la nourriture et de l'eau douce. Puis vint l'arrière-garde bolchevique. Il se composait de Silas Atterbury et de quatre petits-enfants immatures.

Grand-père Atterbury avait quatre-vingt-treize ans et effectuait son premier travail depuis sa retraite, à quatre-vingt-cinq ans. Les petits-enfants, deux garçons et deux filles, auraient dû jouer à des jeux enfantins. Et ils étaient bolcheviks , tout cela parce qu'ils avaient refusé de faire venir ce tas de bêtes, à l'exception du salaire habituellement versé aux adultes formés. Même la plus jeune, connue sous le nom de Sissy Atterbury, âgée de huit ans et paraissant plus jeune, malgré sa couche grise de poudre d'alcali, avait résisté avec ténacité à un salaire d'homme adulte, ce qui la rendait encore pire qu'une bolchevik ; ça a fait d'elle une IWW

Mais, comme le disait Ma Pettengill, que pouvait faire une dame quand le destin avait la mainmise sur elle ? Il n'y avait, en effet, rien d'autre à faire que de dire à Sissy de dire à un de ses frères incendiaires de s'approcher de grand-père, de lui crier dessus fort et fort, et de lui faire comprendre qu'il devait compter sur cette bande à la première porte. , parce qu'il ne nous a pas semblé qu'il y avait plus de trois cents têtes là où il devrait y en avoir au moins cinq cents.

Et puis il n'y avait plus rien d'autre à faire que de chevaucher devant les bêtes laborieuses et de reprendre le chemin étroit qui nous mènerait aux basses terres d'Arrowhead, où la poussière n'étouffait plus et où l'on pouvait voir du vert et sentir l'eau. Depuis la dernière mesa, nous contemplions les champs plats d'Arrowhead, six mille acres sous clôture, avec le ranch et ses dépendances brumeux au loin.

C'était une perspective agréable et qui réchauffait Ma Pettengill de son humeur de négation froide. Elle a souligné la beauté du paysage, comme si l'année actuelle n'était pas une année technique pour les éleveurs de bétail. Puis, alors que nous parcourions en courant les six miles pour rentrer chez nous par des rues paisibles, la dame, interrogée avec insistance et pertinence, parla avec une totale liberté d'Homer Gale, qui avait honteusement abandonné son emploi pendant deux jours à la fin de la saison la plus chargée, lorsqu'un blanc l'homme n'aurait pas pensé à partir, même pour une question de vie ou de mort.

Homère avait-il l'ombre d'une excuse ? Nous verrons.

Eh bien, cette imitation en celluloïd d'un vacher dont j'ai parlé avec violence est arrivée dans la vallée il y a trois ans et a rapidement acquis une grande renommée parce qu'elle était un célibataire confirmé et qu'elle détestait les jeunes de l'espèce humaine avec amertume et constance. C'est moi qui l'ai amené; Je reconnais que. La première fois que je l'ai vu, il jouait un rôle de fervent dans le Fashion Waffle Kitchen de Red Gap. Il était avec Sandy Sawtelle et quelques autres garçons du ranch ici, et Sandy me dit plus tard qu'il cherche du travail, étant un bon vacher. J'ai dit qu'il ressemblait à autre chose, étant vêtu d'un costume à carreaux bruyant qui rassemblerait instantanément une foule dans la plupart des rues de la ville. Mais Sandy dit que tout va bien ; c'est un vacher régulier et il a dû porter ces vêtements surprenants comme déguisement pour le sortir en toute sécurité de l'Idaho.

Il semble qu'il ait été évincé de cet état prospère par un modiste ardent et déterminé qui avait de nombreux témoins et qui avait l'intention de faire quelque chose à ce sujet. L'accusé a affirmé qu'il n'avait même pas voulu dire quoi que ce soit de la sorte et qu'il était simplement un bon ami ; mais il semblait que les dents cruelles de la loi allaient mordre jusqu'à ses économies si ce procès pour rupture de promesse était un jour porté devant un tribunal, la dame ayant des lettres de lui en noir sur blanc. Homère avait donc effectué une retraite stratégique, évitant tout contact avec l'ennemi, et le voilà. Et que diriez-vous de l'emmener à Arrowhead, où il pourrait commencer une nouvelle vie ?

Ayant besoin d'un autre coup de main à ce moment-là, je ne m'inquiétais pas du tout du passé scandaleux d'Homère. J'ai dit qu'il pouvait venir avec nous ; Et il l'a fait. Lorsqu'il s'habillait de manière légale , il avait l'air de ne pouvoir être autre chose qu'un vacher. D'une quarantaine d'années et fiable, il avait l'air. Je l'ai donc envoyé dans un camp d'été dans les plaines de Madeline, où j'avais un tas de bétail dans les pâturages du gouvernement. Bert Glasgow vivait dans une cabane avec sa femme et sa famille et en avait la charge générale, et Homer devait commencer sa nouvelle vie en aidant Bert.

Sa nouvelle vie menaçait d'être courte. Il est arrivé ici tard la troisième nuit après son passage, l'air triste, désespéré et pourchassé. Il avait plus ou moins toujours cette apparence, avec une de ces longues et tristes moustaches et une sorte de visage mordu. Cette nuit, il avait l'air pire que d'habitude. Je pensais que les chiens de l'enfer de la loi de l'Idaho auraient pu suivre sa piste sinueuse ; mais non. C'étaient les bambins aux joues roses de M. et Mme Bert Glasgow qui l'avaient envoyé sortir dans la nuit.

"Dis," dit-il, "je ne voudrais pas que vous pensiez que j'ai abandonné, mais si vous voulez me suicider, renvoyez-moi simplement dans cet endroit horrible. Les enfants !" il dit. "C'est tout, juste des enfants ! Des dizaines d' entre eux ! Courant partout, dans tout, sous tout, grimpant sur vous, mettant leurs doigts dans vos yeux, rendant la vie insupportable aux hommes et aux bêtes. Vous n'en avez jamais laissé entendre une seule fois." moi, dit-il avec reproche, que ce Bert a eu des enfants.

"Non", dis-je; "Et je ne t'ai jamais dit non plus qu'il avait un grain de beauté sur le menton. Et ça ?"

Alors le pauvre bonhomme essaie de me dire ce qu'il en est. J'ai vu qu'il souffrait vraiment d'une tension nerveuse, d'accord. La souffrance lui avait mis son fer chaud. Premièrement, de toute façon, il détestait naturellement les enfants. Ne s'était-il pas enfui d'une bonne maison de l'Iowa quand il avait seize ans, étant donné qu'il était l'aîné d'une famille de sept ? Il a dit certaines choses en général sur les enfants qui n'auraient pas suscité d'applaudissements lors d'une réunion de mères. Il avait simplement peur de regarder un enfant dans les yeux ; et, d'après ce qu'il aimerait leur faire à tous , il semblait que son vrai deuxième prénom était Molech. N'était-ce pas le parti aux opinions hostiles à l'égard des enfants ? Quoi qu'il en soit, on pouvait voir que l'idée d'Homère d'une véritable fête géniale serait de se cacher près d'un asile d'orphelins une nuit jusqu'à ce que les petits aient dit leurs prières et soient confortablement installés dans leurs lits gigognes, puis d'incendier l'édifice dans huit heures. endroits après avoir débranché l'alarme incendie. C'était Homère, et il était honnête ; il ne pouvait tout simplement pas s'en empêcher.

Et les manières de Bert l'avaient rendu fou avec leurs pitreries ludiques. Il a dit qu'on l'installerait pour manger un morceau et que l'un d' eux grimperait sur son dos et tâterait ses cheveux, sans dire un mot, se contentant de les saisir ; alors il sautait et un autre montait et faisait la même chose, et lui n'osait pas se défendre. Il était tellement énervé qu'il avait peur de rester sur place.

"Et vous savez", dit-il - "ce que je ne peux pas comprendre - c'est dangereux si Bert n'a pas l'air de les aimer . Vous pensez peut-être que je suis un menteur, mais il en a attendu un l'autre matin quand il " lui a crié dessus et a tenu sa main propre jusqu'à la grange à foin. Qu'en pensez-vous ? Et à part ceux qui infestent l'endroit dehors, il a un petit an et un long deux ans qui doivent être parqués la nuit. Je les écoutais tous les soirs. L'un d' eux a crié et étranglé toute la nuit dernière, jusqu'à ce que je suppose , bien sûr, qu'il allait périr pour toujours ; mais ici ce matin, il agissait comme si de rien n'était. .

"Tout ce que je peux dire, c'est que Bert n'a pas beaucoup de chance. Et ce petit crieur qui arrête toujours d'avaler ses repas sans aucun effort ! C'est horrible ! Et la mère, sans force de caractère, débile d'esprit, je pense, le dorlote" " Em ! Elle ne les a jamais injuriés correctement ni n'a agi humainement envers eux . Les enfants les aiment, ce dont ils ont besoin : à l'envers et trois rapides et durs. Je sais !"

J'ai été assez idiot pour discuter un peu avec lui, essayant de voir s'il n'avait pas une once de bon sens. Je lui ai dit de regarder à quel point Bert était heureux ; et comment sa famille avait fait de lui un homme, lui permettant de gagner plus d'argent et d'économiser plus que jamais dans sa vie passée. Homer a dit à quoi lui servirait tout cet argent ? Il ne ferait que tromper sa femme et ses enfants.

"Il le regrette, d'accord", dit Homer. "Je me suis dit l'autre jour : 'Je parie qu'il aimerait être insouciant et heureux comme moi !'"

Homer était un piquier, même lorsqu'il pariait avec lui-même. Et pour faire court, j'ai envoyé un homme qui ne détestait pas les enfants chez Bert et j'ai gardé Homer ici.

Il est resté trois mois et a dit que c'était le paradis, compte tenu de ne pas avoir de maux inutiles à cet endroit qui se tortilleraient autour des jambes d'un homme et palperaient ses cheveux et se cacheraient dans les coins et le regarderaient et murmureraient à son sujet. Puis j'ai changé de contremaître et Scott Humphrey, le nouveau, a amené avec lui trois blonds d'un âge à causer à Homer l'angoisse des damnés, ce qu'ils ont fait le premier jour de leur arrivée ici en prétendant qu'il était un cheval et d'autres animaux sauvages. , et essayant de lui arracher le reste des cheveux.

Il est venu et s'est retiré de ma vie le lendemain, secouant la tête et disant qu'il ne pouvait pas imaginer à quoi le monde allait ressembler. D'après ce que je pouvais lui dire, son idée était que le monde allait être inondé de jeunes si rien n'était fait pour y remédier, comme utiliser du poison pour écureuils ou des pièges à gaufres.

J'avais l'impression que je voulais le menotter jusqu'à un sommet et le faire tomber ; mais j'ai simplement plaisanté et dit que c'était dommage que ses propres parents n'en soient pas venus à penser de cette façon alors qu'il pouvait encore être manipulé facilement. Je l'ai aussi prévenu qu'il allait être difficile de trouver un travail sans plus ou moins d'enfants en périphérie, car notre État était en pleine croissance. Il a dit qu'il devait rester quelques personnes sensées dans le monde. Et, bien sûr, il obtient un emploi chez les Mortimer – l'oncle Henry et la tante Mollie ont plus de soixante-dix ans et n'ont rien qui puisse affliger Homer.

Bien sûr, le secret de la fuite de ce scélérat de l'Idaho s'était répandu dans la vallée, faisant de lui un homme marqué. On voyait qu'il était un flirt né, mais qui gardait sa prudence native même dans les moments les plus difficiles. Ici et là, dans la vallée, il y avait une veuve travailleuse que l'homme idéal pourrait consoler , et quelques célibataires qui auraient entendu raison s'ils étaient correctement approchés ; et on disait d'eux qu'Homère était un adepte de la prudence. Il agirait comme l'un d'entre eux qui n'accepte tout simplement pas un non comme réponse – jusqu'à un certain point. Il semblerait qu'il se livre à de joyeuses plaisanteries, mais jamais à des mots sur lesquels la loi pourrait imposer une construction coûteuse. Il se promenait dans différents ranchs et se mêlait aux danses et aux pique-niques, riait et se conduisait comme quelqu'un condamné dès le berceau à être la proie des femmes – mais c'était tout.

C'est drôle comme il s'était échappé au fil des années, ayant apparemment la nature faible et souple qui fait le mari idéal, et ayant atteint l'époque de sa vie où il mettait de la trempette de mouton sur ses cheveux où la doublure brillait sur le dessus. Mais c'était ainsi . Et ses opinions sur les enfants étaient également largement connues. Les mères avaient l'habitude d'attraper leur plus jeune enfant lorsqu'il se rendait au bureau de poste de Kulanch ou qu'il en rencontrait un sur la route. Il n'a eu aucun succès avec de tels points de vue parmi ceux qui avaient mieux appris. Pourtant, il y avait des gens pleins d'espoir qui pensaient qu'il pourrait être amené à accepter une plaisanterie tôt ou tard, et le fait qu'il était connu pour économiser son salaire et qu'il avait une belle petite mise de côté ne jouait pas contre lui avec les partis qui pourraient le faire. avoir une chance d'être emporté par lui dans un moment de folie.

Puis, chez les Mortimer, il rencontre Mme Judson Tolliver, une veuve plausible qui vient de temps en temps dans la vallée pour faire de la couture dans différents ranchs. C'était une personne bien bâtie, impressionnante, avec des manières convaincantes ; l'un de ces êtres compétents qui peuvent prendre en charge les affaires et les conduire sans aide, et le feront s'ils ne sont pas arrêtés. Un matin, son oncle Henry Mortimer l'a amenée à la maison dans son chariot léger, avec sa machine à coudre à l'arrière. Et Homer était là pour l'aider et l'aider avec la machine et veiller à ce qu'elle soit placée directement dans le salon ; puis l'aider avec son cartable et lui demander poliment si tout allait bien – et tout allait bien : Merci beaucoup, M. Gale !

Cette fête n'était pas une écolière minaudière. Elle avait environ trente-cinq ans, la mâchoire carrée, les cheveux lisses et une voix dirigeante qui conviendrait bien aux réunions de club. Elle lisait des livres de bibliothèque et était une bonne causeuse. Et qu'a-t-elle fait le premier soir, alors qu'Homère raccommodait une de ses chemises près de la lampe de la cuisine, si ce n'est de la lui arracher malicieusement et de faire le travail elle-même, pendant qu'elle l'amusait avec une conversation ? Cela devait être divertissant, car elle a commencé par parler des épreuves que les enfants représentaient pour leurs parents tourmentés et de la façon dont le monde serait plus brillant et meilleur s'il était entièrement composé d'adultes.

N'importe qui aurait pu penser qu'elle avait entendu des ragots sur les goûts et les dégoûts d'Homère. Je sais que c'est ce que j'ai pensé après, quand il m'a ouvert son âme. Elle a dit quel dommage c'était qu'une demi-douzaine de démons hurlants ne soient pas dans cette maison à ce moment-là pour rendre la vie mauvaise pour tous. Et Homer s'est immédiatement levé au soleil et lui a enlevé la parole. Pendant qu'elle faisait ses raccommodages, il parlait avec véhémence des petits enfants dans sa veine joyeuse bien connue, racontant de nombreux incidents de sa foudroyante carrière qui l'avaient amené à ces opinions. La dame écoutait avec une profonde attention en disant : « Ah, oui, M. Gale ! de temps en temps, et laisser entendre qu'il devait y avoir un fort lien de sympathie entre eux car il exprimait avec des mots choisis ce qu'elle avait si souvent ressenti.

Homer a dû être en quelque sorte emporté à ce moment-là, et les rapides juste en dessous de lui. Je suppose qu'il avait déjà été rendu sentimental en voyant le mariage romantique idéal entre l'oncle Henry et sa femme - quarante ans environ ensemble et toujours capable de s'asseoir en paix et tranquillement sans que quelque chose se tortille sur vous pour voir ce que vous aviez en vous. vos poches ou demandez ce qui a fait sortir vos cheveux de cette drôle de façon, au point que vous souhaiteriez que quelques ourses se précipitent et en dévorent quarante- deux .

C'était la première d'une longue série de soirées où Homère et la dame s'asseyaient avec un plat de pommes et de gâteaux frits entre eux et dénonçaient la postérité du monde. La dame souffrait même de sérieux doutes quant au mariage. Elle a dit que devoir se débrouiller seule après avoir perdu son mari lui avait fait trop apprécier son indépendance pour penser à y renoncer à la légère. Bien sûr , elle ne dirait pas que peut-être, dans un futur proche, un compagnon sympathique qui penserait comme elle sur des sujets vitaux – et ainsi de suite – juste assez pour donner à Homer un sentiment de sécurité totalement injustifié. N'était-il pas le Hugo insouciant ?

Il s'est montré assez verbeux à propos de la dame lorsqu'il est venu faire une course un jour. Il m'a raconté toutes leurs charmantes conversations et quelle personne attirante elle était, saine comme une folle, sociable et belle sans être une de ces poupées peintes. Il a dit que la voir au-dessus de son travail de couture était une belle vue qu'il ne se lassait jamais de contempler, et l'entendre détester les enfants était une musique à l'oreille. Il a dit que c'était une femme rare. J'ai répondu qu'elle devait l'être et je lui ai demandé s'il s'était engagé.

"Eh bien, je ne dis pas que je l'ai fait et je ne dis pas que je ne l'ai pas fait", dit-il ; "mais je suis là, debout avec des pieds réticents à la croisée des chemins. Et qui sait ce qui pourrait arriver ? Je sais que j'ai eu des rasages de près en faisant bien pire à mon époque."

donc souhaité bonne chance avec cette haineuse pour les enfants ; non pas que je pensais qu'il comprendrait vraiment ce qui lui arrivait. Il était tellement rusé. Il était de ceux qui n'aiment pas bien mais trop sagement, comme on dit. Pourtant, il y avait une chance. Il avait une peur bleue du feu et pourtant il continuerait à jouer avec. Un jour, les joyeuses flammes pourraient le lécher. J'espérais le meilleur.

Quelques jours après, je suis descendu chez le contremaître en fin d'après-midi pour le voir au sujet d'une expédition que nous devions faire. Scott était quelque part, mais sa sœur était là ; alors je me mis à parler avec elle et à attendre. Ici, Minna Humphrey était une jeune fille de trente ans, agitée et délabrée, aux cheveux couleur sable, aux yeux verts et petite – pas plus grosse qu'un pain de savon après une journée de lessive. Ce qui avait gâché le pauvre, c'était d'avoir dû enseigner dans une école publique pendant une douzaine d'années. Cette année-là , elle enseignait à Kulanche et venait tout juste de fermer ses portes. Nous sommes partis devant la maison et Minna m'a dit qu'elle était à fond ; et comment elle avait traversé la saison, elle ne le savait pas.

Elle continua en parlant des petits enfants. Du feu dans sa voix ? Meurtre! Selon Minna, les enfants devraient être mis dans des cages dès qu'ils peuvent marcher et y être gardés jusqu'à ce qu'ils soient grands ; nourris à travers les barreaux et abattus s'ils éclatent. C'est ce que douze années de contact forcé avec eux avaient fait aux instincts les plus subtils de Minna. Elle a dit que rien au monde ne pouvait lui être aussi répugnant qu'une pièce remplie de petits animaux écrivant sur des ardoises avec des crayons grinçants. Elle a dit d'autres choses à leur sujet qui ne lui faisaient aucun honneur.

Et pendant que j'écoutais douloureusement, qui devrait monter à part Homer Gale !

"Ici", dis -je à Minna; "Voici un homme pour qui vous ferez un joyeux régal ; laissez-le simplement entrer et écouter votre chanson un moment. Commencez par le début et dites tout lentement, et laissez Homer vivre des moments de bonheur."

donc présenté les deux, et après quelques formalités accomplies, Minna m'a raconté avec sincérité à quoi ressemblait l'enseignement dans une école publique et quelle vie torturée elle menait parmi des créatures qui ne devraient jamais être traitées comme des humaines. Homer écoutait avec des yeux brillants qui devinrent assez humides à la fin. Minna a poursuivi en disant que les mères des enfants étaient presque aussi mauvaises, se mettant en colère pour lui faire des histoires à chaque fois qu'un enfant avait été discipliné pour une quelconque diablerie. Elle a dit que les mères lui causaient autant de problèmes que les enfants eux-mêmes.

C'était pour Homère un récit joyeux et douloureux. Il a demandé pourquoi Minna n'avait-elle pas choisi autre chose ? Et Minna a dit qu'elle allait le faire. Elle avait travaillé deux étés dans le bureau du juge Ballard, à Red Gap, et allait recommencer cet été, dès qu'elle aurait retrouvé un peu de vitalité ; et elle espérait qu'elle y trouverait désormais un travail stable et ne serait plus jamais obligée de retourner à son ancienne vie de dégradation. Homer sympathisait chaleureusement ; son cœur avait vraiment été touché. Il espérait qu'elle sortirait des profondeurs pour atteindre quelque chose de tolérable ; puis il lui a parlé des cinq horribles enfants de Bert qui l'avaient poussé dans les broussailles   et ainsi de suite.

J'ai écouté dans un moment; et puis je dis à Homer n'est- ce pas agréable pour lui de rencontrer quelqu'un d'autre qui pense comme lui sur ce grand sujet vital, Minna semblant trouver les jeunes aussi repoussants que Mme Judson Tolliver ? Et cette dame, d'ailleurs ? Et comment se déroule sa liaison ? Je n'ai jamais rêvé de commencer quoi que ce soit. J'étais amical.

Homer devient vif et sourit quelque chose d'horrible, et dit, eh bien, il ne voit pas pourquoi les gens cachent de telles choses ; et le fait est que cette dame et lui ont presque décidé que le destin les avait réunis dans un but noble. Bien sûr, rien n'était encore décidé – ni dates ni rien ; mais probablement d'ici peu, il y aurait une jolie petite maison ornant un certain endroit qu'il avait surveillé, et quelqu'un là-bas garderait de la lumière à la fenêtre pour lui - et ainsi de suite. Cela semblait presque trop beau pour être vrai que ce vieux coquillage ait enfin été harponné.

Puis Minna prit la parole, alors qu'Homer avait fini de bavarder, et sourit narquoisement et eut l'air très offensant. Elle dit avec vivacité :

"Oh, oui; Mme Judson Tolliver. Je la connais bien; et je suis sûr, M. Gale, que je vous souhaite tout le bonheur du monde avec la femme de votre choix. C'est en effet un caractère très remarquable - et tel une bonne mère!"

"Comment ça va ?" dit Homère. "Je ne t'ai pas bien entendu. Tellement bien quoi ?"

"J'ai dit qu'elle était une si bonne mère", lui répond Minna.

Le sourire narquois d'Homer se figea sur son visage.

"Mère de quoi ?" dit-il d'un ton bas et passionné, comme un acteur.

"Mère de ses trois petits", dit Minna. Puis elle répète rapidement : « Pourquoi, qu'y a-t-il, M. Gale ? Car Homer semblait avoir été mal pris.

"Grand Godfrey!" dit-il, à peine parvenu à retrouver sa voix.

"Et, bien sûr, cela ne vous dérangera pas que je le dise", poursuit Minna, "parce que vous semblez si ouvert d'esprit à l'égard des enfants, mais quand j'ai enseigné à l'école primaire à Red Gap l'année dernière, ses trois petits garçons m'ont donné plus plus de problèmes que n'importe quelle autre vingtaine d'insectes nuisibles dans toute la pièce. »

Homer ne pouvait rien dire cette fois. On aurait dit qu'un médecin le poignardait sans anesthésie.

"Et pour aggraver les choses", dit Minna, "la mère est tellement folle d'eux et si sensible à tout ce qui leur est fait en matière de discipline - en réalité, elle a très peu de contrôle sur son langage là où ces enfants sont. Pourtant, bien sûr, c'est ainsi que toute bonne mère agira, bien sûr, et surtout quand elle n'a pas de père.

"Je suis en effet heureux que la pauvre femme ait quelqu'un comme vous qui lui enlèvera la responsabilité, parce que ces garçons sont maintenant à un âge où la discipline compte. Bien sûr, elle s'attendra à ce que vous soyez doux avec eux, même quoique ferme. Oswald — il a onze ans maintenant, je crois — sera bientôt assez vieux pour être envoyé dans une école de redressement ; mais les plus jeunes, sept et neuf ans... Mon Dieu ! quel esprit ils ont ! Ils auront vraiment besoin de quelqu'un de fort.

Homer avait l'air comme si ce bavardage brillant allait ajouter vingt ans à son âge. Il s'était affalé sur le perron, là où il était assis, comme s'il avait eu une attaque.

" Alors elle est ce genre-là, n'est-ce pas ? " il marmonne en quelque sorte. "C'est une bonne chose que je l'ai découvert sur elle !"

"Les enfants vivent avec leur grand-mère à Red Gap pendant que leur mère est absente", explique Minna. "Ils ont vraiment besoin d'une main forte."

"Pas le mien!" dit Homère. Puis il se releva lentement et descendit quelques pas en titubant vers le portail. "C'est une bonne chose que j'ai découvert ce scandale à temps", dit-il. "Parlez de sournoiserie ! Parlez d'une femme qui cache son secret coupable ! Parlez d'infamie ! Je vais la dénoncer, d'accord. Je vais droit vers elle et je lui dis que je sais tout. Je vais la faire trembler de honte ! " Il est à cheval avec sa menace imprudente.

"Maintenant, tu as coulé le navire", dis -je à Minna. "Je savais que cette femme menait une double vie en ce qui concerne Homer, mais je n'allais pas en parler au pauvre fou. Il est temps qu'il soit transpercé, et cela aurait été un jugement sur lui que ses meilleurs amis J'aurais beaucoup savouré. Beaucoup d'entre nous attendaient cette tragédie avec grand plaisir. Vous avez gâché beaucoup de plaisir pour la vallée.

"Mais cela n'aurait pas été juste", dit Minna. "Cela aurait vraiment été la plus noire des tragédies pour un homme aussi sensible que M. Gale . Vous ne pouvez pas entrer dans ses sentiments parce que vous n'avez jamais enseigné à l'école primaire. De plus, je pense qu'il est très loin d'être un pauvre loufoque, comme vous le savez. j'ai choisi de l'appeler." La pauvre était chaleureuse et vaillante lorsqu'elle termina cela, ressemblant à Jeanne d'Arc ou à quelqu'un juste avant la bataille.

Et Homer n'est jamais revenu et n'a jamais fait trembler la dame comme il l'avait dit. En chemin, il lui vint à l'esprit qu'elle n'était pas de ceux qui se recroquevillaient facilement. Il avait peut-être l'impression d'avoir affaire à une aventurière désespérée, aussi rusée que fausse. Quoi qu'il en soit, il s'est affaibli comme tant de gens qui commencent courageusement à dire à quelqu'un tel ou tel en face. Il n'y revint qu'au milieu de la nuit, lorsqu'il entra à grands pas, sortit ses affaires et disparut comme s'il était tombé dans un puits.

L'oncle Henry a dû nourrir son propre bétail le lendemain matin, tandis que Mme Tolliver a pris le relais très alarmée et voulait qu'un groupe soit formé pour sauver Homer où qu'il soit. Sa première idée fut qu'il avait été kidnappé et qu'il était détenu contre rançon ; mais d'une manière ou d'une autre, elle ne parvenait pas à rallier quelqu'un d'autre à cette idée. Alors elle a dit qu'il avait été assassiné, ou qu'il gisait quelque part dans les broussailles avec une jambe cassée.

On lui fit remarquer qu'Homer ne viendrait pas récupérer toutes ses affaires la nuit pour avoir rendez-vous avec un assassin, ou même se faire casser la jambe. Vers le troisième jour, elle devina assez près de l'horrible vérité et prononça quelques mots calmes sur la possibilité de confier son cas à un bon avocat.

La vallée était intéressée. Cela ressemblait à l'occasion du rire de l'année. On aurait dit que les éclairs d'un paradis juste avaient frappé là où ils étaient attendus depuis longtemps. Puis on a découvert qu'Homer se cachait dans les collines avec un homme après les coyotes avec des pièges et du poison. Son travail devait faire appel à la nature cynique d'Homère à ce moment-là – tout ce qui contenait des pièges et du poison.

Dave Pickens est l'homme qui l'a trouvé, il n'avait pas grand-chose d'autre à faire. Et il a fait savoir à Homer le pire auquel il pouvait penser sans mâcher ses mots. Il a dit que la fiancée abandonnée allait intenter un procès contre Homer pour cent mille dollars – c'était la plus grosse somme à laquelle Dave pouvait penser – pour rupture de promesse, et Homer pourrait tout aussi bien se montrer et faire face à la situation.

Homer est effectivement sorti, audacieux comme de l'airain. Il avait eu peur que la dame lui tire dessus ou agisse de manière violente avec quelque chose ; mais si elle ne menaçait rien d'autre que la violence légale, il s'en fichait. Il ne pouvait tout simplement pas concevoir qu'une femme avec trois enfants puisse opposer un tel procès à n'importe quel homme, surtout à trois enfants connus pour être des diables. Il ne croyait même pas que la dame allait intenter une action en justice – même si sa honte était largement connue. Il s'est montré désinvolte et provocant à ce sujet, est sorti de sa cachette et a accepté de travailler à nouveau pour moi, Scott Humphrey ayant envoyé sa femme et ses enfants rendre visite à grand-mère Humphrey.

Mais atterrit. Il n'a pas gagné son sel. Ses amis et ses sympathisants lui ont enlevé toute sa vivacité en un rien de temps. Des groupes arrivaient de loin et de près pour le mettre au courant. Les éleveurs de dix milles de haut en bas du ruisseau abandonnaient des travaux importants juste pour venir lui raconter des faits durs sur la loi et comment, d'homme à homme, la situation lui paraissait vraiment sombre. Ces parties lui ont dit que la possession de trois enfants par une veuve légitime n'était pas considérée comme criminelle par nos meilleurs tribunaux. Ce n'était même pas considéré comme honteux. Et bon nombre des mêmes consolateurs ont en outre souligné que les enfants seraient réellement d'une grande aide pour la dame dans son costume, attirant la sympathie du jury.

En outre, ils n'ont pas négligé de lui dire que probablement la moitié du jury serait composée de femmes, d'épouses et de mères. Et quelle chance aurait-il avec les femmes si on leur disait comment il considérait les enfants ? Il passa une bonne moitié du temps que je lui payais à écouter ces paroles amicales. Ils donnent à Homère une vision entièrement nouvelle de notre civilisation tant vantée et la rabaissent considérablement dans son estime.

La seule personne dans toute la vallée qui ne se moquait pas de lui et ne lui témoignait pas de fausse sympathie avec une piqûre dans la queue était Minna Humphrey. Homer lui raconta toute l'ignoble conspiration contre sa fortune, et comment sa vie serait détruite s'il se mariait dans une famille avec trois exclus, comme on lui avait dit que c'était le cas. Et où en seraient nos tribunaux si leurs dossiers pouvaient être souillés par des maîtres chanteurs ?

Et Minna lui accordait la sympathie honnête d'une femme qui avait enseigné pendant douze ans, détestait la vue de tout être humain de moins de vingt ans et considérait même que l'institution du mariage avait été largement surfaite. Certes, elle sentait que ce n'était pas pour elle ; et elle pouvait comprendre qu'Homer veuille s'échapper. Elle et lui partaient et discutaient de ses chances longtemps après qu'il aurait dû être au lit s'il voulait gagner son salaire.

Minna a admis que les choses semblaient sombres pour lui en raison des préjugés insensés qui seraient contre lui en raison de ses opinions sur les enfants. Elle a dit qu'il ne pouvait pas s'attendre à un procès équitable où ces faits seraient connus même par un jury composé de ses pairs ; et il était tout à fait vrai que probablement seulement cinq ou six membres du jury seraient ses pairs, le reste étant des femmes.

Homer m'a parlé de ces discussions – en dehors des heures de travail, vous pouvez parier ! Comment Minna était la seule personne à se tenir aux côtés de quiconque en difficulté ; combien elle détestait les enfants, et détestait même l'idée du mariage humain.

"Minna est une gentille fille", lui dis-je; "Mais je pense que tu apprendrais à ne pas prêter attention à une femme qui parle des enfants de cette façon. Souviens-toi que cette autre dame en parlait de la même manière avant que le scandale n'éclate."

Mais il était indigné que quiconque puisse soupçonner que la haine de Minna envers les enfants n'était pas honnête.

"Cette petite fille est pure comme un prisme !" il dit. "Quand elle dit qu'elle les déteste , elle les déteste . L'autre créature dépravée ne faisait que travailler sur ma meilleure nature."

"Eh bien," dis -je , "l'affaire semble noire, mais peut-être que vous pourriez vous contenter de seulement cinq mille dollars."

« Ce ne serait pas seulement cinq mille dollars », dit Homer ; "ce serait l'économie d'une vie de labeur honnête et de surveillance des sous. C'est tout ce que j'ai."

"C'est bien, alors," dis -je , "de ne pas vous être marié il y a des années et d'avoir des petits à vos genoux!"

Homer frémit douloureusement quand je dis cela. Il commença à répondre quelque chose, mais s'étrangla et ne put.

L'aventurière avait bien entendu envoyé des lettres et des messages à Homère. Les premiers avaient plaidé, mais pas le dernier. Il s'agissait plutôt d'une menace fondamentale si on l'analysait de près. Puis elle termina sa couture chez les Mortimer et partit pour Red Gap, laissant une dernière annonce à tous ceux concernés qu'elle découvrirait maintenant s'il existait une loi dans le pays pour protéger une femme sans défense dans son droit sacré à la maternité.

Homer frissonna en l'entendant et commença à penser à s'enfuir à nouveau, comme il l'avait fait depuis l'Idaho. Il y réfléchit davantage quand quelqu'un revenait de la ville et lui disait qu'elle consultait en réalité un avocat.

Il serait parti , je suppose, si Minna n'avait pas continué à lui remonter le moral avec sympathie et à détester les enfants avec lui. Homer était un homme désespéré, mais il ne parvenait toujours pas à s'arracher à Minna.

Puis un matin, il reçoit une lettre de l'avocat de Red Gap. Il dit que sa cliente, Mme Judson Tolliver, lui a ordonné d'intenter une action en justice contre Homer pour cinq mille dollars ; et Homer aimerait- il peut-être éviter le coût supplémentaire – qui serait évidemment lourd – en réglant l'affaire à l'amiable et en évitant des souffrances pour tous ?

Homer était dans un état où il a failli craquer pour cette offre. C'était ça, ou faire face à un jury qui s'en prendrait à lui, de toute façon, ou disparaître comme il l'avait fait dans l'Idaho ; seulement cette dame était très déterminée, et des bruits lui étaient déjà parvenus selon lesquels il serait surveillé et cloué s'il tentait de partir. Cela signifierait être traqué de pilier en poste, même s'il parvenait à s'enfuir. Il est descendu et a confié l'affaire à Minna, comme je l'ai entendu plus tard.

"Je suis un homme désespéré", dit-il, "être harcelé par cette catastrophe ici ; et peut-être qu'il vaut mieux céder."

"C'est scandaleux !" dit Minna. " Bien sûr, l'argent ne vous importe pas ; mais c'est le principe de la chose. "

"Eh bien, oui et non", dit Homer. "On pourrait dire que je me soucie de l'argent. C'est tout à fait naturel, et je n'ai jamais nié que j'étais humain."

donc discuté chaleureusement, lorsqu'un malentendu est survenu selon lequel j'avais fait très attention à obtenir les droits de quelques semaines plus tard.

Minna a repris le vieux principe selon lequel Homer ne pourrait jamais obtenir un procès équitable ; puis elle s'éclaira d'un coup et dit :

"Ne le payez pas. Ne le faites pas, parce que vous n'aurez pas à le faire si vous faites ce que je dis."

Homer s'enthousiasme et dit :

"Oui, oui, continue !"

Et Minna continue.

"Lorsque les gens ne peuvent pas bénéficier d'un procès équitable dans un lieu donné", dit-elle, "ils changent toujours de lieu".

"Changement de lieu ?" dit Homer, un peu inquiet, semble-t-il.

"Certainement", dit Minna : "ils changent de lieu. J'ai travaillé dans le bureau du juge Ballard assez longtemps pour le savoir. Pourquoi n'y ai-je pas pensé avant ? C'est votre seule chance d'échapper au piège de cette créature."

"Changement de lieu ?" dit encore Homer, un peu consterné.

"C'est votre seule issue", dit Minna ; "et je ferai tout ce que je peux—"

"Vous serez?" dit Homère.

"Pourquoi, bien sûr !" dit Minna. " Rien -"

"Très bien, alors", dit Homer. "Enfilez vos affaires, je vais seller votre cheval et le ramener."

"Pourquoi?" demande Minna.

"Je suis un homme désespéré !" dit Homère. "Vous dites que c'est la seule issue, et vous connaissez la loi ; alors venez avec moi à Kulanche ." Et il l'a emmené à la grange.

Eh bien, Minna avait dit qu'elle ferait tout ce qu'elle pourrait, pensant qu'elle écrirait elle-même au juge Ballard pour découvrir tous les détails ; mais si Homer voulait qu'elle aille avec lui à Kulanche et qu'elle essaie de commencer les choses là-bas, eh bien, d'accord. Elle était prête quand Homer arriva avec son cheval et ils partirent pour un voyage de douze milles.

Je suppose qu'Homère n'a pas dit grand-chose en cours de route, qui ne marmonnait que de temps en temps comme un patient fiévreux, Minna disant de temps en temps à quel point elle était heureuse d'avoir trouvé ce moyen sûr de se sortir de son problème.

A Kulanche, ils se sont rendus à cheval devant le bureau du vieux Geiger, qui est juge de paix.

"Attends ici une minute", dit Homer et il entra. Très vite, il est sorti et l'a récupérée. "Allez, maintenant", dit-il, "j'ai tout réparé."

Et Minna entre, pensant qu'elle devrait peut-être jurer sur un affidavit ou quelque chose comme ça qu'Homer ne pourrait pas obtenir un procès équitable parmi les gens sachant qu'il considérait les petits comme autant de cafards ou quelque chose sur lequel marcher.

Elle a eu un certain choc quand Homer l'a emmenée à l'intérieur et lui a serré le poignet pendant que le vieux Geiger les épousait . C'était à peu près comme ça. Elle dit qu'elle était si faible qu'elle pouvait à peine se lever et qu'elle n'avait presque plus de voix. Mais elle n'arrêtait pas de dire : "Eh bien, Homer !" et "Oh, Homer!" et "Non, non, Homer!" dès qu'elle a découvert qu'elle avait été entraînée vers un sort qu'elle avait toujours considéré comme pire que la mort ; mais cela lui faisait beaucoup de bien de leur dire les choses d'une voix à peine meilleure qu'un murmure.

Et cette terrible chose fut terminée avant qu'elle puisse trouver la force de dire quelque chose de plus puissant. Elle était là, mariée à un homme qu'elle appréciait, il est vrai, et pour lequel elle éprouvait une grande sympathie pour l'ignoble tort qu'un homme de son sexe avait tenté de lui infliger ; mais un homme qu'elle n'avait jamais pensé à épouser. Je te dis ce qu'elle m'a dit. Et une fois la sentence prononcée, elle répétait : « Eh bien, Homer ! et "Oh, Homer!" et "Non, non, Homer!" jusqu'à ce qu'il n'y ait plus rien d'autre à faire que de sortir quelques vêtements de sa malle qu'elle avait laissés là-bas à temps pour prendre la voie étroite pour leur voyage de mariage à Spokane.

La nouvelle se répandit le lendemain dans la vallée comme un feu de brousse en août. C'était surprenant ! Comme le disent les journaux à propos d'un suicide, "aucune cause ne peut être attribuée à cet acte irréfléchi". Ils furent absents dix jours et revinrent et découvrirent que tout le pays se moquait à nouveau d'Homère parce que Mme Tolliver s'était levée et avait épousé un veuf prospère de Surprise Valley et n'avait jamais intenté de poursuite contre lui. On disait que même feu Mme Tolliver se moquait de lui de bon cœur.

Homer ne semblait pas s'en soucier, et Minna certainement pas. C'était une épouse à l'ancienne mode, une sorte d'épouse dont on n'entend plus beaucoup parler aujourd'hui ; le genre qui considère son mari comme parfait et qui l'admire. Elle m'a parlé du mariage tumultueux. Aucun d' eux n'avait eu le temps de parler avant de monter dans le train. Puis c'est sorti. Elle dit pourquoi Homer a-t-il fait une chose aussi monstrueuse ? Et Homère dit :

"Eh bien, tu m'as dit qu'un changement de Vénus était la seule issue pour moi—"

"J'ai dit un changement de lieu", explique Minna.

"Cela ressemblait à un changement de Vénus", dit Homère, "et je savais que Vénus était le dieu de l'amour. Et tu as dit que tu étais disposé et je savais que nous étions sympathiques, et j'étais un homme désespéré; et nous voilà donc!"

Alors elle a pleuré sur son épaule pendant vingt kilomètres pendant qu'il mangeait une boîte de figues.

Homère est désormais un citoyen solide, avec son argent placé dans un endroit au fond de la vallée, au lieu de rester à la banque à la merci d'une femme sans scrupules avec des petits. Et ici cet été, avec sa propre lampe de travail, il m'a aidé en tant que chef de circonscription ; ou, du moins, je lui ai dépensé de l'argent pour cela.

Une main fine et fiable aussi ! Voilà ce tas d'actions à récupérer chez Madeline : les bolcheviks n'en ont pas rassemblé plus des deux tiers ; et il y en a d'autres à venir du chemin de Horse Fly Mountain, et encore un autre groupe venant de la région de Sheep Creek - le mois le plus chargé d'une mauvaise année, quand j'avais besoin de chaque homme, femme et enfant, et voici venir Homer, le champignon, prend deux jours de congé !

" Oui , Mis' Pettengill ; je dois juste prendre un congé pour descendre à Red Gap. C'est une question de vie ou de mort. Oui , c'est vrai. Non , je n'enverrais personne. , et Minna est d'accord, je suis la seule à y aller—" Merde !

La dame a fabriqué une cigarette et, après l'avoir allumée, s'est retournée pour scruter la mesa par laquelle nous étions descendus. Le bétail se pressait maintenant dans le chemin étroit menant à la vallée, leur poussière s'élevant en un nuage haut et lent.

« Vous vous traitez de vacher, n'est-ce pas ? » demanda-t-elle à Homère absent.

"Hein!" Puis nous avons continué notre route.

« Quelle était la question de la vie ou de la mort ? J'ai demandé.

Ma Pettengill expulsait la fumée de cigarette de manière venimeuse de ses narines gonflées comme un dragon fatigué.

"La question de la vie ou de la mort était qu'il devait acheter deux anneaux de dentition pour les jumeaux."

"Jumeaux!"

"Oh, la vallée a eu son dernier rire contre Homer ! Des jumeaux, bien sûr ! La plupart d'entre nous ont ri de bon cœur, même si certaines mères ont dit que c'était le jugement de Dieu sur le couple. Bien sûr, Homer et Minna ne l'ont pas pris de cette façon. Ils c'était plutôt comme s'ils avaient été sélectionnés parmi le monde entier comme un couple digne de voir un miracle béni leur arriver . Il pouvait y avoir des bébés célibataires nés de temps en temps de gens ordinaires, mais jamais de jumeaux - et de jumeaux. comme celles-ci ! Des merveilles de force et de beauté, qu'il faut protéger jour et nuit contre les coliques et les ravisseurs.

"Ils les ont amenés l'autre jour à la poste de Kulanche pour les exhiber , chacun avec un châle rouge, et se moquer des gens qui n'en avaient qu'un. Et cet imbécile d'Homère me dit :

« Bien sûr , on ne peut pas espérer, dit-il, que cette grande guerre mondiale durera aussi longtemps ; mais si elle pouvait durer jusqu'à ce que ces garçons soient en état de se battre, je parie qu'elle ne durerait pas longtemps après cela. Oui, monsieur, le petit Roosevelt et Pershing mettraient bientôt fin à cette bagarre !

"Et maintenant, ils font leurs dents et doivent avoir des anneaux en caoutchouc. Et non, il ne pouvait pas envoyer personne pour les chercher ; et il ne pouvait pas non plus les commander par courrier, car ils devaient être exactement du bon type. .

"'Le pauvre petit Pershing a raison de fièvre avec ses gencives,' dit Homer, 'mais le petit Roosevelt en a déjà passé un devant. Il m'a mordu le pouce hier avec, sacrément près de l'os. Il l'a fait !'

"Il se dit vacher, n'est-ce pas ? Il pourrait bien été ... une fois. Maintenant, il n'est plus que le compagnon d'une femme au foyer ! »

VIII

ÇA PEUT ARRIVER!

Lew Wee, chef chinois prisé du Arrowhead Ranch, avait découpé, cuisiné et servi deux jeunes coqs pour le repas du soir avec une finesse qui réclamait hommage. Tout en replaçant la lampe du soir sur la table débarrassée du grand salon, il écouta mes éloges sur son talent artistique, comme le maréchal Foch pourrait m'entendre dire que je le considérais comme un plutôt bon stratège. Lew Wee a entendu mais n'a donné aucun signe, comme s'il était au-dessus de l'adulation mesquine des fidèles contraints. Pourtant, je savais que son âme secrète faisait un festival de mes paroles et qu'elle aurait été blessée par leur refus. C'est sa manière. Pas le moindre éclair furtif de ses yeux subtils ne laissait entendre que je lui avais plu.

Il se retira ensuite dans sa petite pièce à côté de la cuisine, où, comme c'était son habitude du soir pendant une demi-heure, il fit sortir un nombre incroyable de notes de cris ou de gémissements de son violon à deux cordes. Je l'ai imaginé pendant qu'il jouait. Il était assis dans son fauteuil d'osier, à côté d'une petite table sur laquelle brillait une lampe, la pièce bien fermée, fenêtre baissée, porte fermée, une cigarette en papier brun brûlant rapidement pour rendre l'atmosphère plus délétère. Après que de nombreuses autres cigarettes eurent rendu la chose pratiquement impossible, Lew Wee, avec la lampe allumée brillamment, comme elle brûlerait toute la nuit – car les démons d'une espèce nuisible et en grand nombre entreront sans crainte dans une pièce sombre – il mentirait. jusqu'à un sommeil réparateur. Ce fantasme de ventilation ! Lew Wee dort toujours dans une pièce hermétique remplie de fumée de cigarette et une lampe allumée à côté de son canapé ; et Lew Wee est robuste.

Il jouait maintenant encore et encore un petit air plaintif de mineurs qui lançait un doux appel à travers deux portes closes. C'est celui qu'il joue beaucoup. Il m'a expliqué sa signification. Il dit, avec une condescendance pas désagréable, que ce petit air signifiera : « La vie vient comme un chant d'oiseau par les fenêtres ouvertes du cœur. Cela sonne comme ça et c'est une petite chanson très satisfaisante, sans début ni fin.

Il en jouait maintenant, encore et encore, errant et à loisir, et j'imaginais son visage ravi au-dessus du violon pleurnichard ; le visage, disons, du philosophe Mang , sage du second degré et disciple de Confucius, qui fut soulevé de terre par les dieux à une époque que nous appelons avant JC mais qui était alors considérée comme une époque fraîche, nouvelle et tardive ; le visage aux yeux subtils et à la dignité gardée. Et je me demandais, comme je m'étais souvent demandé, si Lew Wee, extraterrestre solitaire dans la demeure des gens fous, ne souffrait pas d'un immense mal du pays pour ses amis sains d'esprit, qui ne passent pas leurs journées à construire certains animaux grotesques pour les abattre pour de bon. une nourriture douteuse. Certes, il avait la compensation de croire invinciblement que le ranch Arrowhead et toutes ses préoccupations reposaient sur ses propres épaules légèrement courbées ; que la chose s'effondrerait rapidement s'il s'en séparait. Mais je me demandais si cela était adéquat. Je le sentais comme un homme de douleur, voire de tragédie. Vaguement, il m'est parvenu comme quelqu'un qui avait survécu à des secousses colossales.

Tandis que je réfléchissais à cela, Ma Pettengill triait le courrier du soir et apportait à Lew Wee son journal de San Francisco, *Young China,* ainsi qu'une lettre. Une demi-heure plus tard, Lew Wee apporta du bois pour alimenter le feu. Il s'en débarrassa et effleura distraitement le foyer avec une aile de dinde. Puis il redressa le tapis, traversa la pièce et redressa sur le mur le plus éloigné un portrait encadré en couleur de Majestic Folly, un taureau primé de la souche Hereford. Puis il tira un rideau, chassa la poussière d'un coin de la table et se dirigea lentement vers la porte de la cuisine, s'arrêtant pour modifier légèrement l'angle d'une chaise contre le mur.

Ma Pettengill, à table, était loin dans le Red Gap *Recorder* de la veille. J'étais inoccupé et je regardais Lew Wee. Il faisait quelque chose d'humain ; il s'attardait dans un but précis. Il redressa une autre chaise et essuya la poussière du cadre doré d'un autre tableau, Dessin d'architecte du bloc Pettengill, coin des rues Fourth et Main, Red Gap, Washington. De cet exploit, il se dirigea doucement vers la porte de la cuisine, où il se retourna ; pendu en attendant dans le silence. Il n'avait émis aucun son, mais il avait fait part à son employeur de son souhait de parler. Elle le regarda à la lueur de la lampe, le menton baissé, les sourcils levés et les yeux interrogateurs sur lui par-dessus des lunettes brillantes.

"Le magasin de mon oncle, Hankow, brûle", a déclaré Lew Wee.

"Eh bien, ce n'était pas trop mal !" » dit maman Pettengill.

"Ça peut arriver!" dit positivement Lew Wee.

"Dommage!" répéta maman Pettengill.

"Je lui envoie neuf cents dollars de ton argent. L'argent brûle aussi", a déclaré Lew
Wee.

"Maintenant, maintenant ! Eh bien, c'est certainement dommage ! Quelle honte !"

"Ça peut arriver!" » affirma Lew Wee.

C'était incolore . Il ne traitait pas sa perte à la légère et ne la déplorait pas non plus.

"La prochaine fois, vous mettrez votre argent à la banque", l'avertit sèchement son employeur, "au lieu de le laisser traîner dans une brocante chinoise fragile. Ils sont toujours en feu."

Lew Wee la regarda avec un visage immobile.

"Ça peut arriver!" murmura-t-il encore.

Il insistait un peu, comme si elle n'avait pas encore entendu cette vérité tout à fait suffisante. Puis il est sorti ; et un instant plus tard, le violon à deux cordes gémissait une petite chanson à travers deux portes fermées.

J'ai dit quelque chose de aigu et d'original sur le fatalisme enraciné des races orientales.

Ma Pettengill déposa son journal, posa ses lunettes et dit : oui, Chinee, une course fatale ; Se sentir fatal à cause de cela, c'est ce qui les a rendus si utiles. Parce que quoi? Parce qu'en allant travailler à tel endroit, ce sentiment mortel leur faisait croire qu'un endroit n'était pas pire qu'un autre ; alors pourquoi ne pas rester ici ? Si d'autres races semblaient aussi fatales que la race chinoise, cela ferait une grande différence dans le problème de l'aide. Elle parierait un million de dollars à l'heure actuelle que beaucoup de gens souhaiteraient que les Suédois et les Irlandais ressentent de tels sentiments fatals.

J'ai dit que Lew Wee avait l'air de quelqu'un qui s'attend toujours au pire ; encore plus que la moyenne de sa race.

"Ce n'est pas ça", dit mon hôtesse. "Il n'attend rien du tout, ni même tout. Il prend ce qui vient. Si c'est bon ou mauvais, il dit : 'Cela peut arriver !' » sur le même ton de voix, et cela s'arrête. Le voilà maintenant, sachant que tout cet argent qu'il a économisé à force de dur labeur est parti en fumée, et ne prêtant plus attention à la perte que s'il avait simplement cassé une ficelle. sur cet engin grinçant au long cou qu'il a vu.

"Il semble certainement assez négligent avec son argent."

"Bien sûr, parce qu'il ne pense pas qu'il soit bon d'être prudent."

À partir d'un sac en tissu, l'orateur a versé du tabac dans un papier brun plié longitudinalement et a habilement façonné quelque chose ressemblant à une cigarette.

" Cela fait un an que je ne lui dis pas d'acheter des Liberty Bonds avec son argent ? Il en a acheté deux, étant très pro-américain pour avoir eu une fois une violente dispute avec un Allemand ; et il est impressionné par le bouton que le gouvernement laisse Il a l'impression que le président a fait de lui un mandarin ou quelque chose comme ça ; mais si tout le gouvernement devenait fou demain, il dirait simplement : « Cela peut arriver ! et ramasser son drôle de violon. Bien sûr , ce n'est pas humain, mais ça aide de garder de l'aide. Je l'ai eu depuis six ans maintenant, et la seule chose qui ne peut pas arriver, c'est son départ. Je ne dis pas qu'il y avait " Ce ne sont pas les raisons pour lesquelles il a pris ce poste pour la première fois.

Les raisons? Il y avait donc eu des raisons dans la vie de Lew Wee. Je m'en doutais. J'ai trouvé quelque chose de réservé, de timide et de patient dans son attitude . Il portait, pensai-je, le souvenir brûlant d'une épreuve.

"Les raisons!" Dis-je en attendant.

"Les raisons pour lesquelles il est arrivé jusqu'ici en premier lieu. Il voulait lui sauver   la   vie.
Je ne sais pas pourquoi, avec cette idée fatale à laquelle il s'en tient. Une habitude,   probablement.
De toute façon, il a eu du mal à la sauver - une semaine un peu fiévreuse. "

Elle alluma la cigarette et rit d'une voix rauque entre les premières bouffées délicieuses.

"Oui, monsieur ; ce pauvre garçon croit que le pays entre ici et la côte est habité par des sauvages ; des tribus sauvages des collines qui tentent d'exterminer les voyageurs pacifiques ; une espèce de hors-la-loi qui ne comprend pas un mot de ce que vous leur dites et agit avec violence. si vous essayez de le répéter. Et étant arrivé ici, après les démons, je suppose qu'il a peur de revenir en arrière. Je ne lui en veux pas.

Normalement, cela aurait suffi. Maintenant, la dame se contentait de fumer et de rire. Quand j'ai de nouveau prononcé "Eh bien?" avec une pointe de réprimande, elle sortit de sa rêverie, mais dans un domaine autre et lointain. C'était le domaine de l'histoire naturelle, de la zoologie, des vertébrés, des mammifères, des quadrupèdes à fourrure ou, en bref, des mouffettes. Autant être franc sur cette question.

Ma Pettengill a déclaré que la mouffette avait trop peu de crédit pour son caractère charmant, car c'est l'animal sauvage le plus amical connu de l'homme et jamais offensant sauf lorsqu'on l'attaque. N'étions- nous pas tous offensants à ce moment-là ? Et le simple fait que cette mouffette soit superbement douée à cet égard était-ce une raison pour l'ostraciser ?

"Je ne suis pas je dis : « J'aimerais me mêler à un quand il est vexé, » continua judiciairement la dame ; « mais pourquoi les vexer ? Ils ne recherchent jamais les ennuis ; alors pourquoi l'imposer à leur avis ? Prenez un été, il y a des années, lorsque Lysander John et moi avions un camp au-dessus de Dry Forks. Mes terres! Chaque soir, après le dîner, la plus jolie bande de mouffettes s'ébattait sur le flanc de la colline et s'ébattait autour de nous. Ici arrivaient Papa et Maman en tête, et quelques oncles et tantes et quatre ou cinq petits les plus rusés, et ils fouinaient tous sans crainte autour du feu de la cuisinière et des boîtes à nourriture, ramassant des restes de nourriture... juste sous mes pieds, remarquez – et je lève les yeux de temps en temps et je dis : « Merci ! simple comme tout, et quel beau temps nous avons, et pourquoi ne veniez-vous pas nous voir un jour ? — et ainsi de suite. Ils l'ont gardé pendant un mois pendant que nous étions là-bas ; et je ne pouvais pas souhaiter des voisins plus soignés et plus agréables .

"Lysander John, il devenait un peu nerveux, surtout après qu'on l'ait poursuivi dans la tente tard dans la nuit ; mais c'était seulement pour jouer comme un simple chiot, lui dis-je . Il avait entendu un bruit et s'était précipité dehors, et là, la petite chose valsait en quelque sorte au clair de lune, tournoyait en rond et passait un moment splendide. Quand elle s'est précipitée vers lui – je suppose que c'était la seule fois de sa vie, Lysander John était effrayé, impuissant. la tente n'était qu'une épave paralysée de lui-même, mais la jolie petite coquine est juste venue et a reniflé le rabat d'une manière amicale, comme si elle voulait le rassurer. Je voulais qu'il sorte et joue avec au clair de lune. Il ne le ferait pas. Je les aimais bien dans les environs, ils étaient si bons voisins et si calmes. Bien sûr , si jamais j'avais marché dessus, ou agi soudainement...

"Ils sont aussi faciles à apprivoiser et font des animaux de compagnie affectueux. Ralph Waldo Gusted, sur Elkhorn, qui les piège en hiver pour fabriquer des manteaux en peau de phoque du Labrador de première qualité - ses enfants en ont deux dans la maison avec lesquels ils jouent comme des chatons ; et il dit lui-même On a parlé de la mouffette d'une manière vague et irréfléchie. Il dit qu'une mouffette de compagnie est non seulement un excellent chasseur de souris, mais qu'elle mène une vie bien plus juste qu'un chat, qui est enclin à la débauche et aux malédictions la nuit. Oui, monsieur ; ce sont les créatures les plus confiantes et les plus amicales de tous les bois, si on ne les impose pas – après cela, bien sûr ! »

J'ai dit oui, oui, et sans doute, et tout cela est très intéressant, et bien beau à sa place ; mais, vraiment, était-ce sa place ? Je voulais connaître les raisons de Lew Wee de croire à l'existence de tribus sauvages des collines entre là-bas et San Francisco.

"Oui, et San Francisco est pire", dit la dame. "Il pense que cette ville est prête à tout moment à des violences collectives. Des foules sauvages se rassemblent, crient et se précipitent à la moindre provocation. Il dit que c'est différent en Chine, les gens là-bas ne sont pas fous."

"Eh bien, nous pouvons nous occuper de ce mystère."

Alors Ma Pettengill a dit que nous le pouvions ; et nous l'avons effectivement fait.

Ce petit crétin semble avoir été un enfant insouciant jusqu'au moment où le monde civilisé est devenu fou avec une version pour lui. Il était un bon cuisinier et avait un bon travail dans un country club chic sur la péninsule de San Francisco. Les horaires étaient faciles et il était suffisamment proche de la ville pour y entrer une ou deux fois par semaine et se mêler aux siens. Il pouvait passer une soirée avec les plus âgés, à jouer au fan-tan et à élire un nouveau président de la race Chinee, ou aller au théâtre Chinee et s'installer dans une boîte et mâcher de la canne à sucre ; ou bien il pourrait passer un bon moment dans les salles de club de la Young China Progressive Association, en jouant au poker pour de l'argent. De temps en temps, il se mêlait à une guerre des Tongs, on le considérait comme un homme à la hache de guerre – seulement ils n'utilisent pas de hachettes, mais des automatiques ; en fait, toute la nature semblait lui sourire.

Eh bien, juste à côté de ce country club, l'un de ses six cent mille cousins travaillait comme jardinier pour un homme, et cet homme élevait beaucoup de belles poules, comme le dit Lew Wee. Et il dit qu'un étrange et méchant animal nocturne s'est glissé dans la maison de ces beaux oiseaux et en a tué une douzaine en les mordant sous leurs ailes. L'homme a dit à son cousin que le méchant animal nocturne devait être une mouffette et que son cousin devrait l'attraper dans un piège. Alors le cousin dit à Lew Wee que le méchant animal nocturne était une mouffette et qu'il allait l'attraper dans un piège. Lew Wee a trouvé ça intéressant.

Il monta en ville et, au cours d'une agréable soirée à Fan-Tan, il raconta que les poulets tués étaient si beaux et que l'animal nocturne qui les avait tués serait pris dans un piège. Un grand ami de Lew Wee était présent, un merveilleux médecin. Lew Wee dit toujours qu'il est le médecin le plus merveilleux du monde, connaissant des choses sur les médicaments que les médecins blancs ne peuvent jamais découvrir, ce sont des choses que les médecins chinois ont découvertes il y a plus de quinze mille ans, et donc vraies. Le nom du médecin était le docteur Hong Foy et c'était un médecin riche. Et il dit à Lew Wee qu'il a besoin d'une mouffette comme médicament, et que si quelqu'un lui apporte une mouffette vivante en bon état , il paiera vingt-cinq dollars en argent américain pour cela.

Lew Wee dit qu'il n'aura plus besoin de cette mouffette très longtemps – ou de mots dans ce sens – parce qu'il va récupérer celle-ci du piège. Le docteur Hong Foy est très content et dit que les vingt-cinq dollars américains sont impatients de devenir ceux de Lew Wee pour cet animal, vivant et en bonne condition.

Lew Wee y retourne, et le lendemain, son cousin dit qu'il a tendu un piège et que la mouffette nocturne est entrée dedans, mais il était fort comme un lion et s'est effondré et a mordu d'autres poulets sous l'aile, puis il est parti de là. Il a montré le piège à Lew Wee et Lew Wee a vu que ce n'était pas le bon type, mais il sait comment fabriquer le bon type et le fera si la mouffette peut devenir entièrement sa propriété une fois capturée.

Le cousin, sans le moindre argument, accepta chaleureusement cette proposition. Il était assez honnête. Il expliqua soigneusement que l'on souhaitait attraper la mouffette pour l'empêcher de mordre les poulets sous l'aile, les faisant mourir, et non pour quelque valeur que ce soit pour la personne qui l'attrapait. Il dit qu'il serait bénéfique d'attraper la mouffette, mais pas de la garder ; qu'une mouffette n'est pas gentille après avoir été capturée, et Lew Wee est plus que bienvenu s'il veut fabriquer un bon piège. Le cousin lui-même faisait probablement partie de ces « Ça peut arriver ! » fatals. garçons. Lorsque Lew Wee dit qu'il doit avoir la mouffette vivante et en bon état, il l'a simplement regardé d'une manière lointaine dont Lew Wee s'est souvenu par la suite ; mais il dit seulement : « Oh, très bien ! dans sa langue maternelle.

Lew Wee a alors trouvé un petit poulailler au toit pointu, avec de solides lattes dessus, et a fabriqué un piège en forme de quatre, et a mis quelque chose comme appât sur le bâton pointu et a installé le piège, et a immédiatement commencé à dilapider vingt-cinq dollars. cela devait être aussi simple que de le ramasser sur la route.

Il n'y avait pas d'échange de petit-déjeuner au country club et Lew Wee a pu traverser le parcours de golf pour se rendre au poulet tôt le lendemain matin. Le cousin se trouvait à une certaine distance du poulailler, en train de biner un lit d'artichauts, mais il a dit à Lew Wee que son piège avait été un piège très merveilleux et que l'animal de nuit avait été attrapé en toute sécurité. Lew Wee fut surpris de l'indifférence de son cousin et pensa qu'il aurait dû être là-bas pour regarder le prix. Mais ce n'est pas le cas. Le cousin gardait une certaine distance. Il a simplement dit à Lew Wee que son animal était là et qu'il devait l'emmener avec le moins de perturbations possible, ce qui serait préférable pour toutes les personnes concernées. Il était étrangement cool à ce sujet.

Mais Lew Wee était plein d'une agréable excitation et courut rapidement vers son piège. Assez sur! Il y avait une belle et belle mouffette dans son piège. Lew Wee n'en avait jamais vu. Il a dit qu'il était plus beau qu'un faisan doré, avec une fourrure noire riche et brillante et une jolie bande blanche partant de sa face et descendant directement de chaque côté de son dos ; et il avait une merveilleuse queue ondulante, comme un panache. Il le regardait joyeusement à travers les lattes. Il était assis confortablement quand il monta

; alors il en parla amicalement. Puis il se leva, bâilla et s'étira, l'air tout à fait maître de lui, mais un peu ennuyé, je suppose, comme si c'était une mauvaise plaisanterie à jouer à un gentleman ; Alors maintenant, est-ce que quelqu'un aurait la gentillesse de lui enlever cette boîte ?

Le fier propriétaire en a dansé avec beaucoup de joie et lui a dit que le gentil docteur ne lui ferait aucun mal, mais qu'il lui donnerait un bon foyer, avec du poulet pour le dîner, du mebbe , etc. Puis il est retourné chez son cousin et lui a donné un paquet de cigarettes, de son cœur débordant, et lui a demandé où il pourrait mettre son animal sauvage et l'emmener en ville chez son grand ami le docteur Hong Foy, qui avait envie pour ça.

Le cousin prit les cigarettes, mais il regarda longuement Lew Wee, comme s'il ne comprenait pas du tout Chinee. Lew Wee l'a répété. Il voulait quelque chose pour emmener l'animal sauvage en ville, car le poulailler dans lequel il se trouvait actuellement n'avait pas de fond ; et c'était trop gros, de toute façon.

Le cousin le regarda encore longuement, comme en transe. Puis, sans aucune bêtise, il se dirigea vers la grange et tendit à Lew Wee un sac de son.

Lew Wee a dit que c'était exactement ce qu'il fallait ; et le cousin viendrait-il l'aider au cas où l'animal serait timide et ne voudrait pas aller au sac ? Le cousin a dit qu'il ne le ferait pas. Et il n'est pas revenu aux artichauts. Il se dirigea vers un parterre de choux-fleurs à l'autre bout du jardin, après en avoir donné un autre à Lew Wee pendant un long « Cela peut arriver ! regards, qui signifient que nous vivons dans un monde étrange et terrible.

Lew Wee retourna seul vers sa prise, la trouvant toujours calme, comme un gentleman dans son club. Il le rassura avec quelques mots plus joyeux. Il a eu une pensée à ce moment-là, dit-il ; une sorte de peur soudaine. Son cousin, ainsi que son grand ami le docteur Hong Foy, lui avaient dit le premier jour que la mouffette dégageait une forte odeur désagréable pour beaucoup de gens. Mais celui qu'il avait attrapé n'avait aucune odeur d'aucune sorte. Donc peut-être que ça voulait dire qu'il n'était pas en bon état et que le docteur Hong Foy ne le souhaiterait pas pour vingt-cinq dollars. Cependant, il s'agissait certainement d'une mouffette, et elle avait l'air forte et en bonne santé et méritait d'être emmenée chez le médecin, qui pourrait alors lui parler de son état.

Lew Wee ouvrit le col du sac, le posa sur le sol à côté de lui, se mit à genoux et souleva soigneusement un côté du poulailler. L'animal sauvage était plus beau que jamais ; et il ne semblait pas alarmé, mais juste le plus petit acarien suspect. On aurait dit qu'il disait qu'il était tout à fait disposé à être amical, mais on ne pouvait jamais parler de ces Chinois. Lew Wee tendit lentement la main vers lui et celle-ci se déplaça contre le fond du poulailler, très vigilant.

Ensuite, Lew Wee a saisi rapidement la nuque et lui a soigneusement attrapé la nuque.

Bien sûr, cela montrait immédiatement qu'on ne pouvait pas faire confiance à un Chinois, et Lew Wee dit qu'il s'est battu avec acharnement, étant si rapide et musclé qu'il l'a surpris. Il fut pleinement engagé pendant au moins trente secondes ; l'animal griffait, se tortillait et se tordait, et il mordait dans les corps à corps et manquait de s'enfuir. Il respirait fort lorsqu'il finit par mettre son animal sauvage dans le sac et lui attacha le cou.

Il dit qu'il n'avait pas vraiment réalisé jusque-là, avec toute cette excitation, que quelque chose n'allait pas. Non seulement il respirait fort, mais c'était difficile de respirer. Il dit qu'il se sentait vraiment bien à ce moment-là. Il avait eu peur que son animal ne soit pas en bonne santé, mais c'était sans aucun doute le cas. Il pensa tout de suite que si un objet en bon état ordinaire valait vingt-cinq dollars pour le docteur Hong Foy, alors celui-ci pourrait valoir jusqu'à trente-cinq, voire quarante. Il pensait que ce devait être le meilleur animal sauvage de cette espèce au monde.

Il ramassa donc le sac, avec son prix se tortillant et jurant à l'intérieur, le jeta par-dessus son épaule et repartit vers le country club. Il s'arrêta une minute pour remercier encore une fois son cousin ; mais son cousin le vit venir et s'enfuir d'une façon étrange et rapide, comme s'il ne voulait plus être remercié. Ensuite, Lew Wee a traversé un champ et parcouru les terrains de golf. Son idée était d'emmener le petit animal dans sa chambre du club-house et de l'y garder jusqu'à la nuit, puis de l'emmener en ville et d'en tirer tout cet argent. Il était plutôt heureux et aurait aimé ne pas avoir autant effrayé la pauvre chose.

Il pensa qu'en arrivant dans sa chambre , il pourrait le sortir du sac pour y jouer librement pendant la journée. Il a dépensé les vingt-cinq dollars pour différentes choses en passant par les terrains de golf. Il m'a dit qu'il savait parfaitement que son animal de compagnie serait susceptible d'attirer l'attention ; mais il ne réalisait pas à quel point. Un Chinois est une merveille. Il peut très vite s'habituer à tout.

Mais Lew Wee n'est plus jamais retourné dans sa chambre. Lorsqu'il arriva près du club-house, des gens distingués descendaient d'une automobile violette brillante, aussi grande qu'un palais, et ils avaient des bâtons de golf dans des sacs. L'un d' eux était un grand homme au visage rouge avec une moustache grise féroce, et cet homme s'est mis à crier après Lew Wee d'une manière remarquable. Les mots étant dans une langue étrangère, il ne parvenait pas à les comprendre correctement, mais le sentiment était que le grand homme voulait qu'il s'en aille. Lew Wee savait qu'il ne travaillait pas pour cet homme, qui n'était qu'un membre du club ; il ne prêta donc aucune attention à lui, à part un signe amical de la main, et continua son chemin vers l'entrée arrière.

Puis, par l'entrée latérale, sortit l'intendant en chef, criant également, et c'était l'homme pour lequel il travaillait ; alors il s'est arrêté pour écouter. Ce n'était pas pour longtemps. Il a perdu un bon emploi de cuisinier en un rien de temps. Bien sûr, cela ne dérange jamais un Chinois ; mais quand il commença à récupérer ses affaires dans sa chambre, le steward ramassa un club de golf avec une extrémité en fer et menaça de le blesser, et certains des aides de cuisine coururent par derrière avec des couteaux allumés, et le grand visage rouge un homme criait au steward d'envoyer chercher un policier, et des dames qui étaient descendues d'une autre grosse voiture avaient couru à mi-chemin à travers le terrain de golf, comme si elles étaient poursuivies par quelque chose, et d'autres personnes de l'intérieur sont venues à la porte et ont crié après lui et lui fit signe de s'en aller ; alors il pensa qu'il valait mieux ne pas essayer de récupérer ses affaires à ce moment-là. Il ne comprenait pas pourquoi tout ce tumulte, même s'il avait acheté quelque chose en parfait état pour son ami le Docteur Hong Foy.

C'était perceptible, pensa-t-il ; mais pas de quoi faire toute cette histoire, surtout si ces imbéciles le laissaient simplement le transporter dans sa propre chambre, où il pourrait redevenir silencieux, comme lorsqu'il l'avait vu pour la première fois dans le piège. Mais il comprit qu'ils n'allaient pas le laisser faire, et le grand homme était passé devant et lui tendait maintenant les deux poings à travers une fenêtre latérale fermée ; alors il s'est dit, d'accord, il les laisserait à plat, sans cuisinier — et il y avait aussi un tournoi de golf ce jour-là ! Il avait vingt-cinq dollars de plus et il pourrait facilement trouver un autre emploi.

Alors il leur a dit au revoir à tous et a parcouru la route pendant 800 mètres jusqu'à la file de voitures. À cette époque, il construisait des châteaux aériens. Il dit qu'il lui est venu à l'esprit que le docteur Hong Foy pourrait aimer beaucoup de ces animaux sauvages, à vingt-cinq dollars chacun ; et il pourrait reprendre le travail régulièrement. C'était excitant et sportif, et cela le rendrait soudainement riche. Ce n'était peut -être pas un travail aussi agréable que celui de son cousin, qui passait son temps dans les jardins et les serres ; mais c'était plus aventureux. Il l'aimait vraiment, et il s'y habituerait encore plus avec le temps pour ne plus le remarquer du tout. Alors qu'il attendait un tramway , il a dû imaginer toute une série de choses qu'il achèterait avec toutes ces émoluments soudains. Plusieurs automobiles passèrent pendant qu'il attendait et il remarqua que les gens à l'intérieur d' elles se tournaient tous pour le regarder avec enthousiasme. Mais il savait que tous les Américains étaient fous et susceptibles de l'être pour quelque chose.

Bientôt, une voiture s'est arrêtée et des personnes sont descendues par l'avant. Ils s'arrêtèrent net et commencèrent à regarder tout autour d'eux avec effroi : deux dames, un enfant et un vieillard. Le conducteur descendit également et regarda autour de lui avec effroi ; mais il a rapidement remonté la voiture. Lew Wee a ensuite sauté sur la plate-forme arrière, avec ses bagages, au moment même où le voyage commençait. Cela a commencé rapidement et roulait à quarante milles à l'heure au moment où il a ouvert la porte. Les deux femmes dans la voiture lui criaient dessus comme des folles, et avant qu'il ne soit confortablement installé, le conducteur avait ouvert la porte d'entrée et était parti vers lui. Il est arrivé à mi-chemin de la voiture ; puis il a reculé et lui a fait un long discours depuis l'avant, tandis que la voiture s'est arrêtée comme si elle avait heurté une montagne, projetant tout le monde de leur siège.

Lew Wee comprit qu'on lui ordonnait de descendre rapidement de la voiture. Les autres passagers s'étaient rassemblés près du conducteur et lui disaient la même chose. Un vieux monsieur avec une canne, qui ne savait peut-être pas bien marcher, avait pris sa canne, avait rapidement cassé une fenêtre et avait la tête dehors. Lew Wee pensait qu'il était un anarchiste, détruisant ainsi ses biens. De plus, le conducteur du véhicule, qui avait arrêté la voiture si tôt, brandissait maintenant une arme en cuivre dans sa direction, au-dessus de la tête des autres. Alors il pensa qu'il ferait aussi bien de descendre de la voiture et d'arrêter toutes ces discussions. Il avait sorti son billet, mais il l'a remis dans sa poche, a ramassé son sac et est sorti d'une manière très digne, même s'ils le menaçaient . Il savait qu'il avait quelque chose d'une valeur de vingt-cinq dollars dans son sac, et ils ne le savaient probablement pas, sinon ils n'agiraient pas de cette façon.

Il s'est assis et a attendu une autre voiture, tout en dépensant son argent.

Le suivant ralentit pour lui ; mais tout d'un coup, il repartit plus vite que le vent, dit-il ; et il pouvait voir que le conducteur du véhicule était un lâche à propos de quelque chose, car il avait l'air très effrayé lorsqu'il survolait l'endroit. Il n'en a jamais vu un aller aussi vite que celui-ci après qu'il ait ralenti pour lui. Il semblait que le conducteur serait bientôt arrêté pour avoir conduit sa voiture trop vite. Il a ensuite eu le même problème avec une autre voiture ; il a ralenti, mais s'est éteint avant de s'arrêter, et les gens à l'intérieur le regardaient un peu horrifiés.

Il semblait qu'il n'allait pas se rendre en ville en tramway. Bientôt, sur la route, arrive un Japonais qu'il connaissait. Son nom était Suzuki Katsuzo ; et Lew Wee dit que, bien qu'il ne soit qu'un Japonais, il est à bien des égards un homme honnête. Suzuki le dépassa en effectuant un large cercle et s'arrêta pour lui donner de bons conseils. Il a refusé de s'approcher, même après que Lew Wee lui ait dit que ce qu'il avait dans le sac valait beaucoup d'argent.

Suzuki était très poli, mais il ne voulait pas s'approcher davantage, même après cela. Il a dit à Lew Wee qu'il était presque certain qu'ils ne voulaient pas qu'il monte dans les tramways avec, peu importe si cela valait des milliers de dollars. Cela pourrait valoir autant, et c'était très probable si le prix dépendait de son état. Mais le moyen le meilleur et le plus paisible pour Lew Wee était de trouver une automobile allant dans cette direction et de demander au monsieur qui la conduisait de le laisser monter ; il a dit qu'il serait également préférable de choisir une automobile sans toit, parce que les autres types sont souvent trop fermés pour des affaires comme celle-ci, comme les tramways. Il a déclaré que les personnes dans les tramways sont des gens ordinaires et qu'ils ne se soucient pas de savoir si une chose vaut des milliers de dollars ou non s'ils n'aiment pas l'avoir dans la voiture avec eux. Il ne pensait pas que cela ferait une quelconque différence pour eux si quelque chose comme ça valait un million de dollars en or américain.

Lew Wee a donc remercié Suzuki Katsuzo , qui est parti rapidement; puis il a essayé d'arrêter quelques automobiles. On aurait dit qu'ils étaient aussi timides que des tramways. Les gens ralentissaient lorsqu'ils le voyaient sur la route, puis appuyaient sur l'accélérateur comme si c'était une question de vie ou de mort. Lew Wee a dû dire « Cela peut arriver ! » plusieurs fois ce matin-là.

Enfin arrive un Allemand. Il conduisait un gros camion rempli de fûts de bière vides, et Lew Wee dit que l'Allemand lui-même était un homme buveur et qu'il avait tellement bu de bière qu'il pouvait presque s'endormir en conduisant la voiture.

Il ralentit et s'arrêta lorsqu'il aperçut Lew Wee au milieu de la route. Lew Wee a déclaré qu'il voulait se rendre à San Francisco et qu'il donnerait un dollar au chauffeur pour le laisser remonter sur les fûts de bière. Le chauffeur a dit : « Voyons le dollar. » Et il l'a pris et a dit : "Très bien, John, lève-toi." Puis il renifla l'air plusieurs fois et dit qu'il semblait qu'il y avait eu une ronde de mouffette. Lew Wee ne lui a pas dit qu'il l'avait dans son sac parce que le chauffeur pourrait savoir combien il valait et tenter un acte déloyal contre lui pour en prendre possession. Ils repartirent donc , et l'Allemand, qui avait bu, s'endormit au volant.

Lew Wee était sur les fûts de bière et s'amusait comme un riche gentleman se rendant en ville dans sa voiture. C'était plutôt agréable, même s'il était habitué à son animal de compagnie, de voler si vite dans les airs.

L'Allemand semblait devenir dégrisé par quelque chose, et après environ cinq ou six milles, il arrêta la voiture et cria à Lew Wee qu'une mouffette était également passée par ici ; et peut-être qu'il en avait écrasé un. Lew Wee avait l'air évasif ; mais l'Allemand devenait de plus en plus éveillé à chaque minute, et après quelques kilomètres supplémentaires, il s'arrêta de nouveau et revint là où se trouvait Lew Wee. Il dit qu'il semble qu'une mouffette soit présente partout ; et, en fait, cela semble être ici maintenant. Il voit le sac et veut savoir ce qu'il contient. Mais il ne donne pas à Lew Wee l'occasion de mentir à ce sujet. Il était maintenant parfaitement réveillé et parlait sobrement mais avec amertume. Il a ordonné à Lew Wee de partir rapidement . Lew Wee dit qu'il l'insultait souvent. Il pense que c'était en allemand. Il n'est pas sûr de la langue, mais il sait que c'était un juron.

Au début, il n'allait pas s'en sortir ; mais l'Allemand a pris un gros bâton sur le bord de la route et s'est lancé vers lui, alors il est descendu de l'autre côté et s'est mis à courir. Mais le lâche Allemand ne l'a pas poursuivi d'un seul pas. Il s'est assis à nouveau sur son siège et a démarré sur la route plus vite qu'il ne semblait que son camion avait pu voyager.

Quoi qu'il en soit, Lew Wee était beaucoup plus proche de la ville, car l'Allemand n'avait pas été sensible au début ; et si le pire devait arriver, il pourrait marcher. Il semblait qu'il allait le faire. Puis il a compris qu'il devrait de toute façon marcher, parce que cet Allemand brutal qui l'avait fait descendre du camion ne lui avait pas rendu son dollar, et c'était tout ce qu'il avait. Il lança alors la première grande malédiction des cent neuf diables malins sur tous les Allemands. C'est une grande malédiction, dit-il, et elle a fait beaucoup de bien en Chine. Il ne savait pas si cela fonctionnerait loin de chez lui ; mais il dit que c'est le cas. Désormais , chaque fois qu'il met la main sur un journal, il cherche l'endroit où des Allemands en formation rapprochée se font faucher sous le feu des mitrailleuses.

Mais son argent avait disparu à des kilomètres de lui à ce moment-là ; alors il a commencé sa marche de dix milles. Je ne sais pas. Cela a toujours été un mystère pour moi de savoir comment il pouvait faire cela. Il pourrait s'y habituer lui-même, et peut-être pensait-il que le public pouvait en faire autant. C'était une promenade intéressante qu'il a fait.

Au début, il pensait qu'il n'attirait que l'attention du vulgaire, comme lorsque des voyous américains effectuant des travaux de réparation sur la route lui jetaient des pierres alors qu'il s'arrêtait pour se reposer un peu. Mais il remarqua bientôt que les dames et messieurs riches semblaient également l'éviter lorsqu'il traversait les petites villes. Il portait son impétueux fardeau sur un bâton sur son épaule et paraissait de loin être un honnête ouvrier ; mais les gens qui s'approchaient ne le regardaient en aucun cas avec respect. Il semblait qu'une certaine haine lui était attachée.

Un jour, il s'arrêta pour cueillir une grosse rose rouge dans un buisson qui pendait au-dessus du mur devant un joli endroit, et il y avait là une belle enfant habillée comme une petite princesse ; et, aimant les enfants, comme tous les Chinois, il lui parla ; mais une infirmière a crié et s'est précipitée vers lui et a crié quelque chose dans une autre langue étrangère. Il pense que c'était un juron, comme l'Allemand, même si elle ressemblait à une dame. Il continuait donc tristement, sentant de temps en temps sa belle rose.

La seule façon pour moi de comprendre comment il a traversé ces banlieues, c'est que les partis voulaient le faire arrêter ou fusiller, ou quelque chose comme ça, mais ne l'ont pas laissé rester assez longtemps pour y parvenir ; ils étaient partagés à son sujet, je suppose : ils souhaitaient le retenir, mais ils souhaitaient aussi plus fortement l'éloigner.

Il continua donc son chemin sans être blessé, rencontrant des regards meurtriers et laissant de l'excitation sur son chemin ; entendre des hommes le menacer alors même qu'ils le fuient. Cela lui faisait mal d'être évité de cette façon – lui qui s'était toujours senti si amical envers tout le monde. Il ne pouvait plus le nier à ce moment-là : les gens l' évitaient à cause de ce que le docteur Hong Foy voulait vivant et en bon état.

À mesure qu'il progressait dans la ville, l'excitation montait encore plus. Il s'est rendu au milieu de la rue là où il le pouvait. Des foules se rassemblaient derrière lui et lui brandissaient des objets et semblaient vouloir le lyncher ; mais ils ne se sont pas approchés suffisamment pour cela. Il semblait qu'il menait une vie enchantée malgré cette hostilité. Une fois arrivé dans la ville, un policier est arrivé et a commencé à l'arrêter, mais après avoir réfléchi, il a tourné au coin de la rue. Cela lui donnait l'impression d'être un rebut social ou un paria, ou quelque chose du genre.

Il n'était pas du tout idiot à propos de son petit animal rusé à ce moment-là. Et il semblait que ces foules de gens rassemblées derrière lui allaient enfin avoir le courage de faire quelque chose avec lui. Ils devenaient plus grands et se comportaient de plus en plus désespérés. Lorsqu'il était sur le trottoir , il entraînait les gens sur la route comme par magie, et lorsqu'il était dans la rue, ils se rapprochaient des bâtiments.

Cela lui a vraiment fait mal. Il avait toujours aimé les Américains, malgré leurs habitudes étrangères, et ils avaient semblé l'apprécier ; mais maintenant, tout à coup, ils le considéraient comme un péril jaune. Il gardait toujours sa rose pour la sentir. Il a dit que c'était pour lui un doux réconfort à une époque où le monde entier s'était retourné contre lui pour rien.

Il se dirigea vers Chinatown par les rues les plus calmes qu'il pouvait choisir, même s'il échappait à peine à la foule sans foi ni loi. Mais il arriva enfin dans la rue où se trouvait le cabinet du docteur Hong Foy. C'était en grande partie une rue chinoise et beaucoup de ses amis y vivaient ; mais même maintenant, alors qu'on aurait pu penser qu'il recevrait des mots gentils et des félicitations, il ne l'a pas fait.

Ses meilleurs amis le considéraient comme quelqu'un de mieux, sans parler de lui, et faisaient de rapides gestes de répulsion lorsqu'il les croisait . Une foule considérable le suivit à distance et se rassembla à l'extérieur lorsqu'il entra dans le bureau du docteur Hong Foy. C'était une sorte de magasin au rez-de-chaussée, dit Lew Wee, avec des étagères pleines de riches médicaments chinois anciens qui avaient une certaine présence puissante qui leur était propre. Mais même ici, le docteur Hong Foy aurait dû savoir sans aucun doute ce que son ami lui avait apporté.

Il semblait que le médecin devait s'en assurer. Il n'était pas du même caractère croyant que les gens du tramway, les Allemands et les autres. Il voulait être montré. Ils ont donc défait le sac et l'ont ouvert pour que le docteur Hong Foy puisse s'en assurer. Mais leur travail était défectueux et l'animal sauvage n'aimait pas être manipulé après sa journée de mauvais traitements. Cela était devenu morbide, je suppose. Quoi qu'il en soit, il montrait une tendance extrêmement nerveuse, et de nombreux mouvements impétueux, et mordit le docteur Hong Foy au pouce. Ensuite, le premier propriétaire a essayé de l'attraper et l'animal s'est enfui sur un plateau de gésiers d'anguille séchés, ou quelque chose du genre, et s'est dirigé vers la porte ouverte.

La petite chose s'est précipitée devant la grande foule qui attendait dehors et a eu un effet merveilleux sur elle. Ceux du centre essayaient de se fondre, mais n'y parvenaient pas à cause de ceux de l'extérieur ; il y eut donc des bagarres et des accidents, des piétinements différents et des cris de peur. Et cela a amené une foule beaucoup plus nombreuse qui s'est pressée et a rendu ceux du centre encore plus angoissés. Je ne sais pas. Ce pauvre animal avait été imposé toute la journée et devait être surmené. Il était maintenant très contrarié et ne se souciait pas de savoir qui le savait. Beaucoup d' entre eux l' ont fait.

Bien sûr, Lew Wee se précipita après sa propriété, serrant le sac contre sa poitrine ; et, bien sûr, il a créé autant de perturbations que son petit animal de compagnie. À ce moment-là, les policiers se mêlaient à la violence et ajoutaient beaucoup à son esprit. Un citoyen soucieux du civisme a attrapé Lew Wee malgré le fait que cela soit de mauvais goût ; mais il donna un coup de pied au pauvre homme à la rotule et se fraya un chemin à travers la foule sans trop de peine.

Il n'avait aucune vogue dans ce quartier . Il courut dans une petite rue secondaire, remonta une ruelle et entra dans une cave qu'il connaissait, cette cave étant le moyen de sortir de la Young China Progressive Association lorsqu'ils furent perquisitionnés dans l'escalier d'entrée parce qu'ils jouaient au poker.

De là, il pouvait entendre clairement le rugissement de la foule. Il a fallu environ une heure pour que cela s'apaise. Les gens venaient voir de quoi il s'agissait et le découvraient presque immédiatement ; alors ils essayaient de s'enfuir et se heurtaient à d'autres personnes venant le découvrir, produisant ainsi une émeute très sérieuse. Il y avait des policiers à cheval et des wagons de patrouille et de nombreuses arrestations, et un groupe armé recherchait l'animal en fuite et tirait dans les ruelles sur tout ce qui bougeait. Ils n'ont jamais trouvé l'animal - c'est ce que lui a écrit l'un des cousins de Lew Wee ; ce qui le fit regretter à cause du docteur Hong Foy et des vingt-cinq ou peut-être trente dollars.

Il resta caché dans cette cave jusqu'à la nuit tombée ; puis il partit retrouver ses amis et chercher quelque chose à manger. Il a failli tout recommencer ; mais il a esquivé dans une autre ruelle et a réussi à se procurer des nouilles et du chowmain à la porte arrière du Hong-Kong Grill, où travaillait un frère tong. Il commença à se rendre compte qu'il était un homme marqué. La marque n'apparaissait pas ; mais il était. Il ne savait pas ce que la loi pourrait lui faire. Cela ressemblait à au moins vingt ans de prison, voire de pendaison ; et il ne voulait ni l'un ni l'autre.

donc emprunté trois dollars au frère Tong et est parti vers un endroit où il pourrait mener une vie tranquille. Il a réussi à se rendre à Oakland, même si les matelots du ferry ont parlé de le jeter par-dessus bord. Mais ils l'ont laissé vivre s'il restait à l'arrière jusqu'à ce que tout le monde, y compris les matelots, soit en sécurité derrière ou derrière quelque chose lorsque le bateau a atterri. Puis il s'éloigna dans la nuit et trouva un train de marchandises. Il ne se souciait pas de savoir où il allait – juste un endroit où ils ne connaîtraient pas son crime.

Il a roulé un moment entre deux wagons de marchandises ; puis a quitté ce train et a trouvé un bagage aveugle dans un train de voyageurs qui allait plus vite et l'a presque gelé à mort. Il est descendu, détendu tôt le matin, dans une petite ville et a acheté de la nourriture dans un restaurant chinois et s'est également réchauffé. Mais il s'était à peine réchauffé lorsqu'il fut expulsé de là, directement par les siens.

Il faisait chaud dehors à cette heure-là, donc cela ne le dérangeait pas trop. Mais la ville l'a fait. Ce devait être une petite ville, mais il dit que des milliers d'hommes l'en ont chassé dès qu'il était suffisamment réchauffé pour courir. Il ne pouvait pas comprendre cela, car comment pouvaient-ils savoir que c'était lui qui avait causé tous ces problèmes à San Francisco ?

Il prit un train de marchandises à l'extérieur de la ville et continua sa route. Il dit qu'il a roulé pendant des semaines et des semaines ; mais c'est son imagination. Cela devait durer environ trois jours, avec des périodes où il descendait chercher de la nourriture et se réchauffait lorsqu'il gelait, et était pourchassé par ces tribus sauvages des collines lorsqu'il avait fait ce dernier. Cela a mis un frein à sa nature ensoleillée – toute cette poursuite armée contre lui. Il dit que s'il avait été chrétien et avait cru en un seul Dieu, il ne s'en sortirait jamais vivant, car il lui faudrait environ soixante-quatorze ou cinq de ses propres dieux pour le protéger de ces sauvages fous. Il faisait un cauchemar continu de paroles dures et de coups. Il se demandait s'ils ne l'avaient pas mis en prison ; mais il semblait qu'ils voulaient seulement le faire continuer.

Bien sûr, il fallait que cela se termine. Il est finalement arrivé à Spokane et s'est faufilé chez un ami qui avait une laverie ; et cet ami devait être une âme noble. Il a accueilli le paria, l'a soigné avec de la nourriture et des boissons, et a lavé ses vêtements à plusieurs reprises. Cherchant un cuisinier de ranch à cette époque, je l'ai contacté par l'intermédiaire d'un autre cousin, qui m'a dit que cet homme voulait vraiment sortir dans un pays sûr et qu'il ne le quitterait jamais à cause des désagréments liés à l'arrivée ici.

C'est dix jours après son arrivée que je l'ai vu pour la première fois, et même à ce moment-là, je serai foutu s'il était un sachet humain. Mais après avoir entendu son histoire, je savais que le temps le rendrait à nouveau apte à la fréquentation humaine. Il m'a raconté son histoire avec beaucoup d'émotion cette fois-ci et il me l'a raconté environ une fois par semaine pendant trois mois après son arrivée ici, morceaux à la fois. Cela me réconfortait beaucoup. Il se souvenait toujours de quelque chose de nouveau. Il a dit qu'il aimait le grand silence et la paix de cet endroit.

On ne pouvait pas lui dire encore aujourd'hui que ses croyances sur les tribus sauvages des collines n'étaient pas fondées. Il croit que tout « peut arriver » dans ce pays-là. Le docteur Hong Foy ne lui a jamais payé les vingt-cinq dollars, bien sûr, tout en admettant qu'il l'aurait fait si l'animal ne s'était pas échappé, car il était en si bon état, pour une mouffette, qu'il valait vingt-cinq dollars de dollars. l'argent de n'importe quel médecin. Je ne sais pas. Comme je l'ai dit, ce sont de petites créatures amicales ; mais c'est plus cher que ce que je paierais pour un.

Par deux portes fermées, le gémissement du violon pénétrait encore. Peut-être que la récente défaite de Lew Wee l'avait poussé à jouer plus tard que d'habitude, méditant sur les curieux caprices qui agitent les dieux lorsqu'ils commencent à faire bouger les choses. Mais il n'était toujours pas cynique. Il jouait sans cesse le petit air qui signifie : « La vie vient comme un chant d'oiseau par les fenêtres ouvertes du cœur. »

IX

LE REPRENEUR

Par une soirée fatiguée, devant le feu ouvert de l'Arrowhead, j'ai vécu pour la centième fois un grand moment. Depuis le grand bassin sous les chutes, à quatre milles en amont du ruisseau, j'avais débarqué le Big Trout. D'autres avaient échoué dans le passé ; Moi aussi, j'avais échoué plus d'une fois. Mais aujourd'hui!

A l'heure de 9h46, pour être exact, comme il se doit en ces matières, j'avais lancé trois fois au-dessus de l'antre connue de ce poisson. Puis j'en lançai une quatrième fois, plus par habitude que par espoir ; et le combat était lancé. Je l'ai mis ici avec la sombre brièveté d'un communiqué. Malgré une forte résistance, l'objectif fut atteint à 9 h 55. Et le Big Trout pesait bien deux livres et demie, disons trois ou trois livres et quart. Ce sont les simples faits.

En vérité, c'était un moment à revivre ; et pour moi-même, j'étais désormais plus discursif. J'ai vaincu la truite géante encore et encore, modifiant les détails du combat à volonté, comme lorsque je pataugeais dans l'eau glacée jusqu'à la taille dans un dernier moment de panique. Mon examen calme révéla qu'il s'agissait là d'une prudence excessive et fantaisiste ; mais lors de la grande crise et pendant trois minutes après, je m'étais glorifié d'être mouillé.

Encore une fois, j'ai effleuré à trois reprises ce coin de la piscine avec un papillon synthétique. Encore une fois, pour la quatrième fois, j'ai lancé, plus par habitude que par espoir. S'ensuivit alors cette formidable ruée venant des profondeurs claires de la piscine...

"Oui, monsieur ; vous n'auriez pas besoin de deviner ce qu'elle porterait lors d'un grand bal costumé des nations alliées - pas si vous la connaissiez comme moi." Il s'agissait de Ma Pettengill, qui avait retiré un journal du dimanche de la grande ville pour le consacrer à sa page mondaine. Elle le souleva sous la lampe et fit des bruits de dérision étranges mais éloquents :

« Prenez Genevieve May maintenant, un matin, avant que cette servante japonaise au bras musclé n'ait le visage frotté et calfeutré avec de la peinture, de l'huile et du mastic, et vous lui diriez, en tant qu'amie et sympathisante : "Maintenant, regarde, ma vieille fille, tu pourrais t'en sortir à ce bal costumé en tant que Serbie dévastée ou Belgique ravagée, mais tu ferais mieux de prendre un indice bien intentionné et de ne jamais essayer de t'en sortir comme La Belle France. C'est vrai, la France a eu on lui a fait beaucoup de choses, diriez-vous, et elle peut montrer un défaut ici et là ; mais quand même, n'essayez pas à moins que vous ne souhaitiez commencer quelque chose avec un allié désormais amical - même si c'est en cours. votre propre maison. Cette nation est déjà poussée à un point désespéré, et n'importe quelle petite chose pourrait s'avérer trop lourde, même si vous êtes Mme Genevieve May Popper et que vous avez entrepris la guerre d'une manière chaleureuse et féminine. Oui Monsieur!"

C'était, bien sûr, scandaleux que je m'entende m'adresser à une étrange dame en des termes aussi grossiers. D'ailleurs, j'avais envie d'assister à nouveau à la mort de ma truite préférée . J'ai fait semblant de ne pas avoir entendu. J'ai fait semblant de réfléchir profondément.

Cela a fonctionné, de manière mesurable. Une fois de plus, j'ai scruté la surface brillante de la piscine et j'ai senti les piqûres froides des embruns de l'eau blanche qui dégringolait d'une fente dans les rochers au-dessus. Une fois de plus, je me suis demandé si, par hasard, cela pourrait s'avérer une journée triste mais glorieuse pour une truite longtemps insaisissable. Une fois de plus, j'ai regardé vers la mouche. Une fois de plus, je—

" Ce que je n'ai jamais pu comprendre : comment une dame comme celle-là peut-elle se tromper au-delà d'un certain âge ? Des coutures sur son visage ! Et personne ne saurait qu'elle s'est coiffée comme les États-Unis ont acquis la Louisiane. Le pouvoir de cette dame. " La croyance est énorme. Et je parie qu'elle ne pourrait pas faire le rapprochement sans faire un naufrage total du problème. Comme il y a un an, quand elle était à Red Gap pour prendre la guerre. Elle arrive par la Quatrième Rue à son uniforme un matin, fraîchement sorti des mains de son complice engagé, et nous retrouve le cousin Egbert Floud et moi là où nous nous étions arrêtés pour discuter une minute. Elle bouillonne d'activité de guerre comme d'habitude, mais s'est arrêtée et nous a un peu bouillonné — plutôt vigoureuse et jeune fille, pourrait-on dire. Nous avons passé le temps ; et, étant donné que je suis un menteur de première classe, je dis à quel point elle a l'air jeune et fraîche ; et elle prend le ballon et le frappe correctement. revenons au cousin Egbert.

"'Vous ne rêveriez jamais, dit-elle, comment m'appelle ma drôle de petite servante japonaise ! Vous ne devineriez vraiment jamais ! Elle m'appelle Madame Fleur de Pêcher ! N'est-ce pas parfaitement absurde, M. Floud ? '

« Et le pauvre cousin Egbert, au lieu de rire de bon cœur et de dire : « Oh, allez, Mme Popper ! Qu'y a-t-il le moins absurde là-dedans ? pauvre idiot, mais clignez des yeux plusieurs fois comme une vieille chouette effraie qui a été surprise et dites « Oui, madame ! » – plate et froide, juste comme ça !

"Cela a presque fait une pause gênante; mais la dame a fait semblant de me dire quelque chose, alors elle ne pouvait pas l'entendre. Ce cousin Egbert! Il n'atteindra certainement jamais un poste très élevé dans le service diplomatique de n'importe quel pays.

"Et voici ce grand bal des nations alliées en costume, donné dans la sompteuse résidence de Geneviève May. Cela a dû semer une nouvelle panique à Berlin quand ils ont appris la nouvelle par voie filaire. En fait, je ne vois pas comment ces Allemands Ils ont résisté aussi longtemps qu'ils l'ont fait, avec Geneviève May Popper qui leur a mis des bâtons dans les roues avec ses activités de guerre inlassables. Cela prouve qu'ils se préparaient depuis longtemps pour la mêlée. Bien sûr, avec Genevieve May et ce nouveau maréchal de la ville, Fotch , " Les Français l'ont compris, ce n'était qu'une question de temps. Geneviève est sûre d'être une adepte née ! Maintenant, elle a fait un tour complet des arts utiles et s'est remise à danser. Oui, monsieur ! "

J'ai fait semblant de croire que j'étais seul dans la pièce. Cette fois, cela n'a pas fonctionné, même de manière mesurable. Presque aussitôt vint : « J'ai dit qu'elle était la femme la plus dingue au monde à se lancer dans les affaires ! Le ton m'a obligé à le remarquer, alors j'ai dit "En effet!" et "Tu ne dis pas!" avec un espace prudemment étendu entre eux, et essaya de continuer à réfléchir.

Je sus alors que l'habitude de parler de la femme était forte sur elle et qu'on ne pouvait plus songer à une truite capturée, même si elle pesait bien près de quatre livres. Alors je me suis rappelé que j'étais censé être un gentleman.

"Allez-y et parlez", murmurai-je.

"Bien sûr!" dit la dame sans murmurer. "Qu'est-ce que tu pensais que j'allais faire avec le temps ?"

Oui Monsieur; Je parie qu'elle est la plus grande preneure – sans exception – que la guerre ait jamais produite. Elle a pris la France le plus tard. Je comprends qu'ils ont quelque part une société de vrais travailleurs qui essaient de loger, de nourrir et de leur donner des médicaments et des béquilles, ces pauvres malheureux qui ont gêné la chère vieille patrie lorsqu'elle a enlevé le couvercle de sa culture et a essayé de rendre le monde sûr. — même pour les Allemands ; mais je suppose que cette société d'ici fait passer les choses dans une France dévastée sans beaucoup de musique, de fioritures ou d'uniformes qui intéresseraient Geneviève May.

Mais si ce pays veut être sauvé par les bals costumés des nations alliées, avec Geneviève May dans le rôle de La Belle France dans une robe à peine assez longue pour montrer trois couleurs , alors il n'a pas besoin de connaître un autre moment de malaise. Geneviève est prête à tout faire si elle peut porter un costume et danser les pas qu'il lui a coûté huit dollars par leçon pour apprendre d'un de ces professionnels minces qui ressemblent à un riche étudiant.

C'était cette danse imprudente qu'elle avait commencée quand je l'ai connue pour la première fois, même si elle remonte probablement assez loin pour se lancer dans le patinage à roulettes lorsque cela a été lancé dans un monde enthousiaste ; et je sais qu'elle a fait parler d'elle en 1892 pour avoir porté des bloomers sur un vélo. Mais nous ne nous connaissions pas vraiment jusqu'à ce que les gens commencent à se comporter de manière trop familière en public, à appeler cela de la danse et à payer huit dollars la leçon pour apprendre quelque chose que n'importe lequel d'entre eux en bonne santé aurait su par instinct au moment et au lieu appropriés. Ayant beaucoup d'argent, Geneviève May voyageait dans les grandes villes, apprenant de nouveaux pas et emmenant toujours avec elle un de ces garçons à huit dollars, coiffé comme un phoque, pour être sûre d'apprendre chaque pas qu'elle voyait.

Elle était systématique, cette femme. Si elle était à Seattle et entendait parler d'une nouvelle étape à San Francisco, elle serait dans le train avec son instructeur dans une heure et reviendrait avec la nouvelle étape . Elle a scandalisé Red Gap l'année où elle est venue rendre visite à sa fille mariée, Lucille Stultz, en introduisant bon nombre de ces nouvelles prises et corps à corps ; mais bien sûr, cela s'est vite dissipé. On dirait que nous nous habituons à tout dans ce monde après que cela ait été fait plusieurs fois par des personnes bien habillées.

Puis, comme je l'ai dit, ces Allemands au bon cœur et mélomanes, avec leur forte affection pour la vie familiale et les petits, ont commencé à mettre le reste du monde aux normes allemandes, et ils n'avaient pas brûlé plus d'un dans une douzaine de villes de Belgique, après avoir fusillé les plus vieux et les plus jeunes et exécuté sexuellement les femmes – je suppose que la sexecution est ce qu'on pourrait appeler cela – avant que Geneviève ne se lance elle-même dans la guerre.

Oui, monsieur, je l'ai pris tout de suite ; aussitôt dit, aussitôt fini avec elle. Tout était vraiment fini à ce moment-là. Les Allemands auraient tout aussi bien pu commencer il y a quatre ans à parler de la soif de sang anarchique de Woodrow Wilson que d'attendre de découvrir que le Tout-Puissant connaît d'autres langues que l'allemand.

Je crois que la Croix-Rouge a été la première personne par laquelle Geneviève May a entrepris la guerre. Mais ce costume est trop bon marché pour quelqu'un qui se sent un leader social né si seulement elle pouvait convaincre quelqu'un de le suivre. Elle découvrit que de jeunes gens sans véritable statut social, mais avec un extérieur agréable, pouvaient enfiler un uniforme de la Croix-Rouge coûtant environ deux cent quatre-vingt-cinq dollars et vendre des objets de luxe dans un bazar deux fois plus vite qu'une femme mûre au caractère remarquable. le même vêtement simple.

donc compris qu'il devait s'agir de quelque chose qui coûtait plus cher et hors de portée d'un élément que vous ne voudriez pas divertir dans votre propre salon. Et ensuite, j'étais à Spokane, et la voilà, parcourant les couloirs de l'hôtel dans un uniforme qui n'a jamais coûté un centime en dessous de deux cent cinquante, avec le fait qu'il soit confectionné par un tailleur chic et qu'il porte des bottes brillantes avec de l'argent. des éperons, une jolie casquette retroussée et une ceinture brillante qui faisait le tour de la taille et remontait également sur une épaule, avec des garnitures en métal, etc. Elle était terriblement occupée, se précipitant ici et là à l'heure du déjeuner, l'air plutôt inquiète et comme si elle souhaitait éviter d'être aussi visible, mais elle fut déjouée par les regards de la foule.

Quelque chose semblait toujours se produire pour la faire ressortir ; comme au restaurant, où, à peine avait-elle choisi la bonne table, après quelques hésitations, et s'était-elle bien assise, qu'elle voyait quelqu'un de l'autre côté de la pièce à une table éloignée et devait courir vers elle pour parler. Ce jour-là, elle a parlé à des invités à cinq tables éloignées, prenant un déjeuner inconfortable, devrais-je dire. L'une des tables était la mienne. Nous n'étions pas ce qu'on pourrait appeler des amis proches, mais elle a frayé un chemin dans une salle à manger bondée pour me dire à quel point j'étais en forme.

Bien sûr , j'ai craqué pour l'uniforme et je voulais savoir ce que cela signifiait. Eh bien, cela signifiait qu'elle organisait un corps de filles conductrices d'ambulance issues des familles de betteraves de la ville. Elle était déjà major elle-même et était saluée par les officiers. Elle a dit que c'était un travail merveilleux, et à quoi pensais-je qu'elle se comportait là-dedans, parce que c'était une époque qui exigeait le meilleur de chacun, et qu'avais-je pris pour ma part ? Je n'élevais que des bovins de boucherie, donc je n'avais aucune réponse à cette question. J'avais vraiment honte. Et Geneviève retourna à sa propre table pour prendre une autre bouchée, s'inclinant avec tolérance devant la plupart des personnes présentes dans la pièce.

Je ne sais pas jusqu'où elle est allée avec le corps d'ambulance de cette fille, au-delà de son propre uniforme. Elle est certainement devenue elle-même une imposante conductrice d'ambulance dans les rues de cette ville. Vous voyiez arriver sa grande limousine bleu clair brillante, avec deux hommes sur le siège et Geneviève, en uniforme, se faisait aider par l'un d'entre eux , et vous saviez tout de suite que vous adoreriez être un soldat blessé et être conduite par ses propres mains sur des routes déchirées par les obus.

Quoi qu'il en soit, elle s'est mise en colère et a quitté l'appartement du service d'ambulance, se lançant dans une sorte de bagarre avec un adjudant général ou quelque chose du genre parce qu'elle voulait lui enlever un simple détail qui, selon lui, devait rester là où il était, il étant l'un d'entre eux. des martinets offensifs et un adepte de la bureaucratie, et gonflés de pouvoir mesquin. C'est ce qu'a dit Geneviève May.

donc un autre moyen d'allumer quelques incendies de maisons de l'autre côté du Rhin. J'oublie quelle était sa prochaine stratégie, mais vous savez que c'était quelque chose de mignon et occupé dans un uniforme bien ajusté, et calculé pour raccourcir le conflit si l'Allemagne le découvrait. Vous le savez.

Je me souviens qu'à un moment donné, elle participait à des défilés lorsque les garçons se rendaient à la gare pour régler les problèmes à leur manière grossière. J'ai perdu la trace de ce qu'elle faisait pendant un moment, mais je sais qu'elle a continué à se procurer de nouveaux uniformes jusqu'à ce qu'elle ait dû avoir pas mal de temps chaque matin pour décider ce qu'elle allait être ce jour-là, comme le père du prince héritier allemand. .

Finalement, au printemps dernier, ce fut le simple uniforme de serveuse. Elle avait imaginé que toutes les filles qui prenaient alors la place des serveurs seraient appelées tôt ou tard comme infirmières ; alors pourquoi des matrones éminentes du monde comme elle n'apprendraient-elles pas à servir à table, afin de prendre la place des servantes lorsqu'elles traversaient ? Pas exactement ça ; elles ne continueraient pas éternellement à trimballer des plateaux dans cette situation d'urgence - seulement jusqu'à ce qu'elles puissent enseigner le métier à de nouvelles filles, lorsque de nouvelles viendraient prendre la place de celles qui avaient répondu à l'appel du devoir.

Donc Génieviève s'agitait et écrivait des lettres sincères à environ deux douzaines de gens du monde ; puis elle a terrifié le propriétaire du plus grand hôtel de sa ville natale jusqu'à ce qu'il accepte de les laisser venir servir à table tous les jours au déjeuner.

L'uniforme de Geneviève May, une pauvre ouvrière, était une simple robe noire, avec un tablier, des poignets et une casquette blancs, le tout, comme il se doit, ne coûtant pas plus de six ou sept dollars, bien que son collier de perles assorties coûtait deux cent mille sortes. d'augmenter la moyenne. Les autres bourgeons de la société étaient disposés de la même manière et ressemblaient à autant de serveuses. Pas dans un hôtel, mebbe , mais dans un de ces spectacles musicaux où aucun argent n'a été épargné.

La dame a passé deux jours glorieux à commander ces filles en tant que maître d'hôtel et à veiller à ce que tout le monde la regarde bien, et ainsi de suite. Mais les autres filles étaient fatiguées le deuxième jour. C'était joyeux et tous les pourboires allaient à la Croix-Rouge, et les pourboires étaient gros ; mais c'était un travail tout aussi dur que s'il s'agissait en réalité de pauvres filles qui travaillaient, sans assez de loisirs. Aussi, le troisième jour, ils se révoltèrent contre le maître d'hôtel et firent intervenir Geneviève elle-même pour emporter des plateaux pleins de plats qui avaient rempli leur fonction.

Cela a beaucoup agacé Geneviève May. Non seulement cela bouleversait la discipline, mais cela faisait mal aux bras et au dos. Elle se rendit donc maintenant dans la cuisine pour montrer au cuisinier comment cuisiner de manière plus économique. Ses intentions étaient belles ; mais le chef cuisinier était un étranger sensible, et quinze minutes après qu'elle soit entrée dans sa cuisine , il a dû être arrêté pour avoir menacé de blesser la célèbre matrone du monde avec une vulgaire scie à viande.

Le nouveau qu'ils ont pris à sa place le lendemain l'a laissé faire tout ce qu'elle voulait, sachant que son travail en dépendait, même si on lui a dit qu'il avait eu un regard sans cœur et indifférent dans ses yeux à la minute où il l'avait vue faire. une sauce de poisson bon marché. Mais il n'a rien dit.

Cet hôtel fait de grosses affaires, mais il est devenu surprenant le lendemain, vingt-trois personnes ayant été empoisonnées par quelque chose qu'elles y avaient trouvé au déjeuner. Il est vrai qu'aucun d'entre eux n'avait autant de fourrure que le coroner, donc on ne savait jamais exactement ce qu'ils avaient pris ; mais la chose fit beaucoup parler aux chevets des malades et Geneviève passa une journée ennuyeuse à nier que sa cuisine ait commis cet outrage. Puis, sa dignité étant gravement blessée, elle a écrit une lettre aux journaux disant que cet homme de l'hôtel offrait à ses clients des conserves bon marché qui avaient fait l'affaire.

Le lendemain matin, l'homme de l'hôtel et l'un des meilleurs avocats de l'État de Washington se sont rendus à la somptueuse résidence des Popper, proférant des menaces après leur entrée, qu'aucune femme se lançant dans des activités de guerre ne devrait être obligée d'écouter. Elle a été secouée, je suppose, ou elle a rêvé ou quelque chose du genre. Elle a dit à l'homme de l'hôtel et à l'avocat de Chut ! Chut ! — parce que cette nouvelle cuisinière avait mis du verre moulu dans la tarte au citron et qu'elle avait le droit d'apaiser ses soupçons avec cette lettre aux journaux, car elle était liée aux services secrets. Elle allait maintenant retourner à l'hôtel et détecter cet espion en train de saboter la purée de pommes de terre, ou quelque chose comme ça, et l'arrêter – juste comme ça ! Je ne sais pas ce qui lui a mis cette idée en tête. Je crois qu'elle avait essayé de rejoindre les services secrets jusqu'à ce qu'elle découvre qu'ils n'avaient pas d'uniforme.

Quoi qu'il en soit, cet hôtelier, tel le chien lâche qu'il était, s'est immédiatement rendu dans le bureau du procureur ; et il est allé comme un serpent dans l'herbe et a découvert que ce n'était pas le cas ; et un véritable officier est descendu sur Genevieve May pour savoir ce qu'elle voulait dire en se faisant passer pour un agent des services secrets. Ce voyou brutal parlait d'une manière froide mais rude, et je sais parfaitement à l'instant qu'il ne faisait pas partie des invités au bal costumé Popper des nations alliées. Il a fait une belle frayeur à Geneviève May. Pendant environ une semaine, elle ne le savait pas, mais elle serait emmenée à Walla Walla. Elle ne portait que des créations civiles et se comportait comme une fainéante.

Mais finalement, elle comprit que le gouvernement allait vivre et laisser vivre ; alors elle a entrepris quelque chose de nouveau. C'était toujours En route vers Berlin ! avec Geneviève May.

Elle n'était pas vraiment prête à créer quelque chose de nouveau dans sa ville natale ; alors elle partit dans les quartiers éloignés pour apprendre quelque chose à sa grand-mère. Je n'ai pas trouvé le terme pour cela. Cela a été imaginé par GH Stultz, son gendre et président de la Red Gap Canning Factory. Cette nouvelle activité de guerre qu'elle avait adoptée consistait à se rendre dans différents endroits et à enseigner aux ménagères comment pratiquer l'économie en construisant des réserves, etc.

Il n'est pas connu qu'elle ait jamais enseigné à une seule femme quoi que ce soit sur l'économie, leurs connaissances durement acquises commençant là où les siennes s'étaient arrêtées – ce qui n'était pas là où elles avaient commencé ; mais elle apportait beaucoup de plaisir sain dans leur vie simple et laborieuse.

Dans cette nouvelle activité de guerre , la question n'était pas tant de savoir comment on mettait une chose en conserve que ce qu'on mettait en conserve. Genevieve May leur a montré comment préparer de la viande hachée avec des tomates et des betteraves ; comment faire de la marmelade de navets et d'écorces d'orange ; comment faire des conserves avec des épluchures de pommes et des carottes ; et de la gelée de goyave avec des écorces de melon , ou quelque chose du genre. Elle allait dans les villes, louait un entrepôt et installait sa conserverie, engageait quelques classes inférieures pour faire le travail proprement dit, et invitait les femmes à amener leur camion de ce genre et à apprendre la vieille économie au plus bas. Ils venaient avec leurs trucs qui auraient dû être des shots d'engraissement, et Geneviève May leur donnait des conférences sur la manière de les préparer. À travers le verre, cela ressemblait effectivement à de la nourriture humaine.

Puis, après les avoir tous enseignés, elle disait que ce ne serait pas gentil de la part de ces dames de la laisser vendre toutes ces conserves et de reverser les bénéfices aux différentes œuvres caritatives de guerre ! Et il n'y avait pas une femme qui n'y consentît volontiers, après l'avoir goûté en cuisine. Aucun d'entre eux ne voulait ramener ces délices à la maison. C'était juste, noble ou prudent, ou quelque chose du genre. Et après avoir visité six ou huit de ces communautés, Geneviève May disposait d'un stock important de ces délices magiques en vente dans différents magasins et attendait avec impatience de remettre la guerre sur pied - seulement elle ne pouvait pas obtenir beaucoup de rapports sur les ventes de ce stock. .

Puis elle a eu une idée géniale. Elle venait à la foire du comté de Kulanche à Red Gap, y rassemblait tout son stock, faisait ici une de ces démonstrations de mise en conserve économique et vendait le tout aux enchères avec un joyeux hourra. Elle pensait que peut-être , avec son influence, elle pourrait convaincre le secrétaire Baker, ou quelqu'un comme ça, de venir faire la vente aux enchères, le tout sous les auspices de Mme Geneviève May Popper, dont les efforts inlassables avaient tant fait pour enseigner au cher vieux. La patrie sa leçon, et ainsi de suite. Elle possédait maintenant environ trois cents pots et bouteilles de ce produit après son travail d'été, et cela semblait important.

Je me suis rendu moi-même à la foire du comté l'année dernière, avec là-bas des actions infaillibles, et c'est à ce moment-là que j'ai entendu GH Stultz en parler ici, sa belle-mère, il m'emmenait à part chez eux. une nuit, pour que sa femme, Lucille, ne l'entende pas.

"Cette dame respectée essaie d'apprendre à sa grand-mère comment sucer les œufs, ni plus, ni moins", dit-il. "Maintenant, elle vient ici pour réaliser quelque chose. Surveillez-la, c'est tout ce que je demande. Tout ce que cette femme touche devient drôle. Regardez comment elle a empoisonné ces innocents dans cet hôtel. Et je parie que ces trucs en conserve qu'elle va vendre cela tuerait même de simples dégustateurs. Si seulement elle n'était pas venue dans ma ville ! Cette femme ne semble pas se rendre compte que je suis maudit avec un nom allemand et que je dois être à des kilomètres au-dessus de tout soupçon.

" Supposons qu'elle vende tout cela ! Je vous donne ma parole qu'elle y met des choses que même une conserverie professionnelle n'oserait pas faire. Et supposons que cela empoisonne beaucoup de nos meilleurs patriotes ! Pensez-vous qu'une foule sera très " Tu me reproches depuis longtemps d'avoir mis la main dedans ? Eh bien, cela me fera, en un rien de temps, tendre mes pieds vers quelque chose de solide qui a été soigneusement retiré. "

J'ai essayé de lui remonter le moral, mais il avait une peur bleue.

"Remarquez mes mots", dit-il. "Elle va sortir un bloomer ! Si cette femme pouvait entrer dans la cuisine d'un hôtel innocent, où tout est mis en œuvre pour que tout soit en ordre, et empoisonner vingt-trois personnes jusqu'à ce qu'elles arrachent les couvertures et que leurs proches se demandent ce qu'il pourrait y avoir dedans. leurs coffres-forts, pensez à ce qu'elle ferait dans un grand extérieur insalubre, où elle peut utiliser son imagination !

"Il n'y a qu'un seul salut pour moi : j'ai dû faire confiance à des agents dans la foule lorsque ces produits étaient vendus aux enchères, et ils devaient en contrôler jusqu'à la dernière bouteille, quel qu'en soit le prix. Je dois m'allonger comme un chiot sur le prochaine collecte d'obligations, mais c'est mon seul espoir. Pour l'amour du Seigneur, n'allez pas là-bas et ne commencez pas à enchérir, peu importe qui elle choisit pour le commissaire-priseur ! N'enchérissez pas, même si Woodrow Wilson lui-même se présente. "

C'est l'impression que Geneviève May a donnée au mari de sa propre fille, qui est un homme lucide et un bon citoyen. Et il semblait qu'il devait secrètement racheter sa production. Non seulement elle est venue en ville avec son équipement de conserves et son stock d'été d'étranges conserves, toutes belles dans leurs bocaux, mais elle a amené avec elle pour vendre ces produits aux enchères un homme volant français ordinaire avec un palmarès honorable .

Elle avait rencontré cet officier français en ville et l'avait reçu dans la somptueuse maison Popper ; et peut-être qu'elle l'avait hypnotisé. De toute façon, il n'était pas en forme. Premièrement, il combattait dans les airs depuis trois ans et avait été blessé à cinq endroits, notamment dans les Balkans. Puis, comme si cela ne suffisait pas à un seul homme, il avait été envoyé ici pour apprendre à nos hommes à voler lorsqu'ils auraient une machine ; et ici, il était tombé d'un nuage un jour lorsque son frein ou quelque chose n'allait pas, et cela lui avait permis de passer de belles et agréables vacances avec des béquilles.

Geneviève s'était attachée à lui à une époque où il n'avait probablement pas la résistance d'acier que les Français faisaient preuve sur le front de l'Ouest. Ou bien, étant dans un pays étranger, il ne savait peut-être pas quand la politesse envers Geneviève May Popper deviendrait une simple lâcheté. Quoi qu'il en soit, il parlait assez bien anglais ; et Geneviève May l'a amené en ville et a fait un grand succès.

La première chose qu'elle a faite a été d'installer son stock de conserves dans une section qu'ils lui ont donnée dans la salle horticole. Ces trois cents bouteilles prenaient beaucoup de place et se présentaient en beauté entre la section des travaux de fantaisie, composée de broderies, de coussins de canapé et de courtepointes en soie, et la section d'art, composée de peintures à la main d'objets intéressants par des élèves brillants du école publique. Ensuite, elle a installé son entreprise de mise en conserve, avec quelques indigènes embauchés pour faire le travail pendant qu'elle donnait des conférences sur la science et essayait de faire goûter les choses aux patriotes faibles d'esprit.

Genevieve May a passé un bon moment lors de ces démonstrations, s'exprimant sur un ton oratoire et persuasif et encourageant les dégustateurs à tenter leur chance. Elle avait certainement découvert des saveurs entièrement nouvelles sur lesquelles les meilleurs chimistes n'étaient pas tombés par hasard. Elle en était fière, mais encore plus fière de son pilote français. Quand elle n'inventait pas de nouvelles infamies avec des rutabagas et des écorces de pastèque, elle le montrait aux foules des foires. Elle a donné l'impression, lorsqu'elle l'a fait défiler, que l'armée française n'aurait eu que peu de pilotes si elle n'était pas entrée dans la brèche.

Et peut-être qu'elle n'était pas désespérée par la peur que certains amis et matrones de la société Red Gap veuillent rester avec les soins infirmiers et les attentions pour l'intéressant invalide ! Rien de tel avec Genevieve May ! Elle surveillait cet homme de plus près qu'il ne l'aurait fait dans le pire camp de prisonniers allemand. La seule autre personne en ville à qui elle lui ferait confiance était le cousin Egbert Floud .

Au début, le cousin Egbert aimait beaucoup le Français et lui faisait faire le tour de la ville pour voir la conserverie, la nouvelle usine d'adduction d'eau, la Chambre de commerce, l'ajout de Price à Red Gap, etc. En outre, il le traînait partout dans le parc des expositions pour examiner les taureaux, les moulins à vent et les silos de brevets.

Le cousin Egbert avait refusé dès le début de goûter aux diableries de Geneviève May avec le règne végétal. Il a juré qu'il suivait un régime et que le médecin ne répondrait pas de sa vie s'il goûtait quelque chose à l'extérieur. Il me disait le dernier jour de la foire que la femme devrait être arrêtée pour avoir agi ainsi, Geneviève May étant maintenant occupée avec du ketchup très artificiel à base de carottes, et autre chose sans importance, avec des colorants purement végétaux.

"Oui; et elle a juste essayé de me remettre les mêmes vieux trucs sur la façon dont sa servante japonaise l'appelle", me dit-il à ce moment-là. " Elle dit que je ne pourrais jamais deviner comment ce drôle de petit acarien l'appelle. Et je dis non, je n'aurais jamais pu le deviner si elle ne me l'avait pas déjà dit ; mais je dis que je sais que c'est Madame Peach Blossom, et cette servante japonaise. C'est certainement un drôle de petit acarien qui imagine une chose pareille, les Japonais étant une race sérieuse et pas enclins à dire des choses risibles.

C'est le cousin Egbert partout. Il n'est pas du tout comme l'un de ces courtisans des anciennes cours françaises dont on parle dans les Crimes Célèbres de l'Histoire.

"Madame Fleur de Pêcher !" dit-il en ricanant amèrement. "Dis, n'est-ce pas que   ces
Japonais ont un grand sens de l'humour ! Je parie que ce qu'elle voulait dire était   Madame   Lemon Blossom !"

Quoi qu'il en soit, Geneviève May a confié son homme volant à ce cynique brutal alors qu'elle ne l'aurait pas confié à un groupe de danse plus jeune. Et le cousin Egbert a failli le mettre en retard pour son grand engagement de vendre aux enchères les étranges conserves. C'était le troisième jour de la foire, et Geneviève May en était très excitée.

Elle avait ses stocks disposés en gradins contre le mur et paraissant tout à fait imposants dans le verre poli ; et elle avait une boîte devant où le Français se tenait lorsqu'il vendait aux enchères.

Cette salle était chaude, laissez-moi vous le dire, avec le soleil qui tapait sur les fines planches. J'ai regardé une minute avant que la foule n'arrive, et il semblait que ces conserves avaient certainement eu une seconde cuisson, restant là jour après jour.

Et ce cousin Egbert, alors qu'il aurait dû ramener le Français à la salle des ventes aux enchères, l'entraînait ailleurs pour voir un spectacle très excitant. Alors il a dit. Il était assez innocent. Il voulait faire passer un bon moment à ce Français, m'a-t-il dit plus tard. Alors il lui dit que quelque chose va se passer sur la piste de course qui le fera vibrer jusqu'aux os, et viens vite et dépêche-toi !

Le Français utilise toujours une béquille et la foule se précipite déjà dans cette direction ; mais après avoir découvert qu'il ne s'agit plus de silos ni de moulins à vent, il confie au cousin Egbert que c'est vraiment excitant, et ils parviennent à traverser la foule, même si elle était encore excitée maintenant et lui marchait dessus et le poussait beaucoup.

toujours partant, d'accord. J'ai toujours dit ça. Il était à peu près aussi excité que la foule ; et le cousin Egbert l'était aussi, je suppose, au moment où ils arrivèrent jusqu'à la balustrade. Je suppose qu'il se demandait quel genre de diablerie du Far Western il allait voir maintenant. Le cousin Egbert lui avait dit que ce n'était pas une course de chevaux ; mais il ne voulait pas lui dire ce que c'était, souhaitant le garder pour une heureuse surprise lorsque le Français le verrait de ses propres yeux.

"Attends juste une minute maintenant!" dit le cousin Egbert. " Attendez une minute et je parie que vous serez heureux d'avoir traversé cette foule difficile avec moi. Vous traverseriez dix foules comme celle-là, avec ou sans béquille, pour voir ce qui va se passer ici. "

Le pauvre homme était un peu épuisé, mais il reste là à attendre le frisson, avec le cousin Egbert qui le regarde avec tendresse, comme un père qui va dans une minute montrer aux petits ce que le Père Noël leur a apporté sur le sapin.

Puis le Français entend un rugissement familier et un avion démarre depuis l'extrémité inférieure du champ, à l'intérieur de la piste.

"Là!" dit le cousin Egbert. "Maintenant, je suppose que vous êtes content d'avoir poussé ici, jambe ou pas. Je savais que ce serait une superbe surprise pour vous. Oui, monsieur; le comité a obtenu un avion régulier pour effectuer un vol passionnant juste ici devant nous. ... Vous regardez le ciel là-bas et très bientôt vous le verrez tout aussi clair, naviguant en rond comme un grand oiseau ; et on dit que cet homme qui le pilote va faire une boucle deux fois de suite. Maintenant, je vous parie je suis content que tu viennes!"

Le cousin Egbert dit qu'à ce moment précis, il a commencé à détester le Français. Après avoir pris tout ce mal pour l'amener là-bas pour voir quelque chose d'excitant, le Français l'a juste regardé un peu triste pendant un long moment, puis il a dit qu'il pensait qu'il préférerait retourner dans un endroit où il pourrait s'asseoir et repose sa jambe.

Le cousin Egbert dit qu'il s'est avéré être comme les Français dont on parle, qui sont blasés de tout dans le monde et un peu fatigués de la vie, ne s'intéressant pas le moins du monde à ce qui arrive. Mais, bien sûr, il a été poli avec son invité et a aidé à se frayer un chemin à travers la foule, la foule étant plus excitée que jamais à ce moment-là, car la machine volante était en l'air, à des centaines de pieds du sol.

« Tu me prendras pour un menteur, me dit-il ; "Mais c'est la vérité, ce Français n'a cessé de se frayer un chemin à travers cette foule et ne s'est même pas retourné pour regarder en l'air alors que cet homme risquait sa vie en faisant une boucle deux fois de suite. Il n'a jamais tourné la tête le moins du monde ".

Le cousin Egbert dit qu'ici, il avait lui-même monté dans l'un d'eux et savait ce que voler signifiait, mais il n'y aurait probablement pas prêté la moindre attention si ce casse-cou avait été tué juste là devant des milliers de personnes.

"Je ne comprends pas", dit-il. "Ce ne serait certainement pas la moindre des choses de renforcer un Red Gap plus lumineux et plus fréquenté si tout le monde avait le sang-froid comme les Français." Après cela, il était vraiment grognon à propos des Français.

Quoi qu'il en soit, il a ramené son homme souffrant au Hall Horticole, un peu plus mal en point parce qu'il avait été piétiné par la foule ; en fait, le Français est plutôt à fond lorsqu'il arrive aux enchères. Il s'assoit dessus, tout blanc, et Geneviève May lui apporte un verre d'eau pour le réanimer. Très vite, il dit qu'il est presque aussi bien que jamais, mais ce n'est pas grand-chose.

Maintenant, les patriotes de la vente aux enchères ont commencé à affluer et Genevieve May est à nouveau fière et palpitante. Elle jette un regard affectueux à sa noble gamme de bocaux, avec ces conserves illégitimes qui brillent abondamment, et elle remet le Français sur ses pieds et sur la boîte ;

et la foule applaudit comme une folle et se presse. Je me tenais près de GH Stultz, et il me murmure :

"Mon Seigneur ! S'il y avait seulement un moyen de faire parvenir ce stock au commissaire allemand ! Mais on me dit qu'ils analysent tout. Quoi qu'il en soit, j'ai fait planter mes enchérisseurs et je devrai racheter le stock si cela me brise. "

Puis le Français a commencé à parler d'une manière très gentille. Il dit quelques mots sur son pays : comment ils s'étaient battus toutes ces années, sans savoir s'ils pourraient gagner ou non, mais avec l'intention de se battre jusqu'à ce qu'il ne reste plus aucun combattant ; et combien la France était reconnaissante pour l'aide opportune de ce grand pays et pour les efforts de belles dames comme Madame Popper, etc.

Vous pariez que personne n'a ri, même s'il ne parlait pas un très bon anglais. Ils n'ont même pas ri quand il a parlé de belles dames comme Madame Popper, même si le cousin Egbert, quelque part dans la foule, a émis un son indigne qu'il a fait semblant de tousser.

Le Français a alors déclaré qu'il allait maintenant lancer un appel d'offres pour ces belles friandises de table, qui étaient non seulement d'une riche valeur alimentaire mais étaient plus inestimables que l'or et les bijoux parce qu'elles avaient été emprisonnées dans le verre de cristal par les belles mains de la belle Madame Popper. ; et que lui offrait-on contre six bouteilles de cette indicible gelée ?

Bien sûr, GH Stultz les aurait eus en un rien de temps si la panique ne l'avait pas sauvé. Oui Monsieur; à ce moment-là, quelque chose de terrible et d'imprévu se produisit et provoqua une effroyable panique. Environ cinq de ces pots de conserves explosèrent avec des détonations bruyantes. Bien sûr, la première pensée de tout le monde fut qu'un complot allemand était en cours pour détruire le hall horticole à la dynamite. Cela sonnait comme ça. Personne ne pensait que c'étaient simplement ces étranges conserves qui avaient travaillé des heures supplémentaires dans ce four.

Les femmes criaient et des hommes forts se précipitaient vers la porte sur des corps prosternés. Et puis de nombreuses autres explosions ont eu lieu. Les tirs sont devenus généraux, comme le disent les rapports. Bouteille après bouteille, son contenu redoutable se répandit dans la mêlée, et de nombreuses personnes faibles furent piétinées par la foule.

Ce n'était pas une blague pendant une minute. Les grosses jarres, chargées pour la plupart de conserves, partaient avec de lourdes détonations ; puis il y avait ces petites bouteilles, remplies de ketchup artificiel et bouchées. Ils partirent comme une batterie de canons légers de campagne, déversant un féroce barrage de ketchup sur tout le monde. C'était une bonne démonstration de la réalité, d'accord. Depuis, je n'ai plus eu besoin de personne pour me dire ce qu'est la guerre.

La foule était aux deux tiers avant que quiconque ne réalise à quel point l'horreur se déroulait. Puis, au milieu des tirs et des obus qui fusaient encore de temps en temps, les plus courageux, qui n'avaient pas pu se frayer un chemin, se tenaient là et ramassaient les blessés sous le feu et aidaient à brosser leurs vêtements. Les gémissements des malades se mêlaient au sifflement du ketchup qui s'échappait.

Genevieve May était hystérique dès la minute où le premier pistolet de grande puissance a été tiré. Elle n'arrêtait pas de crier à tout le monde de rester calme. Et enfin, quand ils reçurent une sorte de commande, elle se retrouva dans un état tout à fait nouveau parce que son Français manquait. Elle a continué jusqu'à ce qu'ils trouvent le pauvre homme. Il a été retrouvé, sans sa béquille, au fond du couloir, même si personne n'a encore imaginé comment il pourrait y parvenir à travers la foule en délire. Il était sur une chaise, faible et tremblant, derrière une couverture fantaisie confectionnée par grand-mère Watkins, contenant plus de dix mille morceaux de soie. Il était de couleur jaune verdâtre et son cœur avait mal tourné.

Cela vous montrera que ce bombardement n'était pas une blague. Le pauvre homme avait été épuisé par les efforts bien intentionnés du cousin Egbert pour lui montrer quelque chose d'excitant, et il souffrait maintenant d'un choc d'obus, comme il l'avait déjà fait dans des circonstances plus officielles.

C'était un homme courageux; il s'était battu comme un tigre dans les tranchées, puis avait été abattu quatre fois en l'air et était couvert de blessures, de médailles et de croix ; mais cette enfilade entre les belles mains de la belle Madame Popper, arrivant dans son état de faiblesse, avait presque détruit le peu de nerfs que la guerre lui avait laissés.

C'était un moment triste. Geneviève May explosait à nouveau, comme son propre ouvrage, qui n'était en aucun cas encore terminé, car un coup de feu solitaire arrivait de temps en temps, comme si l'ennemi principal s'était retiré mais laissait derrière lui des arrière-gardes et des tireurs d'élite. De plus, les gens qui avaient exposé dans la section des œuvres d'art et dans la section des œuvres de fantaisie poussaient maintenant des cris de rage à cause de leurs trésors profanés par le ketchup lointain.

Mais des mains tendres conduisaient le Français en détresse vers un poste de secours, et tout était presque revenu au calme, à l'exception de GH Stultz, qui jurait – ou des mots dans ce sens.

Il aura vraiment fallu une bonne heure pour retrouver un calme parfait et combler les pertes. Ils étaient sévères. Bien sûr, je ne veux pas dire que les trois cents bouteilles de ce dépôt de munitions ont explosé. Certains n'étaient hébergés que depuis peu de temps et n'avaient pas eu le temps de devenir morbides ; et même certaines vieilles choses étaient restées fidèles.

Les éclats de viande hachée s'étaient révélés assez destructeurs, mais la marmelade de navet ne semblait pas avoir développé beaucoup d'énergie interne. Tous ces pots de marmelade se sont avérés être ce qu'ils appellent des « ratés ». Mais vous pariez qu'il y avait suffisamment d'argent pour faire un bon croquis de bataille. Le ketchup, en particulier, était venimeux.

J'ai rencontré GH Stultz en quittant les tranchées. Il avait été pris dans un nid de ketchup tiré par une mitrailleuse et n'en avait essuyé que la moitié environ de son visage. Il ressemblait à une maladie contagieuse.

"Dis, regarde ici", dit-il ; "Vous ne pouvez pas me dire qu'il n'y a jamais de Providence qui veille sur ce monde pour donner à certains d'entre nous exactement ce qui nous arrive !" C'était très bête, car je ne lui avais jamais rien dit de tel.

Ensuite, je sors dans le No Man's Land et rencontre le cousin Egbert près d'un stand de limonade. C'était un être radieux. Il m'a demandé de prendre un verre de boisson, et je l'ai fait ; et pendant que je le sirotais, il dit d'un ton joyeux :

"N'était-ce pas un magnifique feu d'artifice ? Et n'était-ce pas bien de rester là et de regarder ces bouteilles se moquer de ce profiteur de nourriture ?"

J'ai dit qu'il avait raison d'être désolé pour elle, après tout le travail qu'elle avait accompli.

"Pas moi!" dit-il fermement. "Elle n'a jamais fait de travail dans sa vie, sauf pour accroître sa propre célébrité sociale."

Puis il prit une nouvelle gorgée de sa limonade et dit, très amer :

"Madame Peach Blossom ! Je me demande ce que sa drôle de petite acarienne dira quand elle la verra ce soir ? Quelque chose de risible, je parie - comme si ce serait "Madame Onion Blossom" ! - ou quelque chose de comique, juste pour lui donner un bon rire après sa dure journée.

Tel est le cousin Egbert et tel le sera toujours. Et Geneviève May, après s'être lancée dans tous les cercles, revient désormais à la danse.

X

QUANT À HERMAN WAGNER

Cela avait été une journée pénible pour Ma Pettengill et moi. Depuis le lever du soleil, nous avions parcouru plus d'une vingtaine de kilomètres en montagne sur des chevaux dont l'allure pouvait rarement dépasser le rampant. A l'aube, nous avions quitté les plaines le long de la petite rivière boisée, grimpé jusqu'aux lits de lave de la première mesa, traversé une triste étendue de ceux-ci où même le sage devenait rare, et arrivions, par un défilé sinueux qui fut bientôt une montée. canon , en grandes collines sans fin.

Ici, pendant de nombreuses heures , nous avions travaillé sur des sentiers furtifs et tortueux, sans but et perdus, cela aurait pu paraître, mais nous rencontrions de temps en temps de petites bandes de bétail se déplaçant dans un sens. Cela montrait que nous avions une mission et que nous savions, après tout, ce que nous faisions. Ces bovins étaient sciemment tournés vers la vallée et la maison. Ils avançaient d'un air plutôt pragmatique, s'arrêtant seulement de temps en temps pour arracher l'herbe courte et clairsemée qui pousse autour des racines de l'armoise. Ils avaient parcouru un long voyage depuis leurs pâturages, à partir du moment où les pâturages se dégradaient et où les points d'eau s'étaient asséchés, et semblaient maintenant vraiment heureux d'abandonner la vie sauvage et libre d'un court été et de redevenir des créatures soignées, où des humains étrangement attentionnés leur prodigueraient des soins. leur couper de l'herbe pour certains objectifs obscurs mais sans doute bienveillants qui leur sont propres.

Notre mission ce jour-là était d'aller voir, jusqu'à Horsefly Mountain, et d'avoir une idée générale du nombre de têtes qui descendaient déjà pour manger telle ou telle récolte de foin la plus courte qui ait jamais été empilée. sur Arrowhead depuis l'hiver sec de 1998, lorsque le bœuf est tombé à deux cents la livre, avec très peu d'acheteurs en plus.

C'était vraiment une journée de délices scéniques, si l'on ne réfléchissait pas cruellement aux exigences de la profession de bovins de boucherie, et au moins l'un d'entre nous était libéré de cette emprise.

Ce que nous atteignîmes finalement furent de petites montagnes plutôt que de grandes collines ; de vastes restes exclamatifs de granit et de calcaire brisés, aux colombages épais, aux lignes imprudentes et aux sommets acérés. Une minute Le canon que nous avons vu d'en haut était assez absurde dans ses ambitions, ayant des couleurs , de la profondeur et des lignes éclatantes dans des proportions appropriées et tout à fait dignes de la grande échelle. Ce n'était pas un Grand Cañon , mais au moins c'était un bébé grand, et j'ai flâné au bord jusqu'à ce que je me rappelle brusquement que je ferais mieux de mettre du cuir dans ce patin si je voulais rentrer chez moi ce soir-là.

Je souhaitais sincèrement rentrer chez moi ce soir-là, car l'endroit où nous nous trouvions était dépourvu de ces petites commodités auxquelles je suis habitué. De plus, l'air était vif et la faim, toute la journée dans le bâtiment, réclamait des viandes fortes. C'est donc sans trop de réticence que je quittai cette miniature scénique aux dimensions d' un salon - et par là l'étude d'un curieux rocher qui m'avait pas peu intrigué.

Nous étions maintenant à la maison et détendus au coin du feu d'Arrowhead, après un repas émouvant de jeunes poules à la sauge cuites au four. En outre, la dynamique déjà supérieure du repas avait été sensiblement renforcée par une bouteille de vin de raisin fait maison par l'oncle Henry, qu'il recommande chaleureusement en cas de rhume ou de fête, ou quoi que ce soit du genre. Il s'était avéré qu'il s'agissait d'un vin d'un *crû* presque trop récent. Ma Pettengill a dit que si l'oncle Henry avait pour objectif de le mettre sur le marché en production en quantité, il aurait dû l'appeler la marque Stingaree, parce que c'était certainement quelque chose qui rendait la malveillance même jusqu'au matricide, si c'est ça qui tue votre la mère est appelée. Elle a dit que même lors d'un mariage polonais sur les voies ferrées d'une grande ville, les ambulances et les wagons de patrouille bourdonneraient une bonne demi-heure plus vite que d'habitude.

Quoi qu'il en soit, alors que je m'attendais à ce que le sommeil vienne rapidement réparer les ravages de la journée, je me suis simplement retrouvé éveillé et perplexe. Ce truc de l'oncle Henry est un ferment efficace. Je me suis posé des questions sur beaucoup de choses. Et en même temps, je m'interrogeais interminablement sur ce rocher remarquable à côté du Grand Cañon du Petit Poucet. J'étais même assez éveillé et suffisamment discursif (mon hôtesse n'avait pris qu'un verre de la bouteille) pour m'interroger avec délice sur toutes les roches et pierres, sur la géologie et ce genre de choses. C'était presque scientifique, comme je me le demandais, alors que j'étais assis là, les bras croisés, à jouer avec mon verre à moitié rempli.

Prenez ce rocher en particulier, par exemple. Autrefois, ce n'était que de la poussière d'étoile, n'est-ce pas ? Il y a quelque temps, je veux dire, ou à peu près. Mais c'était de la poussière d'étoile ; et puis, la prochaine chose qu'il s'est rendu compte, c'est qu'il s'est avéré que c'était une sorte de ragoût cosmique, comme celui avec lequel les étrangers tranquilles réparent les autoroutes, et qui ne ressemblait pas plus à un rocher de granit qu'autre chose.

Puis quelque chose s'est produit, comme si quelqu'un avait laissé le feu de la fournaise s'éteindre la nuit du grand gel ; et ce truc dont je parle est devenu froid et découragé, et s'est arrêté, apparemment sans se soucier de la forme qu'il prendrait des années et des années plus tard, le résultat étant qu'il a été trouvé simplement sous la forme générale de roches ou de rochers. - pour utiliser le terme plus scientifique - qui n'est pratiquement aucune forme, comme vous pourriez dire, étant à peu près n'importe quelle forme qui se produit, ou la forme de roches et de rochers tels qu'ils peuvent être vus de presque partout par ceux d'entre nous qui ont j'ai appris à voir dans le vrai sens du terme.

J'ai dû être bref dans ce cours scientifique plus court sur l'histoire de la Terre avant l'époque de l'homme, car des questions plus importantes retiennent mon attention et d'autres orateurs attendent. Le fait est que ce rocher, là-haut, près du canon nain , avait survécu à un chaos dont on ne se souvenait plus ; avait été fondu, mijoté, cuit au four et réfrigéré jusqu'à ce qu'il ne lui reste plus d'esprit ; puis secoué par des glaciers négligents jusqu'à ce qu'il ne se soucie plus de l'endroit où il s'immobilisait ; et enfin, après quelques centaines de millions d'années d'indifférence quant à son sort ultime, la voici attirée par la main rusée de l'homme et sautée dans le mécanisme complexe de notre ruée industrielle humaine.

C'est-à-dire, ce rocher dont je parle, de la taille d'un hôtel de ville, posé là dans un noble état d'abandon bien avant que de vieux animaux aquatiques sages avertissent leurs enfants que ces imbéciles parlent de comment on peut sortir de l'eau et Se promener sur la terre ferme causerait des ennuis aux gens, car comment un corps pourrait-il respirer là-haut alors qu'il n'y avait pas d'eau pour respirer ? Et les imbéciles qui l'auraient essayé le découvriraient bientôt ; et servez- les bien ! Eh bien, je veux dire, ce rocher qui était resté inerte et indifférent pendant que les âges formaient l'homme à partir d'une seule cellule - et pas vraiment d'une cellule en plus - portait sur sa face la plus proche du sentier sinueux, un appel écrit en lettres. , comme d'un homme à un autre. Les lettres étaient grandes et soigneusement réalisées à la peinture blanche et le coup de pinceau était récent. Et les lettres disaient, avec beaucoup de pathos, il me semblait :

SYLVAN GLEN DE WAGNER, À SEULEMENT 32 MILLES. HERMAN WAGNER, SEULE PROP.

Que cela nous enseigne à tous, ce matin, que tout dans la nature a son utilité si nous cherchons diligemment. Je veux dire, même les gros rochers comme celui-ci, qui sont trop gros pour construire des maisons ou même des palais de justice. Ne pourrions-nous pas, au moins, y peindre des choses en lettres simples avec des points, des virgules, etc., et ainsi donner une impulsion supplémentaire à tout ce qui nous arrive ?

Mais la soirée avance et l'envie mentale fouettée du jus de raisin mélangé par l'oncle Henry s'estompe. Et alors, avant que tout ne se termine, qu'en est-il d'Herman Wagner, Prop. Unique de Sylvan Glen de Wagner ?

Je sais que la journée a été difficile, mais essayons de mettre les choses en ordre. Pourquoi ne pas commencer prudemment par une série de pourquoi ? Pourquoi un vallon sylvestre en particulier dans un pays où tout est continuellement et majoritairement sylvestre et où l'on ne peut pas soulever un rocher sans heurter un vallon ? En réalité, vous ne pouvez pas parcourir cinquante mètres sans marcher sur un vallon – ou dans un vallon ; cela n'a pas d'importance. Ce que j'essaie sérieusement de savoir, c'est si cet Herman Wagner voulait être le seul accessoire. d'un vallon sylvestre, pourquoi aurait-il dû parcourir trente-deux milles plus loin pour un seul ? Pourquoi ne l'avait-il pas là ? Pourquoi parcourir follement trente-deux milles dans un pays où les kilomètres signifient quelque chose de sérieux ? Des kilomètres de haut en bas, horriblement inclinés ou debout sur le bord !

Cela ne semblait pas astucieux. Et Herman n'a tout simplement pas réussi à me convaincre en me contentant de ce « seulement ». Il aurait pu n'en mettre que partout sur le rocher et cela aurait quand même fait trente-deux milles, n'est-ce pas ? Seulement en effet ! Vous pourriez penser que l'homme disait « À seulement dix minutes à pied du bureau de poste » – ou quelque chose qui a une réelle signification comme celle-là. J'ai prétendu alors et je prétends maintenant qu'il aurait dû omettre le seul et dire franchement la vérité. Il y a des moments dans ce monde où la vérité directe et amère est meilleure sans aucune dentelle de mots. Ce Wagner était un sophiste. Alors je lui ai dit, maintenant, comme un homme le fait parfois :

"Très bien, Herman, vieux toit ! Mais tu devras trouver quelque chose de mieux que de simplement mettre avant ces trente-deux milles. Si tu avais dit 'Seulement deux milles', cela aurait peut-être eu son message pour moi. Mais trente plus que ça ! Soyez raisonnable ! Pourquoi ne pas choisir un bon vallon où les fêtes peuvent se dérouler pour une soirée tranquille sans interrompre une semaine entière ? Franchement, je ne comprends pas vous et votre vallon. Mais vous pouvez être sûr que je le ferai. renseignez-vous !"

Alors, tout de suite, j'ai dit à Ma Pettengill, qui à ce moment-là avait beaucoup de factures, de papiers, de registres et d'autres choses sur son bureau, et qui parlait avec chaleur à tous : je lui ai dit qu'il y avait près d'une demi-heure. il reste une bouteille de vin d'oncle Henry, son vieux vin de raisin rare, conservé il y a plus d'un mois ; alors elle ferait mieux d'en jeter un verre mousseux – oui, il mousse encore – et de me répondre à quelques questions.

C'est alors qu'elle a dit que le vin pouvait gonfler les listes de victimes, même des mariages polonais, qui sont déjà les plus élevées connues de la page mondaine de nos archives policières. Elle ajouta qu'elle avait pris juste assez de choses au dîner pour lui faire croire qu'elle n'était pas entièrement en faillite, et qu'elle voulait examiner minutieusement ces récits pendant que durait cette sensation.

Ne voulant pas blesser les sentiments de l'oncle Henry, même s'il ne m'a pas surpris, j'ai repris ce truc fervent et je suis tombé dans un nouvel émerveillement devant l'apparente imbécillité d'Herman Wagner. Je n'ai pas été peu ému par son pathétique. Au début, c'était assez peu que je pouvais obtenir de Ma Pettengill. Elle m'a parlé presque brièvement lorsque je lui ai demandé des choses, elle devait arrêter d'ajouter des chiffres idiots pour répondre.

Ce que j'ai découvert était principalement mon propre travail, mettant deux à deux dans leur relation harmonieuse. Même la mention du nom complet d'Herman Wagner n'apportait rien sur lui-même. J'ai trouvé ça très ennuyeux. Je dirais : "Allez, maintenant, qu'en est-il de cet Herman Wagner qui peint des messages attendrissants sur la nature ?" Et à cette question juste et claire, j'aurais simplement davantage de problèmes d'aide sans fin de la femme. De nos jours, tous ceux qui cherchaient du travail étaient des pétrels orageux, qui ne se souciaient pas de savoir s'ils travaillaient ou non, mais qui le demandaient simplement par habitude.

N'avait-elle pas à l'instant même à son service un professeur de chant, un dentiste indolore, un portraitiste au crayon et un meurtrier condamné, tout cela parce que les puncheurs valides étaient passés voir que cette vilaine petite Belgique ne reviendrait plus jamais attaquer l'Allemagne de cette manière impitoyable ? Elle avait lu qu'il en coûtait entre trente et trente-cinq mille dollars pour blesser un soldat au combat. Était-ce ainsi ? Eh bien, elle me disait qu'elle était prête à blesser tous ceux qui restaient sur place pour entre trente et trente-cinq cents, avec des paiements faciles. Blessez- les gravement aussi ! Pas de simples rayures.

À nouveau, je prononçais Herman Wagner, seulement pour me faire dire que ces vaches taries qu'elle laissait partir pour soixante dollars – vous veniez les découper pour en faire du bœuf et vous deviez d'abord graisser la scie. Ou j'ai entendu quel scandale c'était que les agneaux rapportaient en réalité cinq dollars cinquante, et que le gouvernement de Washington, DC, reste les bras croisés sous l'indignation !

Puis j'ai entendu, sans aucun rapport avec Herman Wagner, qu'elle n'aurait pas de puncheur sur place qui possédait son propre cheval. Parce que quoi? Parce qu'il l'utilisait avec douceur toute la journée et lui volait du grain la nuit. De plus, elle souffrait d'une sorte de rhumatisme à l'épaule gauche ; mais elle préfère être une scientiste chrétienne et se tromper plutôt que de payer un médecin pour faire de même. Tout cela était peut-être vrai, mais ce n'était pas important ; pas pertinent par rapport à la question, comme nous le disons si souvent dans nos éditoriaux.

Cela ressemblait tellement à un blanc pour Herman Wagner que j'ai arrêté de demander un délai et j'ai laissé la femme travailler dur à ses tâches stupides et ruineuses.

Après une demi-heure, elle commença à gronder une strophe de Shady Rill de By Cool Siloam ; alors je me suis risqué à nouveau, en remarquant le signe que j'avais observé ce jour-là. Alors elle a quitté son bureau pour s'asseoir devant le feu et a dit oui, et c'étaient d'autres signes d'Herman cachés dans les montagnes où personne d'autre que les vaches, qui ne savent pas lire une ligne, ne les verrait . Elle a également révélé qu'Herman, lui-même, n'était pas quelque chose dont vous voudriez qu'une statue de bronze soit installée sur la place du palais de justice.

Eh bien, allez, maintenant ! Qu'en est-il de lui? Non monsieur; pas à vue ! Avec ce bureau rempli de travail, elle ne pouvait tout simplement pas s'arrêter pour   parler   maintenant.
Elle l'a fait.

Est-ce le seul signe d'Herman que vous avez vu ? Il en a d'autres le long de ces sentiers. Vous verrez une flèche en peinture blanche, pointant vers son vallon sylvestre, et des avertissements de ne pas aller dans d'autres vallons avant d'avoir essayé le sien. L'un dit : Vous avez essayé le reste ; maintenant, essayez le meilleur ! Un autre dit : Essayez Sylvan Glen de Wagner pour la navigation de plaisance, la baignade et la pêche. Repas à toute heure ! Et il en a une qui montre qu'il a étudié la publicité américaine dès son arrivée dans ce pays. Il dit : Sylvan Glen de Wagner – pas si bon, mais combien bon marché !

Je ne sais pas. Je n'ai pas encore pris ma décision à propos d'Herman. Si ce n'était pas la raison pour laquelle il avait dû quitter le Nevada et si je savais qu'il pouvait y avoir plus d'un type d'Allemand, alors je dirais presque qu'Herman était de l'autre type. Mais, bien sûr, il ne peut y en avoir qu'un seul, et il a montré assez rapidement la souche prussienne dans la raison pour laquelle il est venu de Reno. Malgré tout, il a ses arguments intéressants en tant que pur imbécile ou quelque chose du genre.

Il ne me dit pas pourquoi il a quitté Reno longtemps après son arrivée ici ; pas avant d'avoir gagné sa confiance en montrant que j'étais un sympathisant allemand. C'était à l'époque où Sandy Sawtelle avait un plan pour une sorte de grande mesure de guerre. Sa grande mesure de guerre consistait à faire entrer des agents secrets en Allemagne et à tuer toutes les femmes de moins de cinquante ans. Il a dit que si vous faisiez cela, le stock s'éteindrait, car regardez les lois du gibier interdisant de tuer les biches ! Il l'a dit à tout le monde. Il l'a dit à Herman; mais Herman en savait assez pour rester évasif à ce sujet. Il me l'a dit, et j'ai tout de suite compris que cela ne pouvait probablement pas être géré correctement ; et, même si c'était possible, dis-je à Sandy, il me semblait que ce serait en quelque sorte inhumain.

Herman m'a entendu dire cela et a cru que j'étais un pacifiste et un ami secret de son pays ; alors il m'a confié le secret de la raison pour laquelle il a quitté Reno pour éviter de se faire trancher le cœur par Manuel Romares . Mais peu importe!

Quoi qu'il en soit, l'année dernière, au printemps, cet Herman est venu chercher du travail. Il n'était pas resté longtemps en Amérique, s'étant arrêté quelque temps chez son oncle à Cincinnati, puis étant venu vers l'Ouest pour y mener une vie d'aventure et entreprendre une carrière. Il disait qu'il venait du Nevada, où il travaillait dans un élevage de moutons, et qu'il agissait comme s'il voulait se lancer dans quelque chose de respectable et mener à nouveau une vie décente.

Eh bien, c'était arrivé, alors j'ai embauché tout ce qui se présentait ; alors pourquoi pas Herman ? Je l'ai attrapé. Les garçons apprirent qu'il était un étranger allemand et se comportèrent, au début, comme une bande de porcs entourés d'un ours ; mais j'aurais embauché le vieux Hinderburg lui-même s'il me l'avait proposé et je l'aurais mis à faire quelque chose qui en valait la peine .

Cet Herman a été le premier homme à travailler ici avec des moustaches latérales. Il m'a dit, après m'être montré sympathisant allemand, qu'au début de la guerre il portait une de ces moustaches comme le Kaiser en met chaque soir dans des attaches en fer blanc après avoir dit ses prières ; mais cela avait fait de lui un objet de remarques désagréables, y compris des missiles. Il avait donc fait pousser cette bordure fleurie autour pour éliminer la malédiction.

C'étaient de belles moustaches latérales brillantes et d'apparence totalement innocente. Dans les bons vêtements, Herman aurait pu aller dans n'importe quelle école du sabbat du pays et a dit qu'il était heureux de voir là autant de petits visages brillants ce matin, et maintenant quel était le texte d'or d'aujourd'hui, et ainsi de suite. C'est à ça qu'il ressemblait. Ces choses tombaient comme des portières de chaque côté de son visage, laissant son menton aussi nu qu'au jour de sa naissance. Il n'en avait pas non plus trop sous la bouche ; donc je suppose que les moustaches étaient vraiment une pitié pour son visage.

Il a admis qu'il n'en savait pas grand-chose sur le commerce des vaches, mais a déclaré qu'il était prêt à apprendre ; alors je l'ai mis sur la liste de paie. Nous avons découvert qu'il était prêt à essayer tout ce qui semblait facile ; par exemple, comme monter des poulains pour la première fois. Le premier matin où il est allé travailler, il pleuvait et le sol était plutôt mouillé, et il était au corral pour regarder Sandy Sawtelle briser un poulain. C'est le meilleur moment pour s'occuper des poulains qui n'ont jamais été attaqués. Ils commencent à s'énerver et à faire tomber quelqu'un de la selle ; puis ils glissent et glissent, impuissants, et ont l'idée qu'un démon de cavalier est là-haut, et cèdent. Alors les garçons donnent à Herman un enfant de deux ans difficile, et Herman s'en sort pas si mal.

Bien sûr, il a été déclenché plusieurs fois, mais pas durement ; et le poulain, glissant sur ce sol mouillé, dut penser qu'un autre cavalier vedette était arrivé en ville. Mais deux jours plus tard, alors que le sol était sec, Herman remonta sur le même animal sauvage, et il n'était pas là lorsqu'il redescendit de son premier voyage en altitude. Il a échangé ses extrémités avec lui proprement et s'est retrouvé dans un coin en disant. "Eh bien, on dirait que cet Allemand n'est pas un si bon cavalier après tout ! Je n'ai pas pu traîner ce vieux avec lui hier, mais je l'ai certainement bien fait aujourd'hui."

Je n'étais pas assez près pour entendre ce que disait Herman lorsqu'il se relevait ; mais je lis bien sur les lèvres depuis que je regarde ces films, et je me trompe lourdement s'il n'avait pas appris deux ou trois bonnes choses en anglais pour appeler un cheval à certaines heures.

Il a marché plusieurs jours avec les pieds des tranchées et son moral était effectivement au plus bas. Il était aussi simple que cela. Il essayait des choses que des puncheurs sensés ne rechercheraient pas, s'ils étaient sobres ; en fait, il était si simple qu'on pourrait le qualifier de simple d'esprit et ne pas se laisser prendre à des calomnies malveillantes.

donc arrivés au point où nous avons vu qu'il n'était bon à rien dans ce ranch, à part un garçon de corvée. Et naturellement, nous avions besoin d'un garçon de corvée, comme nous avions besoin de tout le reste. Il pouvait ramasser du bois, nourrir les porcs que nous engraissions , traire les trois vaches laitières, faire du beurre et aider à la cuisine. Mais quant à être une main de vache, ce n'était même pas la première articulation de votre petit doigt. Il le voulait bien, mais son Créateur s'était arrêté à ce moment-là avec lui. Et il a passé un très bon moment à être un garçon de corvée.

Bien sûr, les garçons se moquèrent beaucoup de lui après avoir découvert qu'il ne pouvait absolument pas être mis en colère par les calomnies les plus grossières sur le caractère du Kaiser et de son fils aîné. Ils ont vu qu'il n'était qu'un rêveur innocent, rêvant de ses humbles tâches. Ils ont passé beaucoup de temps à réfléchir à des choses pour lui.

Il avait emporté avec lui un fusil de chasse allemand à garnitures argentées, qu'il appelait une pièce de chasse, et il voulait chasser pendant ses quelques moments de loisir ; alors les garçons lui parlèrent de toutes sortes de gibiers qui couraient en liberté dans les environs.

snee à plumes croisées , je me souviens, qui, selon les livres sur les oiseaux, était vraiment le même que le mooney de Sidehill . Il a une patte plus courte que l'autre et peut être capturé à la main s'il est conduit sur un terrain plat, où il tombe sur le côté de manière stupide lorsqu'il essaie de courir. Herman attendait avec impatience d'en avoir un qu'il pourrait empailler et envoyer à son oncle à Cincinnati, qui a écrit qu'il n'avait jamais vu un tel oiseau.

De plus, il a passé beaucoup de temps sur le terrain de cricket à chercher un mu, qui est la même chose qu'un canard éternuant, à l'exception des rayures parallèles. Il n'a qu'un seul pied palmé ; il nage donc en cercle et peut être facilement abattu par le sportif, qui l'appât d'abord avec du tabac à priser qu'il parcourra des kilomètres pour atteindre. Une autre bête sauvage qu'ils lui ont fait chasser était le filo, qui ressemble au serpent volant, sauf qu'il a une chose qui ressemble à un pied de table dans son oreille. Il monte sur une colline et vous regarde, mais ne viendra jamais déjeuner. Les garçons ont dit qu'ils avaient failli en avoir un sur Grizzly Peak une fois, mais il a avalé sa queue et est devenu invisible à l'œil humain, même s'ils pouvaient toujours entendre sa basse note de supplication. En outre, Herman recherchait un couple de la punaise des épinards pour lequel la Smithsonian Institution avait offert une récompense de cinq cents dollars en espèces.

Herman est tombé dans le piège de tout ça, de tous ces vieux trucs dont j'avais fait tomber les lattes de mon lit gigogne en riant. Et entre deux aventures passionnantes avec son morceau d'oiseau, il écrivait lui-même quelques morceaux de poésie dans un cahier, tout sur les vaches, les nuages et d'autres objets naturels. Il récitait également de la poésie écrite par d'autres Allemands, s'il le lui permettait. Et la nuit, il jouait d'un instrument indigène en forme de pomme de terre, en soufflant dans une cavité et en bouchant d'autres cavités pour faire les notes. Ce serait une musique lente et vous ferait penser au vieux cimetière tranquille où vos ennuis seraient terminés ; et pourquoi ne pas y arriver le plus tôt possible ? Musique triste!

donc considéré comme un imbécile inoffensif par tous jusqu'à ce qu'Eloise Plummer vienne aider à la cuisine pendant que l'équipe de fenaison était là l'été dernier. Et Éloïse le considérait comme autre chose. Elle considérait Herman comme l'un de ceux qui rendaient dangereux pour les filles de quitter la maison. Elle avait de bonnes raisons de le faire.

Éloïse est dans la fleur de l'âge; mais c'est exactement ce que tout juge impartial dirait d'elle comme d'un spectacle. Ses partisans les plus chaleureux ne pourraient guère être plus chaleureux que cela s'ils étaient mis sous serment. Elle a sans aucun doute un cœur en or, mais un visage large et puissant qui appartiendrait à juste titre au directeur général d'une société sidérurgique qui a gravi les échelons depuis le bas.

Ce n'est pas un visage qui a jamais harcelé Éloïse avec des attentions odieuses de la part des hommes. Au lieu de les faire sourire narquoisement et d'agir de manière brutale, mais enjouée, cela leur a fait penser que la vie, après tout, est plus sérieuse que la plupart d'entre nous ne le soupçonnent dans nos moments d'inactivité. C'est certainement un visage pour faire réfléchir les hommes. Et inspirer cette humeur noire chez les hommes avait en quelque sorte réagi sur Éloïse au point qu'ils ne pouvaient plus vraiment voir à quoi ils étaient destinés. C'était naturel.

Je ne dis pas que la jeune fille aurait pu cuisiner tout l'hiver dans un camp de bûcherons sans se faire insulter une ou deux fois ; mais ce n'était pas pour ça qu'elle était en colère.

donc imaginer à quel point elle était amère lorsque ce fou d'Herman a essayé de se rattraper. Herman était un courtisan tourbillonnant ; Je dirai ça pour lui. Il lui dit tout de suite qu'elle était belle comme l'étoile du matin et essaya de lui baiser la main. Pas de ces préliminaires idiots pour Herman, du genre : « Nous avons un beau temps ! ou "Quelle est votre fleur préférée ?"

Éloïse était aussi de nature vive. Elle l'a fait sortir de la cuisine avec une pelle à charbon, après quoi Herman lui a dit à travers une fente de la porte qu'elle était une Lorelei.

Éloïse, au début, comprit complètement mal ce terme, et ne fut pas moins insultée lorsqu'elle découvrit qu'il désignait une de ces coquines allemandes qui traînent inutilement autour des ruisseaux. Non pas que son attitude ait découragé Herman ; il a joué sous sa fenêtre ce soir-là et a également chanté une sorte de ténor à la crème pâtissière dans sa langue maternelle, au point que j'ai dû le menacer de la bastille pour dormir moi-même.

Le lendemain, il lui alla chercher des cadeaux royaux, composés de deux coquilles d'ormeau polies, d'une photo du prince héritier dans un cadre en laiton et d'un coupe-papier en bois poli avec les salutations de Reno ! dessus.

Éloïse ressemblait maintenant à une déesse enragée ou quelque chose comme ça ; et si Herman n'avait pas été rapide et léger, ses cadeaux ne lui auraient pas manqué. En fait, il a esquivé à temps et est sorti à la maison de la source pour écrire un poème sur sa beauté, qu'il lui a ensuite lu en allemand à travers une fenêtre de la cuisine relevée. La fenêtre était grillagée ; alors il a tout lu. Plus tard, il demande à Sandy Sawtelle de lui dire que ce poème parle de sa timidité. De temps en temps, on pouvait se faire une idée à mi-chemin sur Herman. Il était presque certain qu'Eloise était timide.

À la fin de ce deuxième jour, après qu'Herman lui ait jeté des baisers pendant dix minutes du haut du bûcher, où il était en sécurité, elle a téléphoné à son frère pour qu'il vienne ici rapidement, s'il avait une âme d'homme dans son cadre. , et tue Herman comme il le ferait avec un chien enragé.

Mais Éloïse est partie le lendemain matin, sans attendre que sa famille lui fasse quoi que ce soit de convenable. C'est parce que, en se couchant ce soir-là, elle a trouvé une lettre d'Herman épinglée sur son oreiller. Il y avait un cœur rouge dessus, percé d'un poignard qui laissait tomber des gouttes rouges de manière très sentimentale ; et il disait que ne s'empresserait-elle pas de sortir sa vaste beauté au clair de lune, de marcher avec Herman sous les arbres tranquilles pendant que le rossignol gazouillait et que le snee , ou sidehill mooney , appelait son compagnon ? Et ici, tout en marchant, ils pouvaient planifier ensemble leur bel avenir.

C'était au-delà d'Éloïse, même avec une batterie complète d'ustensiles de cuisine à portée de main. Elle est partie avant le petit déjeuner ; et Herman a dû entrer et faire la vaisselle.

L'excitation suivante fut le suicide d'Herman, dans le bûcher, avec une corde qu'il avait retirée d'un nouveau bât. Quelque chose l'a interrompu après qu'il ait ajusté le nœud coulant et qu'il soit prêt à descendre du billot sur lequel il se tenait. Je crois que c'était une note d'adieu de plus à la femme qui l'a envoyé dans sa tombe. Seulement, il s'y est intéressé et a mis beaucoup plus de sa propre poésie et s'est retrouvé à court de papier, et a dû en obtenir davantage de la maison ; et il a dû oublier pourquoi il était allé au bûcher, car une heure après, il s'est suicidé de manière entièrement nouvelle avec son morceau de chasse.

D'après ce que j'ai pu comprendre, il était prêt à appuyer sur la gâchette, regardant ce museau renfrogné devant un miroir ; et puis quelque chose à propos de ses moustaches dans le miroir a dû attirer son attention. Quoi qu'il en soit, une autre œuvre d'autodestruction était en cours. Alors il est venu et a aidé avec le déjeuner. Puis il m'a dit qu'il aimerait prendre un peu de temps libre, car il allait se noyer dans la piscine profonde.

J'ai dit qu'il était vraiment déterminé à le faire ? Il a dit que c'était nécessaire, car loin de cette belle dame, qui lui avait arraché le cœur et dansé dessus, il ne pouvait pas continuer à vivre, même un jour. Alors je m'en prends à Herman. Je lui ai dit que, même si j'avais besoin d'aide, je n'aurais absolument pas d'homme sur place qui s'absentait toujours du travail pour se suicider. Cela s'est inscrit dans son époque, et cela a également attiré l'attention d'autres personnes qui aspiraient à le voir le faire.

J'ai dit que je pourrais accepter un ou deux suicides – disons, une fois par mois, un dimanche tranquille – mais je ne pouvais pas supporter ici la minutie allemande qui maintenait cela continuel. Au moins, s'il espérait continuer à toucher mon salaire, il devrait se contenter de ses propres moments de loisir et non de mon temps.

Herman dit que je ne connais pas les profondeurs du cœur humain. Je dis que je sais combien je lui paie par mois, et c'est tout ce que j'ai besoin de savoir en cas d'urgence. Je pensais, bien sûr, qu'il se calmerait et oublierait ses bêtises ; mais ce n'est pas le cas. Il se morfondait et se moquait, et marmonnait de la poésie allemande pour lui-même un autre jour, sans jamais se mettre la main violente ; mais ensuite il est venu et a dit que ce n'était pas bon. Il dit cependant qu'il ne se suicidera plus dans cet endroit où personne n'a de sympathie pour lui et où beaucoup se moquent. Au lieu de cela, il emmènera son animal dans un endroit éloigné des grandes montagnes tranquilles et là, il fera enfin ce qu'il faut par lui-même.

Je me sentais un peu bousculé, mais ma patience était à bout ; alors je donne à Herman l'argent qui lui revient, je lui souhaite plein succès dans son entreprise et je le laisse partir.

Les garçons ont fait de nombreuses reconnaissances les jours suivants, écoutant le coup de feu et espérant atteindre ce qui restait ; mais ils l'ont vite oublié. Moi? Je connaissais un côté d'Herman à cette époque. Je savais qu'il serait le garçon le plus prudent dans chaque suicide qu'il commettrait. Si j'avais été une compagnie d'assurance-vie, cela n'aurait pas autant compté contre lui que l'habitude du café ou le fait de se passer de caoutchoucs.

Et bien sûr, environ deux mois plus tard, le mort reprend vie. Herman arriva une nuit en apprenant qu'il avait erré loin dans les collines jusqu'à ce qu'il ait trouvé l' endroit le plus beau de la terre ; cela lui fit vite oublier son grand chagrin. Son endroit le plus agréable était une demi-section de mauvais terrain qu'un espoir de nidification avait occupé dans les collines. Il y avait un petit lac de deux mètres sur quatre et un bosquet d'épicéas autour du lac ; et Herman en était tombé amoureux comme d'Eloïse.

Il restait avec le nid, qui était à moitié mort de solitude, de sorte que même un Allemand lui paraissait bien et écrivait à son oncle à Cincinnati pour obtenir de l'argent pour acheter la maison. Et maintenant, je ferais mieux de me dépêcher et de le voir, car c'était le Sylvan Glen de Wagner, avec de l'aviron, des bains, de la pêche et des paniers de bienvenue. Oui Monsieur! Cela montre qu'on ne peut pas juger un Allemand comme on le ferait pour un humain.

J'ai ri au début; mais personne n'est jamais arrivé à Herman de cette façon. Il était ferme et ravi. Ce Sylvan Glen était tout simplement le meilleur complexe hôtelier du monde ! Eh bien, si c'était à moins de cinq miles de Cincinnati ou de Munich, cela vaudrait un million de dollars ! Et ainsi de suite. Cela ne servait à rien de lui dire que l'île n'était pas à moins de huit kilomètres de ces villes et qu'elle ne le serait jamais. Et cela ne servait pas à grand chose de lui demander d'où venaient ses clients , puisqu'il n'y avait personne à moins de trente kilomètres de lui, et seulement des éleveurs dispersés qui avaient leur propre idée du bon moment après la journée de travail, ce qui positivement. ne part pas vers le vallon de qui que ce soit, aussi sylvestre soit-il.

"Les braves gens viendront bien assez tôt. Vous verrez !" dit Herman. « Ils découvrent bientôt le seul endroit à des kilomètres à la ronde où ils peuvent se procurer un bon jarret de porc, ou du boudin et un verre de vin du Rhin – ou peut-être de la bière – après une dure journée de travail. J'ai un bon bateau sur le lac, ils peuvent ramez et poussez partout sur l'eau ; et je me fais construire une maison avec des vignes dessus, comme un palais de fées, et des petites tables dehors ! Vous voyez ! Les gens viendront quand ils entendront !

C'était Herman. Il ne s'arrêtait jamais pour demander d'où ils venaient . Il ferait ressembler l'endroit à un café en plein air hollandais et il suffirait qu'ils viennent de quelque part, car quel Allemand a déjà vu un café en plein air où personne ne venait ? J'ai estimé qu'Herman aurait suffisamment de coutumes pour rentabiliser l'endroit au rythme rapide de la croissance de notre pays, dans environ deux cent quarante-cinq ou cinquante ans.

C'est donc Sylvan Glen de Wagner dont vous avez vu la publicité. C'est bien là; et Herman est là, attendant un échange, avec un dos de carte de son petit bar qui dit, en grosses lettres : Keep Smiling ! Je parie que si vous passiez là à cette minute , vous le trouveriez vêtu d'une veste noire et d'un tablier blanc, avec un menu écrit à l'encre violette. Il pense que des gens viendront bientôt à trente kilomètres de là pour se procurer un sandwich au fromage ou un cornichon à l'aneth, ou quelque chose du genre.

Deux des garçons étaient présents en juin dernier lors de sa grande ouverture. Ils étaient les seuls présents, à l'exception d'un homme de Surprise Valley qui cherchait du bétail et s'est perdu. Buck Devine dit que l'endroit avait l'air aussi chic que quelque chose que l'on verrait autour de Chicago.

Herman a un chaland sur l'étang, et une douzaine de petites tables vertes dehors sous les épicéas, avec tous les arbres soigneusement blanchis à la chaux autour du fond, et des pierres blanchies à la chaux le long de l'allée, et un portail rustique avec Bienvenue dans le Sylvan de Wagner. Glen! au-dessus. Et il a des bacs verts avec de jeunes épicéas plantés dedans , debout sous les gros épicéas, et tout est aussi soigné qu'une épingle.

Tout le monde pense qu'il est complètement fou maintenant, même s'ils ne le pensaient pas lorsqu'il disait qu'Eloise Plummer était aussi belle que l'étoile du matin. Mais vous ne pouvez pas le savoir. Il reçoit de l'argent chaque mois de son oncle à Cincinnati pour améliorer les lieux. Il en a envoyé une photo à son oncle et elle doit être belle à Cincinnati, où l'on ne peut pas voir la campagne environnante.

Peut-être qu'Herman veut simplement mener une vie tranquille avec les poètes allemands et a trouvé quelque chose pour que l'oncle s'en sorte. D'un autre côté, je pense que c'est un espion. Bien sûr, il a un cerveau. Soit il se moque de l'oncle, soit Sylvan Glen de Wagner recouvre désormais une fondation en béton.

Dans les deux cas, il lui faudra un jour recevoir des paroles dures – soit de la part de son oncle lorsqu'il découvre qu'il n'y a aucun client de relais routier à vingt milles à la ronde, soit du ministère allemand de la Guerre lorsqu'ils découvrent qu'il n'y a même rien sur quoi tirer.

La dame fit une pause ; puis il remarqua que, même dans une église conviviale, l'idée du vin de l'oncle Henry créerait probablement des ennuis au point de provoquer des ennuis policiers. Ici, cela l'avait rendue bavarde longtemps après l'heure du coucher, et elle n'avait pas encore compris combien peu de dollars la séparaient de l'hospice.

Je lui ai permis de trier les papiers un moment. Tandis qu'elle les examinait, les sourcils froncés, à côté d'une lampe qui s'éteignait, elle se mit à nouveau à chanter. Elle chantait alors : « Quelles maladies féroces attendent pour précipiter les mortels chez eux ! » Musicalement, c'est le genre de chose le plus grossier. Et cela contrastait avec mon humeur ; car je désirais maintenant savoir comment Herman avait révélé la ruse prussienne par sa manière de quitter Reno. Ce n'est qu'après un autre couplet de l'hymne qu'on m'a pu le dire. Cela semble valoir la peine de le noter ici :

Eh bien, Herman travaille dans un élevage de moutons à Reno, comme je vous le dis, et a des problèmes avec un autre paria nommé Manuel Romares . Herman était vague sur ce qui avait déclenché le problème, sauf qu'ils ne se comprenaient pas très bien et que l'un d' eux pensait que l'autre se moquait de lui. Quoi qu'il en soit, cela a abouti à une bagarre brutale, à la grande surprise d'Herman. Il avait supposé qu'aucun homme, Mexicain ou autre, n'oserait attaquer seul un Allemand, parce qu'il avait entendu dire que les Allemands étaient invincibles, cette nation ayant léché deux nations - la Serbie et la Belgique - à la fois.

Ainsi, sans se douter d'une attaque aussi lâche, Herman a été pris au dépourvu par Manuel Romares , qui lui a fait beaucoup de choses sous la forme d'une dévastation impitoyable. De plus, Herman était suffisamment lucide pour voir que Manuel pouvait lui faire ces choses à tout moment. Dans ce genre de combat grossier à coups de poing, il était le supérieur d'Herman. Herman s'est donc retiré et a planifié une coopération stratégique.

La première chose qu'il fit fut de faire une offre de paix, au cours de laquelle les problèmes seraient discutés de manière équitable entre les deux parties. Manuel n'étant pas du genre à garder rancune après avoir léché un homme pendant une séance de jig, et étant de toute façon de nature ensoleillée, je juge, l'a rencontré à mi-chemin. Puis, lors de cette conférence de paix, Herman s'est comporté très différemment d'un Allemand, s'il était honnête. Il a dit qu'il était entièrement responsable de ces troubles et que sa conscience le blessait ; il ne pouvait donc pas se reposer avant d'avoir payé une indemnité à Manuel.

Manuel est chatouillé et dit : qu'est-ce qu'Herman pense de le payer ? Herman montre son salaire mensuel et dit que cela conviendrait à Manuel s'ils allaient à Reno ce soir-là et dépensaient chaque centime de cet argent de toutes les belles manières qui pourraient être imaginées par un berger mexicain qui venait juste d'arriver d'un pays. un voyage de six semaines à travers le pays avec deux mille de ces horribles animaux.

Manuel voulait embrasser Herman. Herman dit qu'il a pleuré de grosses larmes de joie. Et ils partirent pour la ville.

donc à Reno et ne se rendirent ni à la bibliothèque publique, ni à l'institut métallurgique, ni au musée historique. Ils se rendirent au Railroad Exchange Saloon, où ils flânèrent, flânèrent et flânèrent devant le bar, aux frais d'Herman, se racontant combien ils pensaient l'un à l'autre et mangeant de temps en temps du poisson salé, ce qui est prévu par le propriétaire pour rendre encore plus agréable leur vie. les éleveurs de moutons ont plus soif que d'habitude.

Herman ne sirota qu'un peu de bière ; mais Manuel pensait à de nombreuses boissons nouvelles qui dépassaient jusqu'alors son humble bourse, et chaque nouvelle qu'il prenait lui faisait penser à une autre nouvelle. C'était un grand moment pour Manuel : avoir devant lui tout ce à quoi il pouvait penser dans ce magnifique café ou salon, rempli d'autres hommes qui vivaient également de grands moments.

Au bout d'un moment, Herman dit à Manuel de sortir, car il veut lui dire quelque chose de bien auquel il a pensé. Alors il le conduit dehors par un bras et peut à peine dire ce qu'il a à dire parce que c'est tellement drôle qu'il est obligé de rire quand il y pense. Ils empruntent une ruelle où ils ne seront pas entendus, et Herman parvient enfin à retenir son rire suffisamment longtemps pour le raconter. C'est une plaisanterie comique qu'il veut que Manuel commette.

Manuel ne comprend pas l'idée, au début, mais Herman rit si fort qu'à la fin, Manuel pense que ça doit être drôle et bientôt, il en rit aussi fort qu'Herman.

Alors ils retournent au saloon pour faire cette drôle de chose, qui consiste à se moquer de la grande foule d'hommes qui s'y trouvent. Herman dit qu'il ne pourra pas y parvenir lui-même, car il a un gros rhume et ne peut pas crier fort ; mais la voix de Manuel s'améliore à chaque nouveau verre. Manuel éclate de rire en pensant à cette bonne blague qu'il va faire aux Américains.

Ils prennent un verre de plus, Manuel prenant de l'eau-de-vie de pêche avec du miel, qui, selon Herman, coûte trente cents ; puis il regarde les hommes qui se tiennent là et il crie bien et fort :

"Au diable le président ! Hourra pour le Kaiser !"

Vous savez, quand Herman m'a dit cela, je me suis tout de suite demandé s'il n'avait pas fait ses études dans une école pour agents secrets allemands. Cela ne montre-t-il pas la ruse de leur espèce ? Je ne serai jamais étonné s'il s'avère être un espion qui s'est simplement trompé sur des détails.

Bien sûr, il était en sécurité hors de la ville bien avant que Manuel ne sorte de l'hôpital en boitant pour le chercher avec un couteau. Et pourtant Herman avait l'air si bête ! Dès qu'il est arrivé sur place, il a voulu savoir où se trouvait le moteur qui propulsait le moulin à vent.

De plus, si vous me demandez, le vin ne sera pas rendu sûr pour la démocratie tant que l'oncle Henry n'aura pas passé des années et des années au repos.

XI

BOUCLES

Ma Pettengill, longtemps morose, rendue pendant des mois hostile par le manque d'aide, bouillonnait désormais d'une étrange vivacité. À son bureau dans le salon Arrowhead, elle triait joyeusement un fouillis de draps défigurés et proclamait à tous que le ranch Arrowhead était à nouveau une entreprise en activité. Elle avait cru que c'était fini, et là, c'était simplement en train de disparaître. Elle ne serait plus obligée de regarder la ruine en face jusqu'à ce qu'elle soit réellement embarrassée et doive détourner le regard. Et c'était le travail rapide de ce nouveau contremaître. Non seulement il nous avait remis sur pied, mais il nous avait mis sur une base militaire. Et en plus, il n'était qu'une pauvre vieille épave de vétéran des tranchées, âgé de vingt et un ans, abattu, gazé, choqué, pieds de tranchée et fiévreux, et sacrément malade de dyspepsie nerveuse par-dessus le marché.

Ainsi décrit, le marché me parut médiocre, car je n'avais pas encore vu ce nouveau venu décrépit ni été rafraîchi par les récits de ses prouesses. Mais Ma Pettengill connaît les hommes et ne fera absolument pas de bulle sauf dans des circonstances qui le justifient, j'ai donc estimé que la question méritait une question ou deux.

Très bien alors! Qu'en est-il de ce simple morceau d'épave brisé du monde welter ? Comment un reste aussi mal utilisé a-t-il pu faire face aux multiples soucis du ranch Arrowhead, longtemps harcelé ?

Eh bien, il s'en est tout simplement sorti, c'est tout. Il n'était peut-être qu'un simple épave brisée, mais vous pariez qu'il était encore un petit coper, croyez-la sur parole ! En fait, il n'avait pas pour objectif de conserver ce poste longtemps. Seulement jusqu'à ce que ce médecin malin, qui lui avait refusé de retourner dans les tranchées, se retire à nouveau dans la vie privée. Ce nouveau contremaître devait être sur le terrain lorsque cette marionnette enlevait son uniforme et pouvait ainsi être correctement géré par le bon parti sans encourir vingt ans à Leavenworth. Lors de cette brève réunion, on disait poliment au malheureux qu'il s'était trompé sur l'état physique du contremaître, après quoi la même chose lui serait prouvée sur-le-champ, lui laissant regretter de n'avoir pas été aussi arrogant en disant aux invités qu'ils était inapte à poursuivre son service et devait rentrer chez lui et oublier la guerre. Oui Monsieur; il se retrouverait avec quelque chose à oublier dont il se souviendrait probablement encore très bien lorsque les gens en seraient venus à se demander à quoi ces drôles de petits boutons avec "Liberty Loan" dessus auraient pu servir .

Pourtant, cette épave paralysée était avec nous depuis un certain temps et avait commencé le matin même à continuer sa route. Il n'a utilisé que peu de mots, mais il les a traités durement s'ils venaient le chercher. Premièrement, il y avait deux IWW dans le champ inférieur qui faisaient grève à trois heures cinquante par jour et qui avaient menacé de brûler les meules de foin de quelqu'un quand leur proposition avait été froidement refusée. L'un d'entre eux avait donc été emmené en prison et l'autre à l'hôpital dès que les épaves avaient ralenti avec eux . C'était une hospitalisation assez convenable pour tous deux, mais celui qui allait en prison pouvait encore marcher.

Ensuite, deux autres nouveaux employés, deux de ces demi-cowboys qu'il faut supporter, avaient maintenu la maison bruyante toutes les nuits avec une amère querelle personnelle comprenant de fortes menaces de meurtre mutuel qui ne semblait jamais aller plus loin. Ainsi les épaves, après avoir bu un peu de leur éloquence la plus venimeuse, les avaient alignés et leur avaient ordonné de se mettre au travail et de se battre rapidement. Et il les avait ensuite léchés tous les deux d'une manière rapide et exagérée alors qu'ils essayaient de continuer à en parler avec lui.

C'était une impression nettement gravée dans le ranch, maintenant partagée par son propriétaire, que cette épave invalide ici n'enlèverait à personne de sacrées bêtises . Le propriétaire avait également l'impression personnelle qu'il avait été expulsé de la guerre pour son comportement brutal sur le champ de bataille et non à cause de blessures ou de maladie. Très probablement, ils lui avaient dit cette dernière chose parce qu'ils avaient peur de lui dire la vérité. Mais c'était la vraie vérité ; il était trop décousu et ne voulait pas laisser la guerre se dérouler en paix et tranquillement.

Quoi qu'il en soit, elle et l'armée étaient toutes les deux satisfaites, alors n'en parlons pas. Peut-être qu'après quelques discussions supplémentaires là-bas, quand ils auront fait de l'Allemagne un allié convaincu et pro-allié, elle pourrait obtenir d'autres jetsams détruits comme celui-ci, qui interviendraient sans égard aux règles de la guerre civilisée et feraient la vie d'un certain éleveur de bovins de boucherie n'était qu'un long rêve de beauté avec des feuilles de roses roses qui tombaient sur elle. Mebbe alors!

J'étais en effet charmé d'entendre la note joyeuse d'un homme si longtemps lugubre. J'ai donc dit à la femme que la guerre la plus longue devait prendre fin et que d'ici l'année prochaine, elle refuserait d'embaucher une bonne aide à quarante-cinq dollars par mois et j'ai trouvé, à la place des soixante-quinze dollars qu'elle lui prodiguait maintenant. des traînards indolents.

Elle a dit que dans ce cas heureux, elle pourrait consentir à embellir le commerce du bétail pendant quelques décennies de plus, mais pour sa part, elle ne croyait pas que les guerres prendraient fin. S'il n'y avait pas cette guerre , ce serait une autre, car l'être humain est indéniablement humain. Un spectacle? Eh bien, je pourrais le prendre de cette façon. Disons que l'un de ces inventeurs ici organise des nuits pendant vingt ans pour inventer un pistolet qui tirera à travers une plaque d'acier de seize pouces d'épaisseur. Très bien jusqu'à présent. Mais le lendemain, un autre inventeur invente une pièce d'acier de dix-sept pouces d'épaisseur. Et il fallait tout recommencer – juste une balançoire. D'où elle était assise , elle n'en voyait pas la fin. Avait-elle raison ? ou pas ? Bien sûr!

Mais maintenant, plus loin, obliger les petits garçons à porter de longues boucles jusqu'à la maturité, dans le but d'émousser leurs instincts les plus subtils et d'en faire des diables , ainsi que d'avoir de superbes troupes de choc pour la prochaine guerre - eh bien, elle ne savait pas. . Là, place à la discussion.

Cela semblait raisonnable. Je ne le savais pas non plus. C'était une idée entièrement nouvelle, venue de nulle part. C'était le tout premier moment où je pensais qu'une telle idée pouvait exister. Mais telle est Ma Pettengill. J'ai pensé à me renseigner sur l'origine de cette nouveauté ; peut-être pour le présenter plus en détail. Mais je n'étais pas obligé de le faire. Je voyais déjà une continuité implacable dans l'œil vif de la femme. En fait, il n'y aurait plus moyen de l'arrêter maintenant. Alors autant laisser ici un espace d'une ligne pour éviter d'utiliser les guillemets doubles et simples, qui sont une nuisance pour toutes les personnes concernées. Je dirai simplement que Ma Pettengill s'est exprimée en partie comme suit et qu'à aucun moment de l'entretien elle n'a dit modestement qu'elle préférerait ne pas que son nom soit mentionné.

Attention, je ne dis pas que la guerre est une bonne chose, même pour ceux qui en sortent. Bien sûr, vous pouvez lire des histoires sur la façon dont il améliore le personnage. J'en ai lu de jolies dans ces revues sentimentales d'ici qui touchent au grand cœur des gens une fois par mois ; des histoires sur la façon dont le garçon dur de la ville, qui vole à sa mère aux cheveux gris son argent de lavage pour jouer au billard, entre dans les flammes purificatrices de la guerre et en ressort un homme, après avoir sauvé le maréchal Fotch d'un trou d'obus sous le feu et obtenu les remerciements de la nation française et le journal de sa ville natale. Désormais, il ne traîne plus au billard , perdant quinze balles dès la pause, mais évite ses compagnons de bas niveau, ne touche plus jamais à une queue, épouse la fille du maire et devient le candidat démocrate régulier au poste de secrétaire du comté.

Ces histoires peuvent être vraies. Je ne sais pas. Seuls ces mêmes magazines publient des histoires qui montrent un pompier courageux sur la photo transportant une jeune fille évanouie sur son échelle à travers les flammes, et si vous les croyiez, vous croiriez aussi qu'ils ont dû mettre le feu à un immeuble à chaque fois qu'un pompier le veut. se marier. Et cela ne tient pas la route. Peut-être que les autres histoires non plus.

Mais qu'en est-il de l'autre côté de ces mêmes histoires ? Qu'en est-il du bon garçon du village qui traverse la flamme purificatrice de la guerre et revient chez lui pour être le dur de la ville ? N'est-ce pas Il est temps que quelqu'un montre les ravages moraux que la guerre commet sur nos meilleurs jeunes hommes ?

Moi? J'ai récemment eu une conversation avec une mère veuve à Red Gap et ce que cette guerre bestiale a fait à son fils aîné - eh bien, si elle avait pu regarder vers l'avenir, elle aurait laissé le monde continuer à être dangereux, même pour les Républicains. Elle m'a confié tout son cœur. Il s'agit de Mme Arline Plunkett, l'une des mères les plus douces et les plus douces qui ait jamais protégé son fils de toute mauvaise influence. Et puis pour voir tout ça, allez whoosh ! Le nom du fils était Shelley Plunkett, du moins jusqu'à ce qu'il parte dans le monde pour se faire un nom. Il est désormais largement connu sous le nom de Bugs Plunkett. Je vous laisse le soin de savoir si une gentille mère aimerait que son garçon se fasse ce nom. Et après tous les efforts qu'elle avait déployés pour son développement moral depuis le berceau – jusqu'à ce qu'il s'enfuie de chez lui à cause de ses boucles !

Arline avait été laissée aisée par son mari, qui était président de la Drovers' Trust Company, et sa maison était à peu près la maison la plus raffinée de Red Gap, avec des bibliothèques pleines et des photos d'églises catholiques étrangères - bien qu'Arline soit presbytérienne - et des statues en métal représentant des personnages antiques, hommes et femmes, et de nombreux articles de parure qu'on ne peut pas obtenir avec les timbres commerciaux ordinaires. Bien entendu, elle ne vivait que pour ses deux garçons, Shelley et Keats. Keats, étant un bébé, n'exigeait pas beaucoup de vie, mais Shelley était assez vieille pour en avoir besoin de beaucoup.

Il avait huit ans lorsque je l'ai vu pour la première fois, avec de longues boucles dorées sur ses épaules et de la dentelle sur son pantalon de velours. Il est arrivé quand j'appelais sa mère et a agi en parfait petit gentleman. Il était si calme et si adulte qu'il me mettait mal à l'aise. Il avait le visage d'un ange à moitié adulte encadré par ces boucles jaunes, et ses manières étaient celles de Sir Galahad sur lequel il lisait des histoires. Il était très amusant ce jour-là. Sa mère lui a fait montrer un portrait de lui et de ses boucles qui avait été imprimé dans une revue consacrée aux mères et aux cornichons à l'écorce de pastèque, etc., et il m'a aussi apporté le nouveau livre que son pasteur lui avait offert pour son huitième anniversaire. .

C'était un joli livre relié, racontant l'histoire d'un berger qui avait cent têtes dans le pâturage, en perdit coné et laissa lês quatre-vingt-dix-neuf autres sans protection contre les coyotes et partit dans les broussailles à la recherche de celle perdue, qui est sur le cerveau du berger moyen ; mais c'était un joli livre, et le petit Shelley me raconta joliment toute l'histoire et me montra comment son cher pasteur l'avait écrite pour lui. Il avait écrit : « A Shelley Vane Plunkett, qui à la distinction de son nom unit une nature noble et élevée. » Je me demande si Bugs Plunkett regarde déjà cet écrit et rougit de son visage d'ange perdu ? Quoi qu'il en soit, je pensais ce jour-là qu'il était l'enfant le plus beau et le plus pur du monde, avec sa beauté délicate, sa douce petite voix et ses manières parfaites, le tout mis en valeur par ses boucles dorées.

Quelques jours plus tard, je traversais cette même rue et lorsque j'ai tourné au coin de la maison Plunkett, voici la petite Shelley s'adressant à un grand homme au visage rouge à l'arrière d'un chariot de glace qui s'était arrêté là. Ce fut un choc pour mes premières notions de l'enfant ange. J'ai compris sans difficulté que le groupe sur le chariot à glace avait jusqu'à présent oublié ses propres manières au point de traiter la petite Shelley de poule mouillée. Il y avait fort à parier qu'il regrettait d'avoir parlé. Le petit Shelley utilisait un langage au-delà de son âge et des mots qui ne lui avaient jamais été enseignés par sa mère. Il traitait ces mots comme s'ils étaient ses esclaves. Trois ou quatre autres personnes se sont arrêtées pour écouter sans en avoir l'air. J'en ai beaucoup entendu parler à mon époque. J'ai même été obligé d'entendre Jeff Tuttle emballer une mule qui préférait ne pas être emballée. Et la petite Shelley nous informait, même à moi. Il n'hésitait jamais à prononcer un mot et était rapide et finissait avec les syllabes.

L'homme au chariot à glace était irrité, comme il avait le droit de l'être, et il allait peut-être répondre , mais quand il a vu le reste d'entre nous prendre Shelley, il a crié à l'homme devant de continuer. Il était trop tard, aussi rapide soit-il, pour sauver sa juste réputation et celle de sa famille, si les paroles de Shelley devaient être prises au sérieux. Shelley avait envahi la relation la plus sacrée et feignait de dévoiler un hideux scandale. De plus , l'homme des glaces lui-même n'aurait pas pu faire la moitié des choses que Shelley lui avait vivement conseillé de faire.

Nous, les gens qui avions semblé s'attarder, avons continué à marcher sans nous regarder dans les yeux, et Shelley est redevenu l'enfant ange, se présentant à sa porte et remontant le chemin d'une manière convenable avec ses manuels scolaires sous le bras. Je me suis d'abord demandé si je ne devais pas aller prévenir Arline que son enfant avait retenu des mots qui ne le mèneraient nulle part auprès de son pasteur adoré. La femme affectueuse ne pouvait pas imaginer, lorsqu'elle le bordait après ses prières du soir, qu'une conversation comme celle-ci pouvait sortir de ses douces jeunes lèvres. Combien les mères pensent savoir de leurs fils et combien elles en savent peu ! Mais j'ai décidé de ne pas m'en mêler, me rappelant qu'aucune mère dans l'histoire du monde n'avait jamais remercié quelqu'un pour autre chose que l'éloge de ses enfants.

Pourtant, je ne pouvais m'empêcher de m'inquiéter pour l'avenir de Shelley, ici et après. Mais j'en ai parlé à d'autres personnes et j'ai appris qu'il était déjà connu comme un personnage public de tout le monde, sauf de sa chère mère. Ce sont ces boucles ici qui le faisaient attaquer de toutes parts par les jeunes et les vieux, et sa vigueur naturelle d'esprit lui avait bâti une répartie carrément fulgurante quand il avait le temps de s'arrêter et de tout réciter. Même les écorcheurs de mulets franchissaient des pâtés de maisons juste pour entendre les paroles du petit Shelley lorsque quelqu'un l'appelait poule mouillée ou fille-garçon.

Il semble que Shelley n'ait jamais confié ces problèmes à sa mère, car il avait raison et il considérait les boucles comme une infirmité naturelle à laquelle on ne pouvait rien faire et dont sa pauvre mère ne devrait pas être blâmée. Il avait toujours eu des boucles, tout comme d'autres malheureux avaient été défigurés ou mutilés dès leur naissance, alors il les avait pris comme une croix que le Seigneur lui avait donné à porter. Et il était prêt à le supporter en silence si les gens le laissaient tranquille. Sinon, non. Oh, sûrement pas !

Après cela, j'ai en quelque sorte surveillé la folle carrière de Shelley. C'était fou la plupart du temps. Il avait déjà commencé à se battre ainsi qu'à utiliser le langage, et à l'âge de dix ans, il était un très méchant ferrailleur. Et c'était prêt : bientôt, seuls les garçons nouvellement arrivés en ville se moquaient de lui à propos de ses mèches dorées. Et à moins qu'ils ne soient trop en dehors de la classe de Shelley, il les a rapidement convaincus . De dix à douze, il devait avoir au moins une bonne bagarre par jour, entre les nouveaux et les anciens qui n'arrivaient toujours pas à croire qu'un garçon en pantalon de velours avec des boucles sur les épaules pouvait vraiment leur en mettre plein la vue . Sa mère croyait que ses vêtements étaient déchirés et que son visage était gonflé de temps en temps à cause de simples jeux de garçon, et elle le suppliait de ne pas se livrer à des jeux aussi durs avec ses camarades de jeu enfantins. Et Shelley, le petit homme, la laissait parler, croyant toujours qu'il était comme le petit Paul McNamara, qui avait le pied tordu. Il n'allait pas faire honte à sa mère ni à lui-même.

Je ne sais pas exactement comment Shelley a pu obtenir sa grande illumination selon laquelle les boucles n'étaient pas une malédiction que son Créateur lui avait imposée. Mais il l'a certainement compris à l'âge de douze ans. Après deux ans de luttes acharnées , il a soudainement découvert que les boucles sont facultatives, ou la faute du garçon, sinon celle de sa mère, et qu'elles peuvent être guéries par une opération simple et indolore. Il était arrivé à l'âge de l'observation. On dit qu'il se tenait devant le salon de coiffure d'Henry Lehman chaque fois qu'il en avait l'occasion, regardant les hommes heureux se faire couper les cheveux. Et il a mis deux et deux ensemble.

Puis il se rendit directement chez sa mère et lui raconta sa merveilleuse et belle découverte. Il en était terriblement joyeux. Il a dit qu'il suffisait d'aller chez le coiffeur de M. Lehman avec trente-cinq cents, et que le genre de M. Lehman couperait les choses horribles et le ferait ressembler aux autres garçons, alors s'il vous plaît, laissez-lui les trente-cinq.

Puis Shelley a eu un grand choc. C'était que sa mère voulait qu'il porte ces choses pour lui faire plaisir. Elle fondit en larmes et dit que la simple pensée que son chéri se fasse voler sa gloire suprême par ce méchant vieux Henry Lehman ou n'importe qui d' autre lui brisait le cœur, et comment pouvait-il être assez cruel pour le suggérer ?

Le pauvre garçon devait être un peu perplexe. Il y avait là un moyen de sortir de quelque chose qu'il pensait incurable, et maintenant sa mère qui l'aimait fondait en larmes à cette pensée. Alors il l'a sorti de son esprit. Il ne pouvait pas faire de mal à sa mère, et si mettre fin à sa disgrâce devait lui faire du mal , il devrait continuer à le porter.

Shelley devenait maintenant élancé, avec de grosses articulations et des mollets dépassant sous son pantalon de velours ; et il faisait de grands progrès, je tiens à vous le dire, dans ce qui semblait être son métier de pugilisme. Il s'est mis à sortir de sa classe et à engager des garçons de deux ou trois ans plus âgés. Je n'ai jamais eu le rare plaisir de le voir en action, mais c'était simplement un manque d'entreprise de ma part. Avant de découvrir que les boucles pouvaient être soulagées par un barbier , il s'était contenté de prendre les combats qui lui venaient à l'esprit. Mais maintenant, il faisait tout son possible pour les chercher et il allait lancer l'action lui-même.

Il arriva que les garçons voyageaient en bandes – ceux qui critiquaient son apparence pour qu'il l'entende – mais il guettait les retardataires laissés par le convoi, et ce serait la même vieille et triste histoire. . Vous pouvez comprendre ce que cela signifiait quand je vous dis que l'année dernière, Shelley est allé à l'école , on disait qu'il pouvait venir dans la cour de récréation avec ses longues boucles jaunes flottant dans la brise, et que pas un mot ne serait entendu des cinquante garçons qui pourraient être là. là.

Et ainsi de suite jusqu'à l'âge de treize ans. Une succession de combats et une collection croissante de paroles qui donneraient matière à réflexion à son cher pasteur. Bien sûr, la mère de Shelley était informée des disputes par les mères dont il avait ravagé les petits, mais elle n'y croyait tout simplement pas. Vous savez, une femme ne peut vraiment pas croire ce qu'elle ne veut pas. Vous ne pouviez pas dire à cette dame que son petit garçon au visage d'ange et à la voix douce attaquerait un autre garçon à moins que ce soit l'autre garçon qui le commence. Et si l'autre garçon avait commencé c'était parce qu'il enviait Shelley pour ses magnifiques boucles. Arline était certainement une experte en psychologie masculine, comme on l'appelle.

Mais à treize ans, Shelley perdait beaucoup de son air angélique. Sa vie de combat l'avait marqué, je suppose. Mais il resta obéissant et porta la croix à cause de sa mère. Pauvre chose! Il avait pris l'habitude d'obéir et n'avait jamais soupçonné qu'une femme n'avait pas le droit de s'imposer sur lui simplement parce qu'elle était sa mère. Shelley s'est juste mise au combat un peu plus vite. Il n'attendrait pas toujours les mots. Parfois, de simples regards de dégoût le faisaient réagir.

Puis, vers quatorze ans, toujours avec ses belles boucles, il commença à avoir un joli duvet doré sur son visage ; et le visage ne contenait presque aucune trace d'ange. L'horrible vérité était que Shelley avait non seulement besoin d'une coupe de cheveux mais aussi d'un rasage. Et un jour, poussé par certaines railleries, il le dit à sa mère d'une voix soudain basse. Cela a dû surprendre Arline, de voir ce rugissement sortir de son enfant alors que sa petite voix avait toujours été douce et aiguë. Alors elle a encore fondu en larmes et Shelley lui a demandé pardon, et très vite, elle a de nouveau bouclé ses cheveux. Je suppose qu'il savait à ce moment-là que c'était la dernière fois sur terre, mais rien n'a prévenu la mère.

Ces nouvelles railleries qui avaient finalement fait de Shelley un homme n'étaient pas des railleries de garçons, qu'il pouvait gérer facilement, mais des railleries de filles insouciantes, qui détestaient naturellement un garçon avec des boucles encore plus que les hommes de tout âge ne le détestaient ; et les filles peuvent être beaucoup plus provocatrices au début. Eh bien, Shelley ne pouvait pas lécher les filles, et il avait atteint un âge où leurs railleries lui transperçaient la peau comme des coups de fouet, alors il savait très bien qu'il devait faire quelque chose de désespéré.

Puis il est sorti et a fui les influences raffinées de sa belle maison. Il s'est dirigé vers les collines et a atterri tout en haut de la fourche nord de la Kulanche , où Johnson, le mangeur de foie, possède un élevage de moutons. Le mangeur de foie, qui est lui-même un personnage peu recommandable, avait un jour entendu Shelley s'adresser à un petit groupe de critiques devant le bureau de poste et avait voulu l'adopter sur place. Il chérissait encore les plus beaux souvenirs du débit de langage de Shelley, alors il était ravi de le voir s'arrêter et s'arrêter, voyant que même s'il n'était qu'un garçon depuis des années, il était un homme et un frère dans le langage, même s'il ressemblait à un frère qui avait commencé comme sœur et qui s'est mélangé.

Les mangeurs de foie l'ont accueilli, nourri et lui ont coupé les cheveux avec une paire de cisailles à moutons. C'était un travail plus ou moins pénible, car tondre les moutons ne fait en aucun cas d'un homme un bon barbier humain. Mais Shelley a regardé sa tête dans le verre et a dit que c'était la plus belle coupe de cheveux du monde. Les gens difficiles pourraient le critiquer ici et là, mais ils ne pourraient jamais dire qu'il n'a pas vraiment été réduit.

Il était si reconnaissant envers Liver-eating qu'il a promis de rester toujours avec lui et de devenir berger. Et il s'est caché là-bas pendant plusieurs mois jusqu'à ce que sa mère angoissée découvre où il se trouvait. Après avoir fouillé tous les étangs et tous les bois à la recherche du corps de son garçon , elle avait cru qu'il avait été enlevé par des ravisseurs à cause de sa beauté céleste, et qu'elle devrait probablement donner dix mille dollars pour sa libération. Elle cherchait encore une lettre de ces amis lorsqu'elle apprit qu'il était avec Johnson le mangeur de foie et que ce misérable avait commis un sacrilège sur lui.

C'était un coup dur de savoir que son animal de compagnie avait fréquenté une telle personne, qui n'était pas seulement un éleveur de moutons mais qui avait gagné son surnom d'une manière que nos meilleurs gens ne trouvaient pas gentille. Il était rentré chez lui un jour, il y a des années, et avait découvert que son cheval préféré avait été emmené par un Indien. Étant un homme simple et peu bavard, il a simplement dit qu'au coucher du soleil demain, il tuerait le foie de l'Indien qui avait commis le vol. Je ne sais pas personnellement ce qui s'est passé, sauf qu'il est revenu la nuit suivante avec son cheval. Quoi qu'il en soit, personne ne lui a jamais reproché son titre après cela. Et voici Shelley Vane Plunkett, qui avait été soigneusement élevée avec des fruits et des céréales, adoptant un personnage si nauséabond d'égale sociale.

Arline a immédiatement fait sortir le shérif pour son chéri, mais Shelley a été informé et a poussé plus loin. Il est finalement arrivé à Seattle, où il a trouvé divers emplois et a laissé sa mère deviner pendant trois ans. Il avait peur qu'elle lui fasse recommencer les boucles s'il rentrait à la maison. Mais finalement, quand il eut dix-huit ans, il vint, sur sa promesse solennelle de bien se comporter. Mais il n'était plus le chéri au visage d'ange qui était parti, et il s'attendait toujours à au moins un combat par jour, même s'il ne portait plus ce qui provoquerait des bagarres. Il avait pris l'habitude et ne pouvait tout simplement pas s'arrêter. Un corps pouvait difficilement le regarder sans déclencher quelque chose de désagréable. Il était maintenant rond comme un tonneau, dur et rapide, et quand quelque chose commençait, c'était lui qui le terminait. De plus, il se faisait couper les cheveux de près tous les cinq ou six jours. Il ressemblait toujours à un prisonnier qui avait commencé à grandir environ une semaine avant de quitter l'établissement. Shelley ne prenait aucun risque, et il avait l'habitude d'avoir un regard étrange et brillant dans ses yeux quand il regardait le petit Keats, son petit frère, qui arrivait maintenant avec des boucles dorées aussi belles que celles de Shelley ne l'avaient jamais été. Mais il n'a rien fait de sinistre.

Avec le temps, il pourrait s'être installé et devenir un citoyen utile, mais à ce moment-là, la guerre a éclaté, donc plus de trucs de citoyen pour Shelley. C'était presque trop beau pour être vrai qu'il puisse aller dans un pays où les combats étaient légaux ; non seulement cela, mais ils lui donneraient à manger et à se loger et un peu d'argent de poche pour faire la seule chose qu'il avait jamais appris à bien faire. Cela ressemblait vraiment au paradis. Alors il est parti au Canada et s'est enrôlé et a été envoyé là-bas et a eu trois années de bonheur parfait, avant d'être transféré dans notre armée lorsque nous sommes finalement devenus neutres pour que vous puissiez le dire.

Bien sûr, sa mère était presque plus angoissée par le fait qu'il parte à la guerre que par le fait qu'on lui fasse réparer ses boucles avec les cisailles à moutons. Elle a dit que même s'il n'était pas abattu , il serait sûr de contracter des habitudes légères en France, consistant en du vin local et de la danse, etc., et elle espérait qu'au moins il pourrait être un garçon batteur ou quelque chose de sûr.

Mais Shelley n'a jamais eu de moment de sécurité, je suppose. Il n'y avait pas de secteur tranquille là où il se trouvait. Il s'est battu au Front, puis il s'est battu dans les hôpitaux à chaque fois qu'il y était ramené pour avoir été abattu. Il était presque trop décousu, même pour cette guerre. Il était généralement trop occupé pour écrire, mais nous recevions de nombreux rapports de ses aventures de la part d'autres hommes, ces aventures étant toujours difficiles, malgré les Allemands qui se mettaient en travers de son chemin. Et je parie que sa mère n'a jamais rêvé que le fait qu'il soit un tel combattant des démons était dû au fait qu'elle le gardait dans des boucles si longtemps, où il en a pris l'habitude et en est venu à l'aimer pour le plaisir.

Quoi qu'il en soit, il s'est battu et s'est battu et il lui est arrivé tout ce que la science allemande avait découvert utile pour exterminer les races inférieures, et cela a finalement commencé à se faire sentir sur lui, endurci comme il l'était par le combat depuis le berceau, pour ainsi dire.

Ce fut un jour heureux pour Arline lorsqu'elle apprit qu'il était un invalide en panne et qu'il avait débarqué dans un port de l'océan Atlantique sur le chemin du retour. Elle reçut de la bouillie et de la gelée d'arrow-root, des spécialités médicinales et des coussins, et attendait avec impatience une vie d'infirmière. Elle espérait que dans les années à venir, elle pourrait redonner l'éclat de la santé à ses joues pâles. Et je ne l'oublierais pas — peut-être qu'elle espérait pouvoir lui faire repousser ses cheveux dorés, juste assez longtemps pour le rendre intéressant alors qu'il toussait sur son canapé.

Et Shelley est rentré à la maison, mais son idée d'être invalide n'avait rien à voir avec celle de sa mère. Il avait l'air gros comme un cheval et souhaitait simplement se reposer quelques semaines avant de se lancer dans un autre type d'action adapté à ses talents particuliers. Et pire encore, il n'était pas Shelley Vane Plunkett, c'était Bugs Plunkett ; et le cœur de sa mère se brisa à nouveau. Il était rasé comme un forçat et plus épais que jamais, et plein de paroles riches en plein air sur ce qu'il ferait à tel ou tel médecin officier pour ne pas le laisser retourner dans la bagarre. Oui Monsieur; cet homme va subir des pertes jusqu'à la limite dès qu'il enlèvera son uniforme - et il pense que le monde est de nouveau en paix ! Bien sûr, Shelley avait reçu plusieurs balles dans les poumons et une jambe avait été considérablement modifiée par rapport au plan initial, mais il avait affirmé qu'il était un meilleur scrapper que jamais et avait immédiatement proposé de le prouver à ce médecin. et là, si cela pouvait se faire tranquillement. Mais cette offre équitable avait été rejetée.

Il reviendrait donc ici, non pas comme un invalide de première classe qu'il serait agréable de soigner, mais sous la forme de Bugs Plunkett ! A peine arrivé en ville que des lettres et des cartes postales commencèrent à arriver adressées à M. Bugs Plunkett ou à mebbe B. Plunkett, écuyer ; et les cartes proviendraient de ses vieux amis des tranchées, dont beaucoup portaient des noms encore pires que ceux que Shelley s'était fait lui-même.

Le guerrier malade refusa également la bouillie d'arrow-root, la crème anglaise à la mousse d'Irlande, la gelée de vin et le bouillon pâle. Il devait avoir la même nourriture grossière que celle des travailleurs ordinaires qui n'ont eu aucun avantage domestique, y compris la viande, qui est un poison animal et corrompt les instincts les plus subtils de l'homme en le réduisant au niveau des brutes. C'est ce que dit Arline Plunkett. Shelley l'avait pourtant compris, en le ordonnant d'une voix basse qui faisait vaciller la statuaire. Le steak était cuit dans la maison Plunkett pour la première fois depuis sa construction, malgré l'horrible exemple qu'il donnait au petit Keats, qui avait toujours des boucles dorées aussi belles que celles de Shelley autrefois et était nourri de fruits et de noix.

Arline n'aurait pas pu passer un moment agréable avec son garçon errant pendant trois semaines où il était là. Elle souffrait intensément de l'ignominie de ce courrier qui lui arrivait sous le terrible nom de Bugs, et les ragots de la poste le disaient partout, si bien que les garçons du magasin de cigares se mirent à l'appeler tout simplement Bugs. Et son fils semblant fier de cette dégradation !

Et elle ne parvenait pas à le convaincre de se protéger des courants d'air la nuit. Il insistait pour avoir une fenêtre grande ouverte, et quand elle revenait furtivement pour la fermer pour ne pas attraper la mort de froid, il se levait et courait la destruction en la soulevant à nouveau. Et un jour, alors qu'elle s'était faufilée à l'intérieur et l'avait refermé une seconde fois , il envoya deux chaussures dans les parties supérieure et inférieure pour qu'elles soient toujours ouvertes. Il affirmait qu'il faisait cela pendant son sommeil, ayant pris l'habitude dans les tranchées lorsqu'il revenait d'une longue marche et que quelqu'un fermait toutes les fenêtres. Mais Arline disait que cela montrait seulement que la guerre avait fait de lui un tapageur, même dans son sommeil

– et du garçon aux manières les plus douces qui ait jamais porté des vêtements de velours et qui avait remporté tous les prix de l'école du dimanche ; même si elle n'utilisait pas de tels mots grossiers. Elle m'a dit elle-même qu'il était temps que nous ayons cette autre facette de ce que la guerre a fait à des jeunes doucement nourris qui ne s'étaient jamais souillé les lèvres avec un serment de leur vie jusqu'à ce qu'ils entrent dans l'enfer de la guerre. C'est exactement ce qu'elle a dit !

également contracté la vicieuse habitude de fumer, ce qui était tout ce qu'on voulait savoir sur la guerre. Elle a dit qu'il prenait son petit-déjeuner au lit, comprenant des tranches entières de jambon, qui provient du plus répugnant de tous les animaux, puis qu'il s'allongeait et fumait le cigare Lord Byron à cinq cents, brûlant souvent des trous dans les couvertures, qu'il fumait. C'était une autre vieille habitude de tranchée – et cela montrait l'effet de la guerre sur le sol humain intact. De plus, tout en fumant au lit , il racontait au petit Keats des choses qu'aucun enfant innocent ne devrait entendre, sur la sensation agréable de dégonfler les Allemands avec une bonne baïonnette. Elle n'avait jamais considéré Lord Byron comme un poète, et ces cigares, m'assure-t-elle, étaient parfaitement épouvantables dans une maison raffinée, où on pouvait les déceler jusque dans le sous-sol.

Le petit Keats avait maintenant treize ans, avec de grosses articulations et des mollets visibles sous le pantalon de velours, et je suppose que ses boucles étaient tout ce qui a persuadé sa mère de vivre, alors que Shelley avait mal tourné et s'était fait un nom comme Bugs. Mais le petit Keats était tombé amoureux de son frère et passait tout le temps qu'il pouvait avec lui à écouter des histoires peu jolies d'Allemands qui avaient été arrangées comme le bon Dieu voulait qu'ils soient .

Après être resté à la maison quelques semaines ou plus, Shelley a commencé à remarquer le petit Keats de plus près. Il ressemblait tellement à Shelley à cet âge et avait la même attitude déterminée dans la maison que Shelley a soupçonné qu'il menait la même double vie qu'il avait lui-même menée autrefois.

Il a demandé à sa mère quand elle allait emmener Keats chez un coiffeur, et sa mère a fondu en larmes de la manière familière, alors il ne lui a rien dit de plus. Mais cet après-midi-là, il emmena le petit Keats se promener et surveilla de près ses manières avec certains garçons qu'ils croisaient. Ils se dirigèrent vers le centre-ville et Shelley entra dans le magasin de cigares Owl pour se procurer un Lord Byron. Quand il est sorti, le petit Keats était en train de terminer une remarque à un autre garçon. Cela sonnait familier à Shelley et était piquant et engageant même après trois ans dans les tranchées, où les discussions sont parfois libres. Keats avait toujours son visage d'ange, mais il avait appris, de manière surprenante, les vieux mots anglais.

Alors Shelley lui dit : "Dis, gamin, tu aimes tes boucles ?" Et le petit Keats dit très chaleureusement et presque en versant des larmes : "C'est tout simplement l'enfer !"

"Je le savais", dit Shelley. « Vous avez beaucoup de combats ?

"Pas autant qu'avant", dit Keats.

"Je le savais aussi", dit Shelley. "Maintenant, viens avec moi."

Alors il accompagne Keats et se recroqueville chez Henry Lehman et dit : « Coupez les cheveux de près à ce pauvre enfant. »

Et Henry Lehman ne le fera pas. Il dit que Mme Plunkett, au moment du scandale concernant Shelley, avait prévenu tous les barbiers de la ville qu'elle serait poursuivie par la loi si jamais ils blessaient un cheveu sur la tête d'un de ses enfants ; et c'était un citoyen respectueux des lois. Il ne niait pas que le garçon avait besoin d'une coupe de cheveux de la pire des manières au monde, mais à cette époque de sa vie, il n'allait pas devenir un hors-la-loi.

Keats avait failli s'effondrer . Mais Shelley dit : "Très bien, viens à l'autre endroit."

Alors ils vont voir Katterson Lee, le barbier de couleur , et Katterson leur raconte la même histoire. Il admet que le garçon a besoin d'une coupe de cheveux jusqu'à ce que cela devienne un scandale, mais il a reçu un avertissement clair de la mère de Shelley, et il ne va pas se mêler d'un procès dans une ville où il est connu de tous comme étant respectable. .

Shelley l'a ensuite menacé de blessures corporelles s'il ne coupait pas ces cheveux rapidement, et Katterson avait à juste titre peur du retour du soldat, qui avait bien soigné tant d'Allemands, mais il avait plus peur de la loi, alors il s'est mis à l'écart. à genoux devant Shelley et l'a supplié de lui laisser la vie sauve.

Le petit Keats pleurait maintenant, pensant qu'il n'allait pas se cacher de sa disgrâce après tout, mais Shelley dit : "Très bien, gamin, je serai à tes côtés. Je le ferai moi-même. Asseyez-vous sur cette chaise ! "

Bien sûr Katterson n'a pas pu empêcher cela, alors Keats a retrouvé le soleil et a grimpé sur la chaise, et Shelley a attrapé une paire de ciseaux et a fait de lui un garçon sûr . Il a bien enlevé les boucles, mais quand il s'agissait de les couper, il s'est rendu compte qu'il ne pouvait pas faire un travail fluide, et Katterson n'était pas là pour lui donner des indices, ayant fui son magasin au début du crime, donc il aurait un bon alibi une fois traduit devant le tribunal. Alors Shelley a finalement pris une paire de tondeuses, et après avoir appris à tondre les mules, il a rapidement mis à nu tout le cuir chevelu du petit Keats.

Cela devait être un spectacle magnifique. Ils s'en réjouirent tous les deux longtemps.

Puis Keats dit : "Maintenant, viens avec moi et nous allons le montrer à maman !" Mais Shelley dit : "Pas moi ! Je dois tracer une limite quelque part. Je serai loin d'ici ce soir. Je n'ai pas peur des soldats ennemis, car j'ai été confronté à eux trop souvent. Mais il y a pire." des choses que la mort, alors tu devras affronter maman seule. Tu peux lui dire que je l'ai fait, mais je ne serai pas là pour t'entendre. Alors au revoir et que Dieu t'aide!" Et Shelley se retira dans une position moins exposée.

Ce fut une journée horrible pour la maison Plunkett, car le petit Keats, laissé à ses propres ressources, essaya d'utiliser son cerveau. Il rassembla d'abord les longues boucles brillantes et les enveloppa dans un journal. Puis il est sorti et a trouvé Artie Bartell, qui est une sorte d'idiot inoffensif qui se contente de se promener dans les rues et qui fera tout ce qu'on lui dit, soucieux de plaire. Keats donne un centime à Artie pour qu'il apporte les boucles à sa chère mère et lui dise que son petit garçon a été écrasé par un train de marchandises jusqu'à la gare et que ces boucles ici étaient tout ce qui pouvait être sauvé de lui.

Puis il se dépêche de rentrer chez lui et regarde, et bientôt il voit des voisins se précipiter vers la maison quand ils entendent sa mère crier, alors il sait que tout va bien. Il attend une minute ou deux, puis entre avec son chapeau. En fait, sa mère ne le connaît pas au début, à cause de son crâne nu, mais elle se rend vite compte que ce doit être lui, le petit Keats, puis devient hystérique parce qu'elle pense que le moteur de fret l'a coupé de cette façon. Et bien sûr, elle fut encore plus hystérique lorsqu'elle apprit la terrible vérité sur l'infamie de son frère. Je suppose que Shelley avait eu raison de rester à l'écart de cet endroit à ce moment-là, soldat ou pas soldat. Mais ce n'est ni ici ni là.

Le fait est que le petit Keats peut désormais être sauvé pour mener une vie utile et ne pas être pendu pour meurtre, grâce à l'action courageuse de son frère. Bien sûr, Bugs lui-même a ses habitudes et n'ornera que des postes d'un certain type. Il se sent bien ici, par exemple, juste au moment où je dois embaucher toutes sortes de personnes qui ont besoin d'une main ferme – et Bugs en a deux.

Bien sûr, c'est lui qui a pris le poste de contremaître ici hier. Nous avons eu pas mal de discussions quand il est venu. Il m'a raconté comment il avait libéré son petit frère de la honte. Il a dit qu'il n'aurait pas fait une chose aussi radicale si la paix n'était plus en place et que le monde n'aurait plus besoin de ces démons combattants que les boucles en feraient d'un garçon si on les laissait rester assez longtemps.

"Keats aurait pu s'avérer encore pire que moi", dit-il, "mais s'il n'y avait aucun moyen de le faire légalement, à quoi bon ? Il aurait probablement tué un garçon qui "Je l'ai appelé Boucle d'or, et la loi aurait pu lui rendre la tâche désagréable. Je pensais qu'il était juste de lui donner une chance de vivre en paix. Bien sûr, dans mon cas, maman a agi pour le mieux sans le savoir. Nous avions besoin de combattants, et je n'aurais pas du tout ressemblé à un combattant si elle ne m'avait pas fait porter ces boucles jusqu'à ce que mes moustaches commencent à apparaître à la surface. En fait, je suis presque sûr que j'étais un lâche né, mais ces boucles dorées Les brins m'ont enlevé tout ça. J'ai dû me battre.

"Et voyez ce que cela m'a apporté dans l'armée. Je ne veux pas parler de moi, mais j'ai fait un bon combattant moyen et j'aurais été là jusqu'au bout si j'avais eu mes droits. Et je dois tout simplement tout cela à ma chère mère. On pourrait dire qu'elle a fait de moi l'homme que je suis. Je n'aurais jamais été dur si elle m'avait coupé les cheveux humainement à partir de six ans. J'espère certainement que Keats n'est pas resté trop longtemps. Un seul membre d'une famille suffit."

C'est ainsi que Bugs parle, et cela semble tout à fait raisonnable. Ce que je dis maintenant, c'est que l'idée devrait être reprise par le Département de la Guerre à Washington, DC. Laissez- les adopter une loi selon laquelle un garçon sur, disons, vingt-cinq ans doit porter des boucles jusqu'à ce que sa voix change. À ce moment-là, en parcourant cette investiture scénique, comme on pourrait le dire, il sera un démon. En temps de paix, cela peut aggraver nos crimes de violence, mais regardez ce que cela donnera lorsqu'une autre guerre éclatera. Nous aurons la meilleure ligne de troupes de choc que le monde ait jamais produites, aptes et désireuses de se battre, ayant mené une existence amère assez longtemps pour la rendre permanente. Aucune ligne ne résisterait jamais à une accusation de ces démons. Ils constitueraient un grand atout national et pourraient sauver le pays alors que nous nous préparions à commencer les préparatifs, quelques mois après que la guerre nous ait été déclarée.

Pourtant , je ne pense pas que cela sera repris, et je n'ai pas le temps d'aller le prêcher personnellement au Congrès.

Et maintenant, laissez-moi vous dire une chose : je vais dormir cette nuit sans souci pour la première fois depuis un an. Ici Bugs unit à la distinction de son nom une nature rapide et pratique, et mes ennuis les plus occupés sont terminés.